1868

明治が始まった年への旅

加来耕三
Kaku Kouzou

はじめに

150年前、明治元年（1868）はどんな年だったのでしょうか。

多くの日本人は、アジア・太平洋戦争が敗戦を迎えた昭和20年（1945）のことは知っていますが、「明治」の始まった年についてはあまり知らないのではないでしょうか。

その年は、「慶応4年」として始まりました。7月17日（いずれも本書では旧暦）に江戸が、東京と改められました。9月8日に「明治」に改元され、正月元旦にさかのぼって「明治」と称されることになります。10月13日、天皇が京都から東京に到着し、東京城と名を変えた江戸城に入りました。

慶応と明治、江戸と東京——一年の中に、二つの時代が混在していたのです。

前年10月の大政奉還で、江戸幕府は消滅していました。2カ月後の12月には、王政復古の大号令もありました。

しかし、新政府はまだ生まれたばかり。朝廷の石高は10万石。400万石の旧幕府＝徳川家には遠く及びません。265年の統治実績と圧倒的な軍事力を持つ旧幕府は、新政府にとって恐ろしい存在でした。予算もなければ、しっかりとした組織もなく、朝令暮改を繰り返す新政府。権力は空白で、時代は実に混沌としていたのです。


本書は日本の針路を決したこの年、明治元年の一年間を追いました。この年を生きた人々の証言録は、幸いにして多数残っています。明治維新の年の干支《えと》「戊辰《ぼしん》」から60年後の「戊辰」に当たる昭和3年（1928）の正月の読み物として、前年の暮れから「東京日日新聞」に古老の聞き書きが連載され、『戊辰物語』としてまとめられました。『漫談明治初年』（同好史談会編）などの好著も、この前後に続々と刊行されています。

徳川家康江戸入国の天正18年（1590）以来の江戸や近郊の出来事、風俗を年表風に列記した『武江《ぶこう》年表』（斎藤月岑《げっしん》編）にも、「明治元年」の世相が詳細に記されています。この年はたくさんの新聞が発刊され、その記事も残っています。イギリス大使館員として、当時、日本に滞在していたアーネスト・サトウら外国人の記録も豊富です。これらの文献にある生の声も織り込みながら、「明治の始まった年」の空気感を、読者へお伝えしようと試みました。

細部《ディテール》をお伝えするため、下段に注釈欄を設けています。本文の「副音声」としてお楽しみください。

さあ、1868年への旅が始まります。ペリーが〝黒船〟で浦賀に来航してから15年。この年、明治天皇は17歳。徳川慶喜が32歳、勝海舟46歳、西郷隆盛42歳、大久保利通39歳（いずれも本書では数え年）。

激動の予兆をはらんで、江戸は静かな新年を迎えます――。

2018年2月　　加来耕三

目次

●カバーイラスト　明治元年10月の天皇の東京行幸（「ルモンド・イリュストレ」1869年2月20日号／横浜開港資料館所蔵）
●P1イラスト　三輪自転車に乗るW・H・スミス（「ジャパン・パンチ」／横浜開港資料館所蔵）

本書について

◎本書は慶応4年1月1日～明治元年12月29日を取り扱っています。当時用いられていた旧暦を使用しています。この期間は、西暦では１８６８年1月25日～１８６９年2月10日に当たります。

◎引用文は巻末の参考文献を底本とし、その表記に従い、ルビを補うなどしました。

◎年齢は数え年としています。

◎各章扉の毎日の天気表は、「武蔵国多摩郡連光寺村富澤家文書」のうち、慶応4年・明治元年の日記記載の天気を基に作成しました。富澤家は代々、連光寺村（東京都多摩市）の名主を務めていました。同文書は、大学共同利用機関法人・人間文化研究機構国文学研究資料館所蔵で、岩橋清美・同館古典籍共同研究事業センター特任准教授の助力を得ました。日記の表記と天気記号の関係は次の通りです。

「快晴」「晴」「日和」「薄日和」「天気」「晴和天」とされているものを☀
「陰」「薄陰」「陰ル」を☁
「雨」「雨降」「小雨」「雨天」「雨ふり」「小雨ふり」を☂
「大雨」を☔
「雪」「雪降」「小雪」を⛄
「雷気」「雷鳴」を⚡
「陰昼後雨」「晴雨不同」などは☁／☂、☀／☂など
天候の記述のない日は—としました。

本文デザイン・装幀／出口　城

1
January

第１章

慶応４年１月

						1 ☀
2 ☀	3 ☀	4 ☁	5 ☀	6 ☀	7 ☀	8 ☀
9 ☀	10 ☀	11 ☀	12 ☀	13 ☀	14 ⛄	15 ☀
16 ☀	17 ☀	18 ☀	19 ☁	20 ☀	21 ⛄	22 ☀
23 ☀	24 ☀	25 ☀	26 ☀	27 ☁	28 ☀	29 ☁

日本の元日—横浜の街頭での羽子板遊び（イラストレイテッド・ロンドン・ニュース／横浜開港資料館所蔵）

Diary　1月（正月）

1日　前将軍・徳川慶喜、薩摩藩の非を唱える「討薩ノ表」を書く。
2日　「討薩ノ表」を掲げた旧幕府軍1万5000、大坂城を発して京都方面へ向かう。
3日　**旧幕府軍と、薩摩藩兵を中心とした新政府軍、鳥羽・伏見でそれぞれ戦闘状態に入る**（鳥羽・伏見の戦い・戊辰戦争のはじまり）。
西郷隆盛、朝廷に錦旗の授与を願い出る。
4日　**仁和寺宮嘉彰（のち小松宮彰仁）親王、新政府の征討大将軍となり、錦旗と節刀を授かる。**
新政府軍に錦旗が上がったことを知った旧幕府軍に動揺。
兵庫表に出航した「春日丸」など薩摩海軍と、「開陽丸」など旧幕府海軍との間で海戦が行われる。薩摩藩の船は国元へ逃走する（阿波沖海戦）。
5日　旧幕府軍、山城淀城まで後退するが、淀藩は入城を拒む。
夜、西郷、八幡（京都府八幡市）を視察する。
6日　山崎に布陣した伊勢津（安濃津）藩兵、旧幕府軍を攻撃する。
西郷、八幡を占領して帰京。前線に出たことを藩主・島津茂久に叱られる。
旧幕府軍、大坂へ敗走す。この夜、慶喜、大坂城を脱出。
7日　**朝廷、慶喜追討令を出す。**
横浜で火災、千数百戸焼ける。
8日　**慶喜、旧幕府の軍艦「開陽丸」で大坂湾を出帆。江戸へ逃走。**
9日　大坂城で火災、翌日まで燃える。
10日　新政府、旧幕府についた諸侯らの官位を奪う。
11日　慶喜、「開陽丸」で江戸・品川沖に到着（12日早朝、浜御殿に、昼頃には江戸城に入る）。
備前岡山藩兵、神戸でフランス人水兵と衝突する（**神戸事件**）。
13日　江戸城内で、慶喜と幕閣による和戦会議が開かれる。
15日　**新政府、各国公使に王政復古を通達する**（正月10日付の国書）。
明治天皇、元服する。
17日　新政府の「三職七科」制度が定められる。
19日　フランス公使ロッシュ、慶喜に再挙を促す。慶喜はこれを拒絶する。
20日　新政府、幕府が締結した条約の遵守を、イギリスに（次いで各国にも）通告する。
21日　新政府、官吏の休日を毎月1・6の日とする。
参与会計事務掛・三岡八郎（由利公正）、会計基立金300万両を募ることと、金札発行を建議する（正月23日とも。24日、新政府により決定）。
2・26事件当時の首相、岡田啓介誕生（昭和27年〈1952〉没）
22日　新政府、大坂・兵庫に鎮台（行政・司法・軍事・警察を管轄する地方行政庁）を設置。
23日　慶喜、恭順派の勝海舟を陸軍総裁兼若年寄（格）に任命。
大久保、新政府の会議で大坂遷都を主張するも、公家の猛反対で却下される（17日とも）。
新政府の刑法事務局、暗殺禁止令を出す。
25日　**英・米・仏・伊・蘭・プロイセン、日本の内戦について局外中立を宣言する。**
新政府、役人の贈収賄を禁止する。
26日　イギリス公使館の書記官アーネスト・サトウ、公使パークスに遣わされて西郷を訪ね、諸外国に対し新政府の正当性を主張するよう助言する（27日とも）。
29日　新政府、京都・大坂の豪商を二条城へ招いて会計御用を命じ、会計基立金300万両の調達を指示する。

晴天の元日、主《あるじ》のいない江戸

この年の江戸は、**元日**から晴天に恵まれました。江戸の歴史や風俗を詳細に記した斎藤月岑《さいとうげっしん》の『武江年表』には、「正月元日、快晴」と書かれています。

干支は戊辰《ぼしん》。9月16日には「明治」と改元されることになる激動の慶応4年は、穏やかに明けたのでした。

慶応4年の元日は、西暦にすると1868年1月25日の土曜日ですが、江戸の人々にはまだ西暦や曜日の意識はありません。

江戸っ子の正月は、若水を汲み、ハレの食事である餅吸物を食することから始まります。徳川家の雑煮は餅、大根、牛蒡《ごぼう》、焼豆腐、芋、くしこ、昆布、くしあわび、結び蕨《わらび》が入っていました。汁には味噌とすましの2系統があります。

武家屋敷では暮れの28日頃から門松の準備にとりかかり、これを見物して回る人もいたようです。

「各々お国風を見せていずれも見事なものであった（中略）大飾り、中

●江戸時代の奉公人は、正月と盆の16日、その前後に実家に帰る「やぶ入り」（草深い田舎に帰る意味から）くらいしか、休みがありませんでした。武士も決められた日に登城、江戸の奉行所は北と南が1月交替で裁きをし、週という概念はありません。

明治2年の「柱暦」。1枚摺りの簡便な暦で、柱や壁に張って使う縦長のもの（日本の暦／国立国会図書館）

●「武家に共通した三ケ日中の忌み言葉がある。ねずみ、なべ、箒《ほうき》。何の意味かわからないが、絶対にこれを口にせず、止むを得ない時にはねずみをおふく、なべをおくろ、箒をおなぜといった」（『戊辰物語』）

飾り、松飾りもぴんからきりまであるが一番立派なのは吉原廓内《くるわうち》のものであった。空をつくような大きなものばかりであった」「しかし戊辰の正月は将軍様が江戸にいないというので自然門松なども小さ加減で淋しい」（東京日日新聞社会部編『戊辰物語』）

ここ数年、江戸には本来の主《あるじ》である将軍がいませんでした。14代将軍の徳川家茂《いえもち》は慶応元年（1865）長州征討に出陣してそのまま大坂城に滞在し、翌慶応2年7月20日に死去。同年12月に京都にいた徳川慶喜が将軍職を継いだものの、慶応3年10月に大政を奉還し二条城、ついで大坂城に滞在中でした。江戸は2年続けて「主」不在の正月を迎えていたわけです。

慶応3年（1867）10月の大政奉還は、薩摩・長州両藩による討幕のプレッシャーをかわすために、慶喜が打った捨て身の一手でした。政権を朝廷に返上してしまえば、薩長も討幕の口実を失ってしまいます。

この時点で朝廷には、財政的な裏付けもなければ政治的実績もなく、政権運営能力は皆無でした。大政奉還が行われたといっても、実際には有力大名をメンバーとする諸侯会議が政権を担うことになります。慶喜はこれ

徳川慶喜（1837－1913）

江戸幕府最後（15代）の将軍。徳川御三家の一《いっ》・水戸藩主徳川斉昭の7男。徳川御三卿の一・一橋家に養子入りし、紀州藩主・徳川慶福（のち14代将軍・徳川家茂）と並び将軍候補となるも、大老・井伊直弼の登場で敗北。安政の大獄で隠居・謹慎。直弼が「桜田門外の変」で暗殺された後に将軍後見職となり、慶応2年（1866）12月に15代将軍となりました。

徳川慶喜（Adolphe-Eugene Disderi/ullstein bild／時事通信フォト）

●イギリス外交官であったアーネスト・サトウは慶喜について「私がこれまで見た日本人の中で最も

を見越して大政を奉還し、諸侯会議の中心的な存在となって、実質的に権力を維持するつもりだったのでしょう。

この状況を覆したのが、同年12月9日に薩長など討幕派が仕掛けた「王政復古の大号令」でした。これは幕府を廃止し、朝廷が直接、国政を担うという内容の「宮中クーデター」です。実はこの日、慶喜の側近である老中・板倉勝静《かつきよ》や若年寄格の永井尚志《なおゆき》ら幕府の実力者は、かねてからの公約であった兵庫開港に合わせて京都を留守にしていました。薩長を中心とする討幕派は、この間隙をぬってクーデターを実行したのです。

これを受けて慶喜は、京都の二条城を引き払い大坂城に軍隊を集結させ、軍事的な威圧行動に出ました。

一方、江戸の町では放火と強盗が頻発していました。西郷隆盛の命を受けた浪士たちが、旧幕府側を挑発するためにテロを繰り返していたのです。12月25日にはテロの実行犯である不逞《ふてい》浪士をかくまったとして、出羽庄内藩を中心とする5藩の兵により、三田の薩摩藩邸が焼き討ちされました。ついにたまりかねた旧幕府勢力が、西郷の挑発に乗ってしまったのです。

貴族的な容貌をそなえた一人で、色が白く、前額が秀で、くっきりした鼻つき―の立派な紳士であった」（坂田精一訳『一外交官の見た明治維新』）と書いています。

●同じイギリス外交官のA・B・ミットフォードは、「体格はがっしりして力強く、たいへん活動的な男らしい姿であった。彼は英国の、狩りの名人と同じく、あらゆる天候で鍛えられた疲れを知らぬ馬術家であった」「もし、貴族というものがあるとすれば、彼こそ本当の偉大な貴族であった。惜しむらくは、彼は時代錯誤の人だったのである」（長岡祥三訳『英国外交官の見た幕末維新』）と述べています。

公武合体
江戸末期の開国以後、欧米列強からの圧力に危機感を募らせた幕府が、国政の求心力回復をめざし

薩摩側の死傷者は数十人に上り、のちに勝海舟のもとで旧幕府と新政府との橋渡し役を担うことになる藩士・益満休之助は、このとき捕縛されています。

薩摩藩邸焼き討ちの情報は、12月28日に大坂城の旧幕府軍に伝えられました。大坂城の旧幕府軍は血気にはやって暴発寸前となります。新政府軍との開戦は、もはや避けがたい状況となりました。

戊辰インフレ

慶応4年（1868）正月の江戸市中は、ここ10年経験したことのないような寂しさでした。物価が高騰し、嘉永6年（1853）の頃には100文で1升買えた米が1合1勺《しゃく》しか買えず、ほとんど10倍の価格になっています（『戊辰物語』）。

内乱の時代に備えるため、幕府や大名は軍資金を豪商から大量に借り入れました。そのために破産する商人もあり、不況とインフレが進行しています。

て、朝廷（公）と幕府（武）の協調によって体制の安定を図ろうとした政策。

新政府の政権運営能力
「王政復古の大号令」によって、新政府の樹立を宣言したものの、総裁、議定、参与という役職を定めただけで、国税の徴収も行えず、国軍も持っていない、実体のない政府でした。

西郷隆盛（1828－1877）
薩摩藩の下級藩士出身。藩主・島津斉彬《なりあきら》に取り立てられ、側近に。坂本龍馬らの仲介で薩長同盟を締結し、討幕運動を展開。王政復古、戊辰戦争などを主導しました。維新後、新政府の陸軍元帥兼参議を務めるも、征韓論で大久保利通らと対立し、下野。西南戦争を起こして敗北し、自刃《じじん》しました。

江戸時代は貨幣の量が一定で、物の生産性が上がったため、デフレ傾向でした。このため人々は幕末のインフレに驚き、苦しみ、幕府から民心が離れる要因ともなったのです。

それでも江戸の庶民は例年と同じように、高輪、芝浦、愛宕山や神田・湯島の両台、あるいは海上を見晴らせる場所から初日の出を見るべく、少しでも早く朝日が見える場所を目指して、明《あけ》七つ時（午前4時頃）には移動を始めています。

神社仏閣に初詣を行うという風習は、まだ日本にはありません。もっとも、神田明神（のち神田神社）、飯倉神明宮《いいくらしんめいぐう》（のち芝大神明）、富岡《とみがおか》八幡宮、市谷《いちがや》亀岡八幡宮、石清水八幡宮（通称「蔵前八幡」・のち蔵前神社）に参詣する人は、この正月も少なくありませんでした。各神社では正月中、神楽を催して参詣客に応えています。

大体、この頃の元日は間日《まび》（行事と行事の間の暇な日）として往来は寂しく、商店は全部大晦日《みそか》の疲れで揚げ戸を下ろし、シャッター街のようでした。お昼頃にようやく起きて、家中で羽根をついたり、凧《たこ》を揚げたりし

西郷隆盛（近代日本人の肖像／国立国会図書館）

●「恵方参りの初詣は、江戸時代、京、大坂、江戸を中心に、節分の夜行われていたが、一方、大晦日の夜、家の主人が氏神の社にこもったり、社前でたき火をして徹夜する風習があった」（世界大百科事典）

ます。今の上野公園の入り口の辺では凧揚げに興じる人がたくさん集まりました（『戊辰物語』）。

明日をも知れぬ世、廓のにぎわい

江戸の商家では元日には店を開けず、**2日**から「年礼《ねんれい》」（年始のあいさつ回り）が行われました。船頭の船乗初《ふなのりぞめ》もこの日に行われます。

吉原では、抱え主から遊女に仕着小袖《しきせこそで》が配られ（仕着日）、それを着て遊女から禿《かむろ》に至るまでみな新しい着物で仲町に繰り出し、廓内の茶屋へ年礼に回りました。**3日**からは「跡着《あとぎ》」といって、おのおの趣向を凝らした好みの衣装を着ます。その華やかさ、艶やかさこそが吉原の真骨頂でした。

慶応年間に入ってからは不景気で、吉原は振るわなかったとする証言も残されていますが、実際にはそうでもありませんでした。物価高で食い詰めた家では妻や娘を遊郭で働かせたため、芸者芸人の数は急増しています。

慶応3年（1867）5月の「芸者酌人調べ」によれば、江戸府中の岡場所（私娼街）には472人ほどの芸者がいたとされています。天保の改

明治5年頃の吉原遊郭（©Worswick Collection／PPS通信社）

●維新後に減ったとはいえ、明治5年（1872）4月24日付「東京日日新聞」によれば、遊女は2899人（禿を除く）、ほか芸者が370人いました。

革で表向き江戸の岡場所は根絶され、その後、嘉永年間（1848〜54）に盛り返したのですが、その当時よりもさらに多くの女性が集まっていました。

遊びの中心地である公許の遊郭・吉原では、遊女の数も桁違いでした。安政の大地震（安政2年〈1855〉）の火事では530余人の死者を出していますが、その翌年の調べでも遊女は4000人台に上ります。

明日をも知れぬ世の中、せめて一時でも憂さを晴らしたいと願う人々によって、遊郭はいつも以上ににぎわっていたのかもしれません。

一方、上方の新政府には、大坂の旧幕府軍が京都に向かって進軍を開始したという知らせが入りました。**1日**、大坂城で「討薩《とうさつ》の表《ひょう》」を掲げた慶喜が翌**2日**、主力部隊を京都に向けて進発させたのです。

新政府の「決められない政治」

旧幕府側は全軍で2万3700余。対する薩長同盟軍は、総勢6000

●「討薩の表」は前将軍・徳川慶喜が諸藩の大名に向けて発した、薩摩の討伐を命じる檄文《げきぶん》。

●旧幕府側の内訳は、総大将（先鋒総督）で老中格・大河内正質《おおこうちまさただ》（上総大多喜《おおたき》藩主）の率いる旧幕府直轄軍――これが1万6400余。ほかに会津・桑名などの諸藩からなる連合軍7300余が加わりました。

●「薩長同盟軍」は薩摩・長州を中心とした新政府軍を指します。旧幕府側、新政府軍側ともに人数については諸説あります。

●この時の会議には、薩摩藩の島津茂久（島津久光の子で現藩主）を除く越前福井藩の松平慶永、土

ほどにすぎませんでした。旧幕府軍進発の知らせを受けた新政府は**2日**、急きょ三職会議を開きます。

三職とは総裁・議定《ぎじょう》・参与を指します。総裁は天皇の代行者で、新政府の最高職。現在の内閣総理大臣のような存在ですが、実態は名誉職に近いものでした。このときは、有栖川宮熾仁親王《ありすがわのみやたるひと》が就任しています。

議定は親王・公卿・諸侯（大名）から選ばれました。調停役と大臣を兼ねたような役職で、松平慶永《よしなが》（前越前藩主）や島津茂久《もちひさ》（薩摩藩主）など有力諸侯がメンバーとなります。

参与は一般の公家や諸藩士から選ばれ、実質的に新政府の運営に当たりました。この日の会議には西郷隆盛、大久保利通らが出席しています。

しかし、事ここに至っても新政府は前将軍・慶喜の処遇を決められませんでした。

「公卿の多くは、はや怯気《おじけ》づいて何等纏《まと》まった意見も出し得ない。鳳輦《ほうれん》（天皇の輿＝天皇）を一刻も早く山陰道へ移し奉らうの、鎮撫使を一旦出して慶喜の怒りを宥《なだ》めようのと、小田原評定に時を移して三日の朝となった」（『大西郷全集』）

佐藩の山内豊信《やまうちとよしげ》、宇和島藩の伊達宗城《むねなり》、それに徳川御三家筆頭だった、尾張藩の徳川慶勝らが出席しました。

大久保利通（1830－1878）薩摩藩の下級藩士出身。西郷隆盛らと討幕運動を推進。維新後、版籍奉還、廃藩置県を行い、大蔵卿、内務卿を歴任。政府の実権を握り、西南戦争を鎮圧。不平士族の島田一郎らに東京紀尾井坂で刺殺されました。日本史上最強の組織といわれる「内務省」を創設。自ら内務卿に就任し、近代日本の基礎固めに尽しました。

大久保利通（近代日本人の肖像／国立国会図書館）

公卿らの慶喜を恐れる気持ちは強く、この日の会議で論点となったのは慶喜をいかに処罰するかではなく、慶喜に上京停止の命令を出すか否かでした。会議は**2日**から**3日**にかけて2度行われ、大いに紛糾します。弱気な公卿の中には、「これは徳川と薩摩の私闘ではないか」と言い出す者も出る始末です。

結局、「慶喜に兵を率いさせず、京都へ召し出す」ことが決定されます。丸腰の状態で京都に呼び、国政への不関与と、一大名の立場にとどまることを認めさせようというのです。

朝廷がここまで慶喜を恐れたのも、無理のないことでした。

朝廷の石高は10万石。400万石の旧幕府には遠く及びません。265年間にわたり国を統治した実績と圧倒的な軍事力は、大政を奉還したとはいえやはり脅威だったのです。

対する新政府はと言えば、ほぼ実体がありません。前年末に「王政復古の大号令」が出たとはいえ、全国は大政奉還前と同様に諸大名が治めています。新政府は「次の諸侯の集まりを待って、諸侯の合意を形成してから発足させる」と、政権づくりを先送りしていました。

●江戸時代、地方行政の権限は領地を分け与えられた藩にあり（幕末で260余藩）、「地方分権」の時代でした。新政府も、新たな政権基盤づくりに実質的な権力を持つ藩や大名の意向を反映する必要があったのです。

●会議では「慶喜召し出し」と合わせて、昨年まで京都を牛耳っていた一会桑《いっかいそう》（一橋《ひとつばし》すなわち将軍・慶喜、会津藩主・松平容保《かたもり》、桑名藩主・松平定敬《さだあき》）のうちの、容保と定敬の兄弟を自領に帰国するよう命じることにしました。

岩倉具視（1825－1883）幕末・明治の公家、政治家。公武合体に努めましたが、のち薩摩に接近し、討幕運動に合流します。維新後、条約改正交渉の特命全権大使として、欧米諸国を歴訪しました（岩倉使節団）。帰国後、西郷隆盛の征韓論を退けて立憲君主制の確立に努めました。岩倉の肖像を描いた500円札は、昭和26年（1951）の発行。

組織もなければ予算もないのが新政府の現状で、会議などは関係者が必要に応じて京都御所や二条城の一室に集まり開催していましたが、何一つ決まらないのが実情でした。

強行派の大久保利通は、この生ぬるい処置に満足せず、岩倉具視《ともみ》らに対して慶喜討伐を強硬に迫りました。この時、次室の末席から進み出て発言した若者がいました。当時19歳の公卿・西園寺公望《さいおんじきんもち》でした。

「今は議論すべき時ではありませぬ。昨冬の御沙汰、討幕の密勅もある。況《ま》して大号令煥《ママ》発の今日、直に、開戦を宣せるゝが至当と心得まする」（『大西郷全集』）

青年貴族の一言に気圧《けお》される形で、ついに岩倉具視らも開戦を決断。慶喜と旧幕府軍の追討が決定されたのです。

もはや両軍衝突の回避は不可能な情勢となりました。

想像で作った「錦の御旗」

3日、京都南郊の鳥羽街道で、旧幕府軍と薩摩軍がついに、戦闘を開始

岩倉具視（時事）

西園寺公望（1849-1940）
幕末・明治の公家、政治家。明治維新で参与となり、戊辰戦争では各地に転戦。のち政友会の総裁となり、2度首相を務めます。公家出身の元老として、立憲政治の確立・維持に努めました。

西園寺公望（近代日本人の肖像／国立国会図書館）

しました。後世にいう「鳥羽・伏見の戦い」が幕を開けたのです。これが明治2年（1869）5月まで続く戊辰戦争の始まりでした。

鳥羽では旧幕府軍が善戦し、3日の日没には6分どおりの勝率を上げて戦闘を終えました。伏見では一方的な勝利を収めています。旧幕府軍の圧勝は、あと一息という域にあったと言えるでしょう。

旧幕府直属の部隊に限れば、一兵一銃編制が確立されており、しかも銃の主力は新式のミニエール銃。火砲はフランス式四斤山砲を装備していました。新政府側は洋式装備ではあったものの、歩兵を主とする軍編制には旧式の砲も混じっており、総兵力・破壊力のいずれの点から見ても劣勢と言えました。

加えて、伏見方面を指揮した旧幕府軍の竹中重固《たけなかしげかた》は陸軍奉行を務め、近代フランス式陸軍の運用を熟知する方面司令官として知られた存在でした。彼は沈着な中にも激しい闘志をみなぎらせて的確な采配を振るい、大きな戦果を挙げています。

しかし翌日、戦況は大きく変化します。

鳥羽・伏見の戦い（戊辰戦記絵巻／霊山歴史館所蔵）

●「何しろ（新政府の）洋服鉄砲の兵隊へ鎧兜に陣羽織の幕軍が槍をもって向かったのだからいけない。殊に一人一人名乗りを上げる、敵を斬ると一々首をとって腰へ下げる。その首を幾つも腰へぶら下げた勇士がたった一発で胸板を抜かれて死んでいるという有様で…」（『戊辰物語』）の記録がありますが、実際は、幕府直属軍は近代化されていたようです。

4日、「玉《ぎょく》」（天皇）を擁する新政府は、軍事総裁・仁和寺宮嘉彰親王《にんなじのみやよしあき》（のちの小松宮彰仁親王）を征討大将軍とし、幼帝（明治天皇）から「錦旗《きんき》」（錦《にしき》の御旗《みはた》）2旒《りゅう》（旗、幟などの数え方）を下賜させ、併せて「節刀《せっとう》」（天皇から下賜される太刀）を賜るという演出を行いました。

早朝、濃い霧が視界を遮る中、新政府軍は攻勢に移ります。

昨日までの新政府軍＝薩長同盟軍は、私兵にすぎませんでした。大政を奉還したとはいえ、依然、実力において国内最強の旧幕府軍は、彼ら新政府軍を反乱軍・賊軍と捉え、これを征伐することに「聖戦」の大義名分を見いだしていたとも言えます。

しかし賊軍であるはずの新政府軍陣地に錦旗が奉じられ、天皇の代理たる親王が出陣したとなれば、薩長の私兵はにわかに「官軍」となり、旧幕府軍は「賊軍」となってしまいます。旧幕府軍にとっては、まさに青天の霹靂《へきれき》だったことでしょう。

この錦旗は、前年（慶応3年〈1867〉）の10月から薩摩の大久保利通、長州の品川弥二郎らによってひそかに製作されていたものでした。錦

幕府軍近代化のため、慶応3年（1867）に来日したフランス軍事顧問団と軍服姿の武士たち（AFP＝時事）

品川弥二郎（1843–1900）幕末の長州藩士、明治初期の政治家。下級藩士の身分に生まれ、吉田松陰に学んで尊王攘夷運動に参加。維新後、戊辰戦争で活躍し、松方正義内閣で内務大臣を務めます。第2回総選挙の選挙干渉が世間の批判を浴び、辞任。のち、西郷隆盛の弟・従道と国民協会を創立しました。

旗を掲げることで、薩長同盟軍は自らを「官軍」に仕立て上げようとしたのです。

ただし、おおよその歴史的考証しか踏まえておらず、この時点で本物の錦旗を知っている者は、旧幕府側にも新政府側にもいませんでした。

「錦の御旗」は、わが国に古くから存在しています。

『承久記』によれば、鎌倉時代の承久の乱（承久3年〈1221〉）の際、後鳥羽上皇（第82代天皇）が10人の武将に与えたのが初めとされています。

『太平記』にも、鎌倉の末に後醍醐天皇が挙兵した際の記述に、

「錦の御旗に日月《じつげつ》を金銀にて打《うち》て着《つけ》たるが」

とあり、赤地の錦に太陽と月を金銀で表したものであったことが分かります。

大久保や品川が製作したものは、これら数少ない文献資料を基に半ば想像で作ったものでした。しかしこの旗が戦況を大きく覆し、新政府側に勝利をもたらすきっかけとなったのです。

錦旗の効果は絶大でした。

当時のインテリ層はみな『太平記』や『吾妻鏡』程度は読んでおり、錦

品川弥二郎（近代日本人の肖像／国立国会図書館）

●「錦の御旗＝錦旗」を持つ軍隊は、天皇から派遣されたものである、という知識が当時の武士には浸透していました。古来、天皇を直接、攻撃することが憚《はばか》られてきた伝統が強く影響しています。

時代祭の行列で「錦の御旗」を掲げる維新勤王隊列（時事）

旗の意味は十分理解していました。

鳥羽を進軍中だった旧幕府軍の先鋒総督・老中の松平豊前守正質《まさただ》は若年寄の永井玄蕃頭尚志《なおゆき》と計り、各部隊の独断専行を禁じたうえで、慶喜に直接指示を仰ぐことが必要と判断。伏見の竹中丹後守へ伝令を出し、友軍を淀城の線まで後退させるよう命じます。

こうして攻守は逆転し、旧幕府軍は戦闘意欲を著しく喪失。敗色が濃くなっていきました。

相次ぐ裏切り

一方大坂では、海上で大きな動きが出ていました。

この朝、兵庫港から出港した薩摩藩の軍艦「春日丸」ほかを、旧幕府軍の軍艦頭・榎本武揚《たけあき》が最新鋭の軍艦「開陽丸」で追撃。開陽丸は敵艦に砲撃を行い、春日丸も応射して砲撃戦となりました。薩摩海軍はほどなく抵抗をやめ、本国へ逃れたため、戦闘は旧幕府海軍の勝利に終わりました。

日本で初めて蒸気軍艦同士が砲撃戦を行ったこの戦闘は、のちに「阿波

●アメリカの戦史家アルフレッド・マハンは『海軍戦略』（1911年刊）の中で、「蒸気機関を積んだ軍艦相互の戦闘は、1887（明治20）年の時点で、世界に一度もなかった」という意味のことを述べていますが、その20年近くも前に、実戦が行われていたのです。明治2年（1869）には奥州宮古湾、箱館（函館）沖においても、蒸気船の海戦を、日本は経験しています。これら黎明《れいめい》期の蒸気艦の海戦に、ことごとく参加した稀《け》有《う》な人物が、のちに日露戦争で連合艦隊司令長官を務めることになる東郷平八郎でした。

沖海戦」と呼ばれ、近代海戦の草分けと位置づけられることになります。

一進一退が続く新政府との戦いの中、旧幕府軍は**5日**、いったん淀城（京都市伏見区）まで後退します。ところがどうしたことか、淀城は固く門を閉ざして旧幕府軍の入城を拒みました。

淀藩は譜代の家柄で、藩主の稲葉正邦《まさくに》は旧幕府老中を務めた人物です。このときは正邦が江戸城を留守居していて不在だったとはいえ、旧幕府軍は淀藩の裏切り行為に大きなショックを受けました。

さらに、山崎（京都府南西部）で形勢を傍観していた伊勢津《つ》藩（安濃津《あのつ》）藤堂家も淀城の裏切りを知り、朝廷からの下命もあって、

「徳川氏累代の御洪恩《こうおん》はあえて忘却するものではないが、当地出張の者においては、涙を揮《ふる》って勅を奉ずるほか処置なく……」

と旧幕府軍に撤退勧告を行ったばかりか、側面攻撃を仕掛けて来るありさまでした。

これらの裏切りは、すべて錦の御旗が戦場に現れたこと、旧幕府軍が「賊軍」と決めつけられたことに対する反応で、もはや徳川方の敗勢は明らか

東郷平八郎（近代日本人の肖像／国立国会図書館）

稲葉正邦（1834-1898）
山城淀藩稲葉家12代当主。文久3年（1862）、京都所司代となり、京都守護職・松平容保とともに尊王攘夷派と対立しました。老中に就任して国内事務総裁を兼ね、将軍・徳川慶喜を補佐しましたが、鳥羽・伏見の戦いでは江戸城留守居を務めます。江戸開城の際には恭順派となり、維新後は神道本局初代管長、のち子爵となっています。

となりました。

西郷、叱られる

鳥羽・伏見の戦いに敗れた旧幕府軍は**6日**、大坂へと敗走します。

前将軍・徳川慶喜は諸有司（役人）、隊長らからの出馬要請に対し、

「よろしい、ただいまより直ちに出馬せん、おのおの、持ち場に帰り準備せよ」

と自身が直接、戦場に立つことを快諾しておきながら、夜陰に乗じてひそかに大坂城を抜け出してしまいます。

大坂湾口の天保山まで抜け出すのに成功した慶喜一行でしたが、暗闇の中で味方の開陽丸を見つけることができず、やむなくアメリカ艦「イロクォイス」（イロコイ）に乗船して、一夜を明かす始末でした。一行は翌朝になってようやく開陽丸に乗り移り、**8日**、江戸へ向けて出航します。

一方新政府軍を率いる西郷隆盛は、八幡（京都府八幡市）を占領し、夜

●藤堂家は伊勢（三重県の大半）津藩（安濃津）の藩主家。豊臣秀吉に仕えて活躍した大名・藤堂高虎を藩祖としています。

●「慶喜は逸早く遁走したわけだが、これは日本人の目から見ても、ヨーロッパ人の目から見ても、またいかなる点から見ても、不面目な次第であった。慶喜が外国事務管理の任務は自分にあると外国代表に通告した後に、この慶喜の役人から外国使臣へ寄せられた唯一の通告は、もはや公使館の保護にたえられないというだけで、逃走を考えているなどとはおくびにも出さなかったのだ」（アーネスト・サトウ『一外交官の見た明治維新』）

になって京都に戻りました。ここで西郷は、許可を得ずに前線に出たことを、「国父」として藩の実権を握っていた島津久光の長男である、藩主・茂久に叱責されています。彼の独断専行はこのときばかりではなく、大久保利通に向けた3日付の書状にも、

「今日は、お叱りを蒙《こうむ》るべきかとも相考《あいかんが》へども、戦の左右を承《うけたまわ》り候ところ、たまり兼ね、伏見まで差越《さしこ》し、只今、罷帰《まかりかえ》り申候」

とあります。伏見の戦況を聞き、我慢できずに戦場へ出ているのです。

しかしこの西郷の突出が、鳥羽・伏見で戦う新政府軍に好機をもたらしていたことも否めません。4日の戦いでは西郷自ら仁和寺宮を擁し、錦旗を高々と掲げて部隊を鼓舞して戦況を好転させているのですから。

旧幕府軍が逃げ出した後の大坂城は出入り自由となり、見物人が押し寄せました。

「夜具葛籠《つづら》、衣装葛籠其《そ》の他そのままに放り出してありまして、主があるンじゃないので皆我勝《われがち》に略奪《ぶんど》って引き上げました」（篠田紘造『幕末百話』）

という証言もあります。略奪した品物は返却するようお触れが出てすべ

島津久光（1817－1887）
幕末・維新期の薩摩藩を実効支配した藩の「国父」。11代藩主・島津斉彬の異母弟で、兄が急死し、その遺言で久光の実子茂久（のち忠義）が藩主を継ぐと、藩の実権を握り、急進派藩士を弾圧。挙兵上洛、勅使大原重徳を奉じて江戸に入り、幕政改革を要求します。しかし、その帰途、藩士がイギリス人を殺傷し（生麦事件）、イギリス艦隊から薩摩藩は攻撃されます（薩英戦争）。その後は、公武合体派を主導しますが、のちに討幕論に転じました。

島津久光（近代日本人の肖像／国立国会図書館）

て召し上げとなり、のちに入札が行われたようです。

危機感ゼロの江戸

江戸城には**8日**の四ツの刻（午前10時頃）になって、ようやく上方での開戦の知らせが入り、城内は大混乱に陥ります。勝海舟は、

「祭りにさえ騒ぐ江戸ッ児のことだから、江戸の騒ぎもたいてい察せられるだろう」（勝海舟『氷川清話』）

と書いており、その大騒ぎぶりがうかがえます。

しかし騒いではみても、主《あるじ》のいない江戸城ではなすすべもなく、この日は「府内（江戸）取り締まりにつき、品川沖入船（江戸湾に入ってくる船）の届け出を厳重にするように」というお達しが出されただけでした。

幕閣の中には、

「ことの起こりが多少の行き違いだから、たいしたことにもなるまい」（同書）

とのんきに構えている者もあり、事ここに至っても、旧幕臣たちの中に

●大坂城への見物、泥棒事件について『幕末百話』は「ソコは大阪人ですから、この機逸すべからずで、市中の評判となって見物は附けたり、物品奪取《ぶんだくり》に出懸けますと、二日目に到頭地雷火《じらいか》が破裂して、見物の男女は真黒焼《まっくろこげ》になって、御壕へ刎《はね》飛ばされました。嘘か本統か存じませんが地雷火の瀬踏のため、見物を入れたのだそうです」ともしています。

勝海舟（近代日本人の肖像／国立国会図書館）

は楽観ムードが漂っていたようです。

彼らに危機感はゼロでした。江戸幕府には家康以来、合議制の伝統があります。このときは合議制の悪い面が出て、重臣たちは単独では何も決めらない迷走状態に陥っていたのです。


庶民の生活に目を移すと、**8日**は「初薬師」といって、江戸市中の人々は近在の薬師如来を祭る寺に詣でます。とりわけ人気があったのが茅場町の別当・知泉院で、夕方から商人が多く出て、参道では盆栽に使う草木が売られます。そのため、近くの坂本町（東京都中央区日本橋兜町）は、別名「植木店《うえきだな》」と呼ばれていました。縁日で植木が売られるようになったのは、この地から広まったといわれています。

詠《よ》み人知らずの狂歌にも、

　縁日は　月の八日と十二日　二十日草をも　売る植木店

と詠まれています。二十日草とは、牡丹のことです。

言わないことじゃない

12日早朝、前将軍・徳川慶喜は品川沖に停泊する開陽丸から、江戸湾をのぞむ将軍家の別荘・浜御殿《はまごてん》（浜離宮恩賜庭園）に上陸しました。大坂を離れてから5日が経過しています。これほどまでに時間がかかったのは、紀州大島沖で暴風雨に見舞われ八丈島の北方まで流されたためで、10日の夕方になってようやく浦賀港までたどり着いています。

勝海舟は知らせを聞くと馬を駆って浜御殿に向かい、青ざめた顔で沈黙する重臣たちの姿に接しました。『海舟日記』には、

「はじめて伏見の顚末《てんまつ》を聞く。会津侯、桑名侯ともに御供中にあり。その詳細を問わむとすれども、諸官唯《ただ》、青色。互《たがい》に目を以《も》ってし、敢えて口を開く者無し。板倉閣老（備中松山藩主・老中の板倉勝静《かつきよ》）へ附いて、その荒増《あらまし》を聞くことを得たり」

とあります。板倉から上方の状況を聞いた海舟は、

「アナタ方、何という事だ。これだから私が言わない事じゃない。モウ斯《こ》うなってはどうなさる積りだ」

●『幕末明治　女百話』（篠田鉱造著）には、この航海で機関を担当した加藤源太郎（のち械車《かいしゃ》）という武士の娘の証言が出ています。暴風雨で難破しそうになり、加藤は「御用筥《ごようばこ》」（用務に関する文書、金品を納めた箱）を、これを放したら切腹と思い、命がけで口にくわえていた、といいます。

会津侯、桑名侯
それぞれ、会津藩主・松平容保《かたもり》、桑名藩主・松平定敬《さだあき》を指します。

と大いに憤慨しています。

海舟の言葉は表向き重臣たちに向けられていましたが、実際には慶喜へ向けての怒りだったでしょう。挑発に乗らず戦などしなければ、政権を手放したとはいえ日本の多くの地域を実効支配していた旧幕府の展望が開けたものを――。確固たる見通しもなく、度胸も据えずに戦端を開き、緒戦で敗れたからといって大坂を離れたというのでは、あまりに無責任きわまるではないか。そんな思いが、海舟の中にあったのではないでしょうか。

慶喜は大坂城脱出の理由について、「朝廷に敵対などは無論のこと、当初から戦意もなかった」「会津・桑名が勝手に戦争に走った」と弁解し、味方を欺いて逃亡したのも、「江戸で恭順の意を示したかったため、抗戦派の妨害を避けた」と述べたようです。

上野ではこの日、寛永寺の年中行事として、中堂（根本中堂）で辰の刻（午前8時頃）に大般若経の読誦《とくしょう》と一山総出仕での修行が行われました。この根本本堂がこの年5月の上野戦争で焼失し、その再建を明治12年（1879）まで待たなければならないことを、まだ誰も知りません。

寛永寺根本中堂（錦絵で楽しむ江戸の名所／国立国会図書館）

規律もなければ礼儀もない

前将軍・徳川慶喜は**13日**、城中で和戦についての会議を開きました。席上、主戦派の勘定奉行兼陸軍奉行並・小栗忠順《ただまさ》らが徹底抗戦を主張します。

小栗が提案した作戦は、きわめて具体的でした。

彼の作戦は、すぐさま箱根、碓氷峠の線までフランス式陸軍を発進させ、天下の険を盾に新政府軍を迎え撃ち、残る軍勢は関東に追い込んで袋のねずみにしたうえで、一兵も残さず制圧。一方、海軍は艦隊を二つに分け、一隊は駿河湾に待機させつつ東海道を砲撃させて後続を断ち、続いて大坂湾を中心に神戸も押さえて制海権を確立する。もう一隊は直接長州・薩摩へ向かって艦砲射撃を加え、同時に陸戦隊を上陸させて薩長双方の国元を占領する、というものでした。

後年、明治政府の高官たちはこの作戦を聞いて肝を冷やしたと伝えられています。

旧幕府の高官たちが新政府軍への対応を協議している頃、江戸城内は混

小栗忠順（1827－1868）幕末に、幕府の外国奉行・軍艦奉行・勘定奉行などを歴任した官僚。上野介《こうずけのすけ》。フランスの援助のもと、財政改革・軍制改革を行って、幕府権力の復活を企てましたが、徳川慶喜から疎んじられ、お役罷免となります。

小栗忠順（近代日本人の肖像／国立国会図書館）

●この頃、福沢諭吉は「幕府の家来になってしまえというので、高百五十俵、正味百俵ばかりの米を貰って一寸《ちょい》と旗本のような者になっていた」（福沢諭吉『福翁自伝』）。「筆執《と》る翻訳の職人で、政治に与《あず》かろう訳《わ》けもない」（同書）

乱の極みに達していました。福沢諭吉はこのときの城内の様子を『福翁自伝』の中で次のように記しています。

「さて慶喜さんが京都から江戸に帰って来たというその時には、サア大変。朝野共に物論沸騰して、武家は勿論《もちろん》、長袖《ながそで》の学者も医者も坊主も皆、政治論に忙《いそがわ》しく、酔えるが如《ごと》く狂するが如く、人が人の顔を見ればただその話ばかりで、幕府の城内に規律もなければ礼儀もない。平生《ふだん》なれば大広《おおびろ》間《ま》、溜《たまり》の間、雁《がん》の間、柳の間なんて、大小名の居る所でなか〱喧《やかま》しいのが、丸《まる》で無住のお寺をみたようになって、ゴロ〱箕坐《あぐら》を掻《か》いて、怒鳴る者もあれば、ソット袂《たもと》から小さいビンを出してブランデーを飲んでいる者もあるというような乱脈になり果てたけれども、私は時勢を見る必要がある、城中の外国方に翻訳などの用はないけれども、見物半分に毎日のように城中に出ていました」

大坂での敗戦によって、積み上げてきた秩序が急激に崩壊する様子を見て取ることができます。

●ブランデーの製造法は、慶応3年（1867）にオランダに留学した榎本武揚が学んできたという記録があります。「日本に初めて渡来したのは、ワインよりもやや遅い1651年（慶安4）で、オランダ人によって江戸にもたらされたとの記録がある」（日本大百科全書）

オランダ留学時代の榎本武揚（近代日本人の肖像／国立国会図書館）

負けても「人事」

14日、旧幕府は兵庫奉行や大坂城の人事を決定しています。兵庫も大坂城もすでに新政府に制圧されており、まったく意味のない人事でした。すぐに実権を取り戻せると考えていたのか、あるいは前例に従って機械的に決定したのか、その真意は不明です。

将軍が江戸に戻ったことで高騰していた物価は安定し、慶応3年（1867）の暮れに100俵420両に値上がりした米は、70両下落して100俵350両になっています。

「町人などは喜んで、八文の湯銭で朝風呂のざくろ口（洗い場から浴槽への出入り口）をくぐると、世間話に花を咲かせ、のうのうして暮らしていた。さすがは将軍様、米がどかりと落ちたなどは、御威勢はえらいものだと感心した」（『戊辰物語』）

江戸城の混乱をよそに、江戸の庶民はのんきなものでした。

江戸市中では**17日**から町人への軍事訓練が始まります。

「市井救火《ひけし》の人夫をして、炮術調煉《ほうじゅつちょうれん》の足並を習はせらる」（『武江年表』）

旧幕府では町火消を動員して、江戸の自衛を図ろうとしたようですが、この調練は2月2日までの半月ほどで中止となりました。

20日、新政府は改めて、幕府がこれまで締結してきた条約の遵守を各国に通告しました。和親（友好的な外交）の基本方針が新政府にも受け継がれたことになります。

それにしても、あれほど国内を湧かせた尊王攘夷の「攘夷」（外国人を打ち払う）はどこへ行ってしまったのでしょうか。

そもそも為政者や政局の中心にいた人たちには、攘夷などという考えは存在しなかったのではないでしょうか。アヘン戦争（1840年）で清がイギリスに大敗したことや、西欧の軍事力についての情報は、日本の指導層にも正確に伝わっていました。西欧列強と戦うこと自体が無謀なことと認識されており、攘夷を叫んでいたのは外国人に強いアレルギーを持つ下級の公家や武士など、国政に責任を持たない人々だけだったのです。

尊王攘夷
江戸時代後期に流行した、天皇を崇敬し、夷狄《いてき》＝欧米列強を中心とした諸外国を排斥しようとする思想と運動。本来は別の思想でしたが、幕末になり、諸外国の圧迫に対して、幕府が有効な対策をとれないことで求心力を失ったため、両者が結びついて討幕運動へと発展しました。ただし近年では、この活動の中心となった「尊攘志士」と呼ばれる人たちは、下級武士が多く、政治的責任のある幕府の閣僚、諸藩の大名・家老などは「攘夷」を現実的なものとは考えていなかった、との主張が主流になっています。

初めての財政

新政府は**21日**、近代国家の体裁を整える政策の一環として、毎月の下ひと桁に１と６のつく日を官吏の休日と定めました。これを「一六日《いちろくび》」、または「一六どんたく」と呼びました。

この日、新政府参与兼会計事務掛に任ぜられた元福井藩士・三岡八郎《みつおかはちろう》（のちの由利公正《ゆりきみまさ》）は、「会計基立金《もとだてきん》」３００万両の募債と金札発行を建議。**23日**に政府によって決定がなされ、三岡に事務管掌が命じられます。

後年に東京府知事となる三岡は、新政府財政の基礎を築いた人物です。

新政府の金庫番を務めていた彼は、徳川慶喜の征討や政府運営の初期費用として３００万両が必要と考え、会計基立金による調達を考案しました。

旧幕時代の御用金が、えてして差し出したまま「献金」になりがちだったのに比べ、会計基立金は国債と同様の発想で、利息と元本の返済が約束されていました（実際に、明治２年までに完済されました）。

29日、大坂商人の代表が二条城に呼び出され、３００万両の会計基立金

三岡八郎（由利公正）（福井市立郷土歴史博物館所蔵）

●「米価から計算した金1両の価値は、江戸初期で約10万円前後、中〜後期で4〜6万円、幕末で約４０００円〜1万円ほどになります」（日本銀行金融研究所貨幣博物館のホームページから）

●三岡八郎は万石につき万両、つまり1石につき1両の割合で紙幣を発行するとしました。国民1人1両とも言っています。当時、日本の石高は３０００万石で、人口も３０００万人でしたから、要するに３０００万両の紙幣を出すということです。

調達を告げられます。しかし、大坂の商人がそんなことで恐れ入って金を出すはずがありません。その後、政府関係者が一丸となって努力しましたが、集めた会計基立金は御親征費を含め20万両程度にとどまりました。

三岡の目標は、紙幣の発行によって産業を振興し、民間経済に力がつくまで国債で乗り切り、近代的税法整備につなげることでした。予定通り金札の発行準備に入り、この年5月には新政府による最初の紙幣「太政官札《だじょうかんさつ》」発行にこぎつけました。

外国では紙幣といえば正貨である金貨や銀貨と交換可能な兌換《だかん》紙幣でしたが、新政府には正貨の蓄えがまったくありません。正貨と交換できない不換紙幣を発行するしか選択の道はありませんでした。しかし、抵当となるべき新政府の信用がほとんどありません。苦肉の策として、通用年数を限ることにしました。

この紙幣を各藩や商人らに貸し付けて産業を振興し、償還資金を生み出す。10分の1ずつ返済させれば、10年間で紙幣は回収される。回収した紙幣は廃棄してしまう。すべての紙幣の回収が終われば、その後は産業振興で稼ぎ出した正貨で経済は回転していくことになり、通貨制度の規律を乱

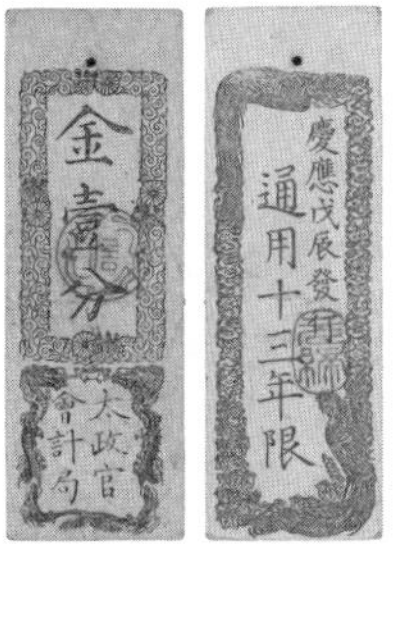

太政官札　金一分札（国立印刷局所蔵）

●「政府の政治的権威の確立されない段階に、しかも不換紙幣として発行された金札は、たちまち流通難におちいり、価格は非常に下落した。金札百両をもって金貨四十両で交換するありさまで、外国人にも損害を与え重大な国際問題を生むに至った。（中略）（明治）四年正月以降、新紙幣を発行して金札と引き換えることとし、六年以降は金札引換え公債証書を発行して引換えを行うこととした。この結果、明治五年三月より同十二年十月までに金札の交換回収は終った」（国史大辞典）

すことなく経済は成長することになる。これが三岡の考えでした。

『戊辰物語』には、イギリス公使パークスに紙幣を見せた時のエピソードが出てきます。

「口の悪いイギリス公使パークスが『こんな粗末な紙ではすぐ破けてしまう』と由利（三岡）にいった。かれはあんパンを頬張《ほおば》ったようにプーッとなって『破れるものなら貴公破って見い』と唐黍《とうもろこし》のしゃぐまのような赤い毛の生えたパークスの手に札を握らせた。公使はウンとうなって、札を力まかせに引き裂こうとしたが破れず、『これ駄目あります』と投げた」

太政官札は三岡の故郷である越前（福井県北部）で生産される上質の和紙「越前奉書」で作られていましたが、パークスには粗末な紙切れに見えたのでしょう。

大坂遷都のメリット

「大坂は外交、経済、軍事において首都に最適である」

23日、大久保利通は会議で、大坂遷都を主張しました。

大久保の論拠は、「商都である大坂は米の集積地であり、豪商も多く上方経済の中心地である」「幕末以来、政局は江戸から京都に移って諸外国の公使は上方にいる」「昨年末に兵庫が開港されたばかりである」「港湾都市であり、水上・陸上交通の要衝である」といったものでした。

前関白《さきのかんぱく》九条道孝《みちたか》の屋敷に臨時に置かれた「太政官代」の廟議《びょうぎ》（朝廷の評議）において、大久保は大坂遷都の建白書を提出しています。

しかしこの案は、公家の猛反対を受け否決されてしまいました。

それでも大久保はあきらめず、天皇の大坂行幸という折衷案を提出します。岩倉具視の協力もあり、3月21日に明治天皇は大坂へと向かいました。大久保はそのままなし崩しに大坂遷都を実現しようとしたのですが、この計画も失敗に終わります。

その後、前島密らの奔走により、遷都案は大坂から江戸へと変更されることになります。この時期、戊辰戦争は北関東から東北地方へと広がりを見せており、東国の完全な支配は新政府にとって急務でした。１００万の人口を擁する大都市・江戸が政治・経済的な地盤沈下を起こした場合、東

●このおり、大久保は初めて明治天皇への拝謁《はいえつ》を許されています。「玉《ぎょく》坐《ざ》ヲ奉《ほう》靉《あい》候《そうろう》義《ぎ》絶言語《げんごにぜっし》恐《きょう》懼《く》之《の》次《し》第《だい》余《よ》一《いっ》身《しんの》仕《し》合《あわせに》候《そうろう》。感《かん》涙《るい》之《の》外《ほか》無《これ》之《なし》」（『大久保利通日記』四月九日の条）ときに、帝は17歳。正月に元服を終えたばかりでした。

●「そのころ、首都が京都から大《オー》坂《ザカ》へ移るという噂があったが、私たちの気持ちとしてはそれを歓迎したかった。なぜなら、京都は奥地にあるので必需品を入手する便宜を欠き、それに冬は寒気がひどく、夏は暑さが激しいため、京都に外国公使館を設置しても、とても不便に思われたからである。海にきわめて近い大坂でさえも、七、八月の気候は私たちにほとんど耐え難かった」（アーネスト・サトウ『一外交官の見た明治維新』）

国支配はおろか大きな政情不安を招く恐れもある、というのが前島の考えでした。

以後、公家らの反発に配慮しつつも、江戸への遷都計画が着々と準備されて行きます。

23日には新政府の刑法事務局から、

「暗殺ヲ為スヲ厳禁ス」

という、通称「暗殺禁止令」が出されています。

現在の感覚からすれば、あえて禁止令を出すようなことなのかという疑問が湧きますが、桜田門外の変（万延元年〈1860〉）に代表される、暗殺によって事をなそうとする時代の気分が、まだまだ世の中から抜けていなかったということでしょう。

賄賂の禁止

26日（27日とも）、イギリス公使館の書記官アーネスト・サトウが公使パ

●暗殺の禁止は刑法事務局第51により布告され、京都二条城に掲示されました。大政は一新されたのだから、これからは私刑をゆるさず、すべて朝廷に申し出るべきだ、そうしないものは極刑に処す、という趣旨が述べられています。

ークスの内命を持って京都の西郷隆盛を訪ね、外国関係の諸問題について協議を行いました。サトウは日本語が堪能で、難解な候文を読めたばかりか、大名の言葉遣いから俗語や方言まで理解し、べらんめえ調で会話することもできたといわれる日本通。西郷とは何度も会談しており、政局について意見交換をする仲でした。

西郷は翌日、大久保利通に手紙を出し、会談の中でサトウから、新政府の趣旨を諸国に布告し、政権の正当性を主張するようアドバイスを受けたことを報告しています。

このサトウの提言も、3月11日に発表される「五箇条の御誓文」へとつながっていきました。

25日、新政府は役人の贈収賄を禁止する法令を発しています。

江戸時代の役人、たとえば奉行所の与力や同心などの間では、なかば公然と贈収賄が横行していました。

幕末から維新にかけて町奉行与力として勤務した佐久間長敬《おさひろ》の『江戸町奉行事績問答』には、ある大名が町人から金を借りて滞納したケースが紹

●1868年の日本には、まだ自然が色濃く残っていたようです。大坂に駐在したイギリスの外交官A・B・ミットフォードは『英国外交官の見た幕末維新』で次のように書いています。「一匹の大きな川獺《かわうそ》が、私の小さな天国にこっそり這《は》い込んで来たのを見たと言っても、おそらく信じてもらえないだろう」。外交官が銃の撃鉄を上げると、カワウソは逃げてしまいました。

介されています。返済の督促を受けて困り果てた大名家から相談を受けた与力は、

「財産家二三人呼寄《よびよせ》、有金の有無の問にて貸借の周旋し（中略）貸主何某を呼寄、元利精算せしめ、或は書借利金の分は何程は切捨候て其古借を戻し、一旦改正し新貸し主（中略）両人より融通せしむるなり。（中略）双方欣《よろこび》て其取扱を謝し、相当の礼金を得るなり」

財産家を何人か呼び寄せて新たな貸し手を周旋し、次に貸し主を呼んで元本を精算させ、利息分を減額させるなどして、新旧双方の貸し主から相当の礼金を得ていたというのです。役人というより、債務整理のブローカーですね。

また同心などは、遊郭で派手に遊んでいる若者を捕らえて自身番（各町内にある詰め所）で金の出所を責め立て、

「其者《そのもの》不正はなけれども、親懸《おやがか》り又は主人持なれば甚《はなはだ》恐縮して、様々に袖の下を送り、放免を乞《こ》ふなり」（同書）

たとえやましい金ではなくとも、親や雇い主にばれることを恐れる相手から賄賂を取り、小遣い稼ぎをしていたようです。

●与力は江戸時代、幕府の奉行・大番頭《おおばんがしら》・書院番頭《しょいんばんがしら》などの下で、これを補佐して働いた役人。一般には、奉行所の与力を指しました。一騎、二騎と数えます。与力はそれぞれ、数人の同心を抱えていました。与力や同心は目明し（岡っ引き）を私的に雇い、目明しはその手先として犯罪者の捜査をしていました。「奉行は与力に、与力は同心に同心は目明し輩に、仕事をまかせて、自分たちは着物がどうだの、十手《じって》がどうだのと、そんなことばかりいっていた。（中略）十手をこう振れば朱房《しゅぶさ》がぱッと開いてかっこうがよいとか、朱房よりは紫房の方がいいとか、そんなことばかりいっていた」（『戊辰物語』）

諸外国に対して近代国家の成立を認めさせたい新政府としては、役人の間に不正が横行しているようでは体面上問題がある、と考えたのでしょう。

コラム 1868 ❶

漱石と鷗外の1868年

夏目漱石は慶応3年（1867）正月、江戸牛込馬場下横町（東京都新宿区喜久井町）に、この地の名主だった夏目小兵衛の五男として生まれました。本名は、金之助《きんのすけ》。出生後、間もなく里子に出されます。慶応4年（1868）には、2歳でした（以下、すべて数えです）。

随筆『硝子戸の中』には、その頃の事が書かれています。

「私は両親の晩年になってできたいわゆる末ッ子である。私を生んだ時、母はこんな年歯《とし》をして懐妊するのは面目ないと云ったとかいう話が、今でも折々は繰り返されている。

単にそのためばかりでもあるまいが、私の両親は私が生れ落ちると間もなく、私を里にやってしまった。その里というのは、無論私の記憶に残っているはずがないけれども、成人の後聞いて見ると、何でも古道具の売買を渡世にしていた貧しい夫婦ものであったらしい」

将来の文豪は、「道具屋の我楽多《がらくた》といっしょに、小さい笊《ざる》の中に入れられて、毎晩四谷の大通りの夜店に曝《さら》されていた」といいます。ある晩、姉がそこを通りかかった時見つけます。姉は実家に連れて帰りますが、金之助は一晩中泣き続け、父親は姉を叱りました。

その後、四谷太宗寺《たいそうじ》門前の名主・塩原昌之助《しおばらまさのすけ》の養子になりますが、養家のごたごたから、結局、実家に戻りました。「私は普通の末ッ子のようにけっして両親から可愛がられなかった」と書いており、愛情に包まれた幼年時代を送ったとはいえないようです。

森鷗外は、文久2年（1862）正月、石見国鹿足郡《かのあし》津和野《つわの》横堀（島根県鹿足郡津和野町町田）に誕生しています。本名は林太郎。父の静泰《せいたい》（のちに静男）は、津和野藩代々の御典医《ごてんい》の家を継いでいました。慶応4年当時の林太郎は、7歳。彼が上京したのは明治5年（1872）ですから、この時はまだ津和野にいました。

鷗外は短編『ヰタ・セクスアリス』で、7歳の主人公金井湛《しずか》を描いています。題名はラテン語で「性生活」を意味し、自伝的作品です。

7歳の主人公、金井湛が学校に行く時、お壕《ほり》の西のはずれにある木戸を通ります。五十ばかりのじいさんと女房、子供が住んでいました。子供は主人公と同じ年ぐらいの男の子。ぼろを着て、いつも鼻を垂らしています。金井は「厭悪《えんお》と多少の畏怖とを以《も》って」この子を見て通りました。その家の中でおじいさんが子供を叱る声がするので、主人公はそちらを向きます。

じいさんは金井に突然言います。

「坊様《ぼうさま》。あんたあお父《とっ》さまとおっ母《か》さまと夜何をするか知っておりんさるかあ。あんたあ寝坊《ねぼう》じゃけえ知りんさるまあ。あははは」

「じいさんの笑う顔は実に恐ろしい顔である。子供も一しょになって、顔をくしゃくしゃにして笑うのである」。主人公は、返事をせずに逃げるように通り過ぎました。

「じいさんがそんな事を言ったのは、子供の心にも、profanation である。褻瀆《せっとく》であるというように感ずる。お社《やしろ》の御簾《みす》の中へ土足で踏み込めといわれたと同じように感ずる。そしてそんな事を言ったじいさんが非道く憎いのである」

profanation は「神聖を汚すこと」。自伝的作品とはいえ、主人公の生まれ年は鷗外とは違う設定になっています。そのまま実話とは受け取れないにしても、鷗外の幼年時代が投影されている可能性があります。

まだまだ日本文学は、「夜明け前」の時期にあったのです。

2
February

第2章

慶応4年2月

1 ☂	2 ☀	3 ☀	4 ☁	5 ☁/⛄	6 ⛄/☂	7 ☁
8 ☀	9 ☀	10 ☁	11 ☔/☀	12 ☁/☀	13 ☂	14 ⛄
15 ☀	16 ☀	17 ☂	18 ⛄	19 ☀	20 ☀	21 ☁
22 ☀	23 ☀	24 ☀	25 ☁	26 ☀	27 ☀	28 ☁
29 ☂	30 ☂					

日本のタイクン・ストツ・バシ［一橋（徳川）慶喜］（イラストレイテッド・ロンドン・ニュース／横浜開港資料館所蔵）

1日 西郷隆盛、大久保利通宛てに書簡を送り、備前岡山藩士のフランス人への発砲事件の解決を依頼する。
2日 薩摩藩家老・小松帯刀、総裁局顧問に任じられる。
3日 西郷、大久保宛てに書簡を送り、松平春嶽・山内容堂らの公儀政体派（議会政治派）に対抗し、慶喜追討の断行を図る。
明治天皇、「徳川慶喜親征の詔」を発布。
新政府、職制を「三職七科」から「三職八局」に改める。
4日 会津藩主・松平容保、家督を養子の喜徳に譲り、恭順の意を示す。
慶喜、家臣に随身の自由を認め、2月15日、その武家屋敷･拝領屋敷の貸与、売買を認める。
5日 慶喜、謹慎して朝廷の裁可を待つ、と松平春嶽に書を送る。
7日 松平春嶽、島津忠義らと連名で、開国方針の明示、外国使の朝廷への参内を建議。
8日 徳川慶喜、会津藩主・松平容保を登城禁止とする。
9日 **政府、有栖川宮熾仁親王を東征大総督に**（東海・東山・北陸三道の軍を指揮）。
「神戸事件」で滝善三郎切腹。
11日 **新政府、貢士の制を制定する。**
新政府、京阪の豪商に親征費10万両の調達を諭告する。
佐賀藩士・大木喬任、政府へ建白書を提出し、鉄道建設を促す。
12日 **慶喜、江戸城を出て上野寛永寺大慈院に閉居する。**
西郷、独断で東海道先鋒軍の薩摩藩諸隊を率いて京都を出発する。
13日 慶喜に、鳥羽・伏見の戦いの後、江戸帰還を勧めた会津藩士・神保修理、藩内強行派の怒りを買い、切腹。
14日 西郷、名古屋を進発後、後追いで東征大総督府下参謀（実質大参謀）に任ぜられる。
15日 有栖川宮熾仁親王、江戸へ向けて進発。
土佐藩兵、フランス軍水兵を殺傷する（**堺事件**）**。23日に土佐藩士11人切腹。**
16日 木戸孝允（準一郎）、大久保らが外国公使参内の担当となる。
松平容保父子、江戸を去って会津へ向かう（22日着、23日とも）。
20日 新政府、洋銀の価値を1枚金3分と定め、日本の貨幣同様に扱わせる旨を布告。
22日 新政府、京都に学校掛を置き、玉松操・平田銕胤・矢野玄道ら国学者を任命。
23日 渋沢成一郎ら旧幕臣、彰義隊を結成。
新政府、金銀旧貨を当分新貨と並行して通用させる旨布告。
新政府、京都で機関誌『太政官日誌』を刊行開始。
24日 **柳河春三らにより、佐幕派最初の機関新聞となる「中外新聞」が発刊される。**
25日 西郷、東海道先鋒軍の各藩隊長を静岡に集め、江戸進軍の命を伝える。
26日 新政府、左大臣・九条道孝を奥羽鎮撫総督に任命する。
新政府、京都三条大橋に目安箱（投書箱）を置く（7月に東京でも実施）。
28日 西郷、駿府に進出。その後、独断で先鋒軍を箱根へ進出させ、箱根要地を占領し、三島を本陣とする。
明治天皇、諸侯を召して大政一新の詔を出す。
30日 **イギリス公使パークス、御所に参内の途中、京都新門前通縄手で刺客に襲われ、参内を中止。**フランス公使ロッシュ、オランダ代理公使ポルスブルックは参内し、明治天皇に謁見する。

ハゲタカ外国商人

2月の声を聞くと同時に、江戸から「椋鳥《むくどり》」と呼ばれる季節労働者が国元へと帰って行きます。江戸っ子たちは、信濃・越後・奥州（長野県、新潟県、青森県、岩手県、宮城県、福島県）などから集団でやって来る出稼ぎ労働者を「騒がしい田舎者」と蔑《さげす》み、椋鳥と揶揄《やゆ》していたのです。しかしその椋鳥たちも、開国以来のインフレによって雇い先が減り、翌年、再び江戸の地を踏める保証はありませんでした。

そもそもなぜ、開国したことがインフレを招いたのでしょう？

その原因をつくったのは、幕府が結んだ通商条約にありました。条約では外国人が自国の貨幣を日本に持ち込み、わが国の貨幣に両替する権利を認めていましたが、当時、日本と諸外国では金と銀の交換比率が異なっていたのです。そのため外国から銀貨を持ち込み、日本の金と交換した場合、通常よりも約3倍の金に交換することができました。

海外から銀貨を日本に運び込むだけで儲かるという、夢のような話はたちまち広まり、多くの外国商人が当時、居留地に指定されていた横浜にハ

●日本国語大辞典には、「むくどり」について「江戸の町に出て来た田舎もの。また、その人をあざけっていう語」「特に、冬季、信越地方などの雪国から江戸に出て来た出かせぎ者をいう」の語釈があり、「むく鳥も毎年くると江戸雀」（雑俳・柳多留–七三）が用例としてあげられています。

ゲタカのごとく押し寄せ、わずかな期間に国内から100万両もの金貨を流出させる事態を招いたのです。これにより国内経済は大混乱に陥り、商品価格が高騰。庶民生活は大打撃を受けました。

豪商たちの「日銀」

3日、京にあった西郷隆盛は大久保利通宛ての手紙を出します。手紙には、徳川慶喜が前越前福井藩主の松平春嶽を通じ、朝廷（新政府）が徳川家に対して穏便な措置を取ってくれるよう協力を求めて来た、と記しています。

しかし、この前将軍からの嘆願を西郷は受け入れることなく、「寛容に流れる必要はない。慶喜追討の路線は変更せず、断固遂行すべく、追討の詔勅を発すべきだ」と、大久保に対し働きかけています。西郷は軍資金や軍事力の心配はあるものの、戦うしかないと考えていたようです。

その日のうちに、明治天皇の名において「徳川慶喜親征の詔《みことのり》」が発せられました。布告文の起草は木戸孝允《たかよし》が行っており、2月のこの時点にお

木戸孝允（近代日本人の肖像／国立国会図書館）

ける新政府の方針は、あくまでも徳川家の武力討伐で一致していたことが分かります。

ただ、戦うには軍資金が必要。鳥羽・伏見の戦いの軍資金として新政府は同日、豪商の三井、島田両家から1万両を調達しましたが、親征資金10万両も豪商頼みでした（同好史談会編『漫談明治初年』）。

同日、政府は三井・小野・島田組ら豪商を「会計局付御為換《かわせ》（為替）方」に任命しました。政府はこれら三家に資金を拠出させて、新通貨の発行および貸出業務を担わせると同時に、預金・為替・両替なども行わせようとしたのです。今の「日本銀行」のようなものです。海のものとも山のものともつかぬ「新政府」よりも、天下に名の知られた豪商の信用が勝るのは当然のこと――。

ここで定められた流れが、5月の太政官札発行へとつながっていきます。

一方、江戸ではこの日の夜、神田・和泉橋外麹町にある平河町一丁目代《かえ》地《ち》（神田佐久間町二丁目）で火事が発生しています。この代地には江戸城

●『漫談明治初年』（同好史談会編）は、三井・島田・小野の三家が「為替掛屋を政府から命ぜられた」という幸運に恵まれ、「為替掛屋は今の銀行業であつて、初めこそ公金は無かつたから為替方も難儀であつたろうが、後には公金を無利息で運転し得たので、為替方の隆運は漸《やう》やく開け、彼等は金のあるのに任せて種々の事業を目論見、放資は追々放漫に流れた」としています。明治6年（1873）より政府が「為替方に対し峻厳な態度となつた」ため、三家は窮地に陥ります（同書）。小野組、島田組は明治7年（1874）に破綻し、三井だけが生き残りました。

周辺に火除地《ひよけち》を設置するため、立ち退きを強いられた町人たちが住んでいました。

江戸に火事が多かったことはよく知られていますが、特に冬場は季節風の影響で類焼が激しく、火除地の設置は必須でした。

享保12年（1727）、麴町平河町一丁目（千代田区平河町）に火除地が設けられたことにより、住人は和泉橋外に代地をあてがわれたのです。『江戸切絵図』を見ると、この代地にはもともと町人が住んでおり、代地ができたことで一帯は人口過密地帯へと変貌しました。火除地を作るために移転を強いられた先で火事に見舞われたのですから、町人にとっては踏んだり蹴ったり、実に哀れな話ですね。

外交のススメ

4日、徳川慶喜は旧幕臣に「随身の自由」を認めます。つまり〝今後は徳川家に仕えるも、主家を離れるも自由。好きにしてよい〟という意味で、ある意味ずいぶん無責任かつ一方的な宣言に思えます。265年にわ

●江戸幕府はけんかとともに、江戸の名物といわれた火事に手を焼き、明暦3年（1657）の明暦の大火（振袖火事）後、火除地を設けます。一般市街地には「広小路」を設けました。現在も名前が残る上野広小路は、東叡山寛永寺黒門前に設けられた火除地。広小路は普段、移動式店舗が置かれ、芝居や講釈など、各種見世物の興行が行われました。

たって、幕府に仕えてきた人々はさぞかし混乱したことでしょう。

そんな困惑、苦悩をよそに、江戸・高輪の泉岳寺では例年どおり、「四十七士忌」の法要が営まれています。元禄16年（１７０３）２月４日に切腹して果てた、赤穂藩浅野家の元家臣46人の供養を行うもので、人々は浅野内匠頭《たくみのかみ》長矩《ながのり》と赤穂義士の墓に手を合わせました。


松平春嶽は**7日**、土佐の山内容堂、薩摩藩主・島津忠義（茂久改め）らと連名で、新政府に建議書を提出しました（『太政官日誌』）。

そこには幕末以来、低迷する日本の勢威を内外に示すため、攘夷論を廃して日本の開国方針を明らかにし、外国公使に参朝させることが提言されていました。朝廷内に根強く残る攘夷の風を改め、新政府が日本国を代表していることを国内外に認めさせるために、万国公法（国際公法）にのっとった外交を行うべきである、とも述べています。

この時期、京では急ごしらえの新政府を何とか諸外国に承認してもらおうと、涙ぐましいまでの努力が続けられていました。

「腹心中の腹心」を切る

8日、徳川慶喜は新政府に対する恭順の意を強調するため、主戦派の家臣を多く抱える前会津藩主・松平容保《かたもり》と伊勢桑名藩主・松平定敬《さだあき》を登城禁止としました。

2人はそれぞれ京都守護職、京都所司代として、一橋時代から慶喜を支え続け、つい先月も大坂城から闇夜の脱出行を共にした腹心中の腹心。その彼らに、「もう江戸城には来てくれるな」と命じた慶喜という人物の、冷静沈着さ、逆にいえば冷酷さ、その人格を疑いたくなりますが、この時の彼はただひとえに「徳川家の存続」だけを考えていたのでしょう。

『漫談明治初年』では、

「会津の容保公といふ方は、誠心誠意皇室の為を思ふ方で、才気の溌剌《はつらつ》たるところはなかったが、家来がいたゞいて仕事をするには、大変いい君公であった。といふのは、容保公は、一旦決断した事は決して変えることはなかった。ところが徳川慶喜公は、非常な才物ではあつたが、説を変える事もまたはげしかつた」（会津出身でのちの東大総長・山川健次郎の証

言）
　と述べています。
　この日は正月の事納《ことおさめ》として、市中では竹ざおに笊《ざる》目《め》籠《かご》をつけて屋根の上に立てました。これには神様を招き下ろす意味があり、正月の終わり＝一年の事始と考えられていました。
　江戸城内では相変わらず大混乱が続いていましたが、庶民生活はこの間も何事もなかったかのように続いています。

国際法の知識

9日、正月11日に神戸で起きた「神戸事件」に審判が下されました。警備の備前岡山藩兵と英・米・仏の公使館守備兵が互いに発砲した事件で、備前藩兵の隊列をフランス水兵が横切ったことに端を発しました。
　この事件を受け、イギリス・フランスの両軍が一時、神戸中心部を占領する事態になりました。銃撃事件のきっかけをつくった滝善三郎（岡山藩家老の日置《へき》帯刀《たてわき》の家来）が切腹を命じられ、32年の生涯を閉じています。

滝善三郎切腹の図（カネテツデリカフーズ所蔵）

慶応4年2月24日付の「中外新聞」は、

「備前侯（岡山藩主・池田茂政《もちまさ》）の家来は外国人に向って発砲の差図《さしず》をなしたる罪によって今日誅せらる。初めは切腹と聞きしが、頭《ママ》を斬らるる事に成りたり。右死罪は兵庫の寺院にて行い、各国の名代一人ずつ見分のため出張す」

と報じましたが、実際には神戸の永福寺（神戸市兵庫区南仲町）で〝切腹〟しており、滝の武士としての体面は保たれています。

現場に立ち会ったイギリスの外交官A・B・ミットフォードは、

「(切腹の) 儀式はごく内輪で行われることになっていたはずだが、寺の正面の入り口に並んでいた群衆は、皆がこれに少なからぬ関心を持っていることを示していた」(『英国外交官の見た幕末維新』)

と、その日の模様を記録しており、外国人との争いから生じた岡山藩士の死に、市井の人々が大きな関心を寄せていたことがわかります。

立ち会ったイギリス大使館員のアーネスト・サトウは、短刀を手に取った滝はそれを額のあたりに押し頂いたあと下に置き、乱れてはいるもののはっきりした声で、

●「19世紀半ばまで処刑の行われたニューゲート監獄の門前には群衆が処刑を見に集まった。これが完全に獄内で執行されるようになったのは、1868年以降である」(世界大百科)

寺島宗則（『榎本武揚《たけあき》等名刺版写真』／国立国会図書館）

島津斉彬（1809－1858）薩摩藩11代藩主。嘉永4年（1851）、父・斉興《なりおき》から家督を相続し、藩主に。藩の近代化に努め、殖産興業、洋式兵備の充実を図りました。短期間に反射炉や軍艦を製造し、紡績機械を積極的に輸入。将軍継嗣問題では一橋派に属し、挙藩上洛を企図したものの、その直前で急死しました。

「逃げんとする外国人に対し不法にも発砲を命じた者はこの自分にほかならぬ、この罪によって、自分は切腹する」（『一外交官の見た明治維新』）と述べたと記しています。イギリスの新聞はミットフォードやサトウが切腹の場に臨席したことを、「キリスト教徒としてけしからぬ」と非難する論調で報道しましたが、サトウは、

「切腹《ハラキリ》はいやな見世物ではなく、きわめて上品な礼儀正しい一つの儀式で、イギリス人がよくニューゲート監獄の前で公衆の娯楽のために催すものより、はるかに厳粛なものだ」（同書）

と反論しています。

この「神戸事件」において、各国との外交交渉に当たったのが、薩摩藩士の寺島宗則《むねのり》でした。郷士の家に生まれた彼は、伯父・松木宗保《そうほ》の養子となって弘安を名乗り、蘭学を学んで島津斉彬《なりあきら》の侍医も務めています。その後、幕府の蕃書調所《ばんしょしらべしょ》に招聘《しょうへい》され、文久元年（1861）には福沢諭吉らと共に第一回遣欧使節としてヨーロッパを歴訪した外国通でした。

薩摩藩とイギリスとの間で起こった「薩英戦争」では、和議の交渉に当たっており、豊富な外交経験を買われ、この正月に新政府の外国事務掛に

島津斉彬（『〈実録〉幕末・明治・大正の八十年』東洋文化協会原著、大空社より転載）

●蕃書調所は幕末の安政2年（1855）、幕府が洋学の教育・研究および洋書・外交文書の翻訳などのために設けた機関。幕臣に対して門戸を開いたのは安政4年（1857）、洋書調所を経て開成所（東京大学の前身の一《いっ》）となりました。

●薩英戦争は文久3年（1863）に起きたイギリス東洋艦隊と薩摩藩との戦いです。前年、イギリス商人ら4人が武蔵国生麦村で島津久光の行列を横切り、薩摩藩士に斬られた「生麦事件」が原因。講和が成立後、両者の提携が進みました。

任命されていました。

神戸中心部の欧米列強による占拠は、事態が悪化すれば香港やマカオのように「割譲」に結びついていたかもしれません。就任早々に起こった「神戸事件」を、豊富な国際公法の知識を駆使して、穏便に治めたことで彼の評価はさらに高まり、明治2年（1869）に外務省が設置されると初代外務大輔に任じられています（のち初代在英日本公使）。

彼は外交の分野のみならず、東京─横浜間の電信創設を建議して「横浜電信局」を設立。「電信の父」とも呼ばれています。

幕末から明治にかけてのこの時期、寺島のような多方面に才能を発揮する人物が次々に現れたのは、時代の要請だったのかもしれません。

蒸気機関車の模型

11日、新政府は「貢士《こうし》の制」を制定しました。
1月17日に三職七科の官制が布かれたのと同時に、諸藩の藩士から新政府の官吏として選出される「徴士《し》」「貢士」の職制が定められていました

薩英戦争（イラストレイテッド・ロンドン・ニュース／横浜開港資料館所蔵）

プチャーチン（1804-1883）ロシア海軍の元帥。嘉永6年（1853）ロシア艦隊司令長官兼遣日使節として長崎に来航。安政元年（1854）日露和親条約、同5年（1858）日露修好通商

が、この日の布告では登用方法を定め、「徴士は朝臣でなければならない」とされました。「徴士」「貢士」になることで「藩の職員」は「新政府のスタッフ」となったのです。

新政府の中心的存在でありながら、藩士という立場に縛られていた西郷隆盛や大久保利通、木戸孝允らにとっては、より行動しやすい状況ができあがったことになります。

また同じ**11日**、佐賀藩から徴士に選出されていた大木喬任《たかとう》が、政府に対して鉄道建設の建白書を提出しています。

佐賀藩は嘉永5年（1852）に、「精錬方」と呼ばれる理化学研究部門を設置。後年、日本赤十字事業の創始者となる佐野常民《つねたみ》を中心に、石黒寛次《かんじ》、中村奇輔《きすけ》、そして東芝の創業者として知られる田中久重ら有能な技術者を登用していました。中村は嘉永6年（1853）にロシアのプチャーチンが長崎に持ち込んだ、実際に動く鉄道の模型を見学。石黒や田中と協力して、蒸気機関車のひな型製作に成功しています。

大木がいち早く鉄道建設を建言し、のちに同じ佐賀藩出身の大隈重信が

条約を締結。

プチャーチン（SPUTNIK／時事通信フォト）

●嘉永7年（1854）ペリーが2度目の来日の際、持参した米大統領からの献上品の中に、蒸気機関車の模型があり、軌道上で試運転も行われました。機関車は実物の4分の1で、1両の客車を引きました。この前年に長崎を訪れたロシア使節プチャーチンも、艦上で機関車の試運転をしました。慶応2年（1866）にはフランス領事フルーリ・エラールから鉄道敷設の話が持ち込まれています。

熱心にこれを推進した背景には、佐賀藩特有の進取の気性があったのでしょう。

鉄道敷設については、次のような記録もあります。

「鉄道を京浜間に、敷設するといふことは、明治の政府にならぬ前、幕府の末路にあたり、当時の外国奉行小笠原壱岐守といふ人が、アメリカの薦めにより（寧《むし》ろ強制的に）その敷設権をアメリカに許したことがある。然るに、新政府になってから、どうしても鉄道は、日本自身で敷設する方が、利益であることを感じたが、偖《さ》てその敷設権を許していることに一つの困難を感じた。これについては、色々苦情をアメリカから申し出た」（『漫談明治初年』市島謙吉氏の証言）

四畳半の慶喜

徳川慶喜は**12日**、江戸城を出て上野寛永寺（大慈院）に閉居しました。

将軍が城外を出歩くとなれば、道中の人払いが行われ、厳格な警護態勢が整えられますが、この時は「もはや将軍ではなくなった慶喜のために人払

●『漫談明治初年』によれば、「鉄道敷設許可問題」については大隈重信が交渉し、「小笠原壱岐守がほしいままに幕府にも報告せず約束したもので、小笠原も失踪している」などとして、約束を取り消したとされています。

●世界初の蒸気鉄道は1825年、イギリスで開業しました。1845年には土佐の漁師・中浜万次郎が漂流後、アメリカで蒸気車に乗りました。日本では元治2年（1865）、薩摩藩士の五代才助がベルギー人モンブランと共同出資会社をつくり、大坂・京都間の鉄道建設を計画しましたが、実現しませんでした。日本での鉄道開業は、明治5年（1872）の新橋―横浜間です。

いなど行うのはいかがなものか」という意見が、旧幕閣の間から出されたと言います。

これに激怒したのが、新撰組の元局長・近藤勇でした。

「さありては途中万一の変も計り難しとて、新選《ママ》組の面々と申し合わせ、城より上野までの間、ところどころに部下を配置し、密かに護衛せんと苦心せしに、評議一変して常のごとく人払いせしめしかば、近藤は大いに憤怒せりという」（渋沢栄一編『昔夢会筆記』）

結局のところ、通常通りの警護が行われたため、近藤の努力は無駄に終わりました。近藤は新政府との対決に消極的な慶喜に不満を感じていたはずですが、前年6月に幕臣に取り立ててもらい、人一倍、幕府に対する忠義を感じているだけに、前将軍をないがしろにしようとする者たちを、さぞ情けない気持ちで見ていたのでしょう。

当初、慶喜は「江戸城を捨てては、先祖に申し訳が立たない」と、逡《しゅん》巡《じゅん》していましたが、勝海舟に「この場に至って祖先への不孝などをお考えなさるるは、もっての外の御心得違い」（森銑三『落葉籠』）と諭され、江戸城からの退去を決意した、とされています。

寛永寺大慈院で前将軍・慶喜は、「わずかに四畳半の居間、それからは月代《さかやき》もそらず、力ない日を送られる」（『戊辰百話』）。

この頃はあはれいかにと問ふ人も
とはるる人も涙なりけり

という歌を詠んでいます。

将軍と豚

決断力はあるが、変わり身の早い慶喜の性格は、周囲から大いに不評で、一橋時代は、

「豚一《とんいち》さま」

というあだ名で、呼ばれていました。

この異名は、幕臣はもとより江戸庶民の間にも広まっていたようです。

「豚一」とは「豚肉好きの一橋様」の略称で、当時は禁忌であった獣の肉を平気で食したことを揶揄《やゆ》したものでもありました。合理主義者で新し

いもの好きの慶喜は、欧米文化を自らの生活に取り入れることに熱心で、横浜から牛肉や豚肉を取り寄せては、好んで食していたのです。

当時、獣肉は滋養強壮のための「薬」と一般には捉えられており、病後や虚弱体質の人に食べさせることがある程度のものでした。

もっとも「ゲテモノ食い」の言い訳に、「薬食い」と称して肉を食べる物好きは、江戸時代にも一定数いたようですが、基本的には普通の人が口にする食べ物ではなかったのです。

ちなみに、近江彦根藩（滋賀県彦根市）の井伊家では、赤斑牛の鞍下（ヒレ）をみそ漬けにしたものを、折々に将軍家や御三家に献上していましたが、これもあくまで「薬用」でした。

慶喜の実父で水戸藩主の徳川斉昭《なりあき》は、この牛肉をことのほか好み、井伊家に献上の催促をした事もあったそうです。

ところが井伊直弼《なおすけ》は、藩主となるや牛ヒレのみそ漬けを配るのをやめてしまいました。桜田門外の変の遠因は、好物が食べられなくなった斉昭の恨みだ、とする話も伝わっています。

慶喜の肉好きは、父親譲りであったことは間違いありません。

●井伊家は徳川将軍家の譜代の家臣で、譜代大名の筆頭。「徳川四天王」の一《いっ》・井伊直政を藩祖とする彦根藩は、幕府の非常任の最高職、大老になる家格を得ていました。

井伊直弼（1815－1860）幕末の幕府大老。近江国（滋賀県）彦根藩主。朝廷の許可を得ず、日米修好通商条約に調印。反対勢力を弾圧して安政の大獄を起こし、水戸・薩摩の浪士らに江戸城桜田門外で暗殺されてしまいます。

井伊直弼（豪徳寺所蔵）

家老の悩み

西郷隆盛とともに討幕に尽くした、薩摩藩家老の小松帯刀《たてわき》――。体が強くない彼は、幕末、脚痛を病み、霧島硫黄谷《いおうだに》温泉で療養するなどしていますが、それでも自らをだましだまし激務をこなせたのには秘訣がありました。ずばり、豚肉です。

興味深い手紙――元治元年（1864）11月に、彼が大久保利通に送ったものがあります。

この中で帯刀は珍しく愚痴をこぼしているのですが、その内容はときの将軍後見職・一橋慶喜（のち15代将軍）からたびたび、豚肉を所望され、自分の持ち合わせを進呈したところが、全部差し上げてなお追加の希望があり、こうなっては断るよりほかにない。なんとかならないか、特に琉球豚を余分に持っている者はいないか、とにかく豚肉を頼む、といった内容でした。

帯刀は琉球豚、薩摩の白毛豕《ぶた》を食べながら、慶応2年（1866）1月、薩長同盟の結成を決断。翌年1月に城代家老（家老の筆頭）となり、

●薩摩の「白毛豕」は広く知られていました。農学者・佐藤信淵《のぶひろ》の『経済要録』には、「薩侯の邸中に飼処《かうところ》なる白毛豕は、其味殊更《ことさら》上品にして」とありました。「琉球豚」は、この「白毛豕」より以上に珍重されたもので、「一体に薩摩にては鶏・豚の味甚《はなは》だよきが、琉球の豚は更《さら》に好味《こうみ》なり」（本富安四郎著『薩摩見聞記』）。琉球豚を「アグー」といい、小型で発育が遅く、子豚の数も少なかったため、他の品種と交配による雑種化が明治以降に進み、戦後は絶滅の危機にひんしました。

いよいよ武力討幕への具体策を練り始めます。しかし、ついには歩行困難な重病に陥り、国元へ。彼の代理を務めることになったのが西郷隆盛であり、大久保であったわけです。

牛鍋屋の客

ちなみに、幕末に外国人が来日し、横浜に家畜の処理場などが設置される頃になると、牛鍋屋が横浜・横須賀・神戸などで開業し、少しずつ肉食が庶民の間にも広まって行きました。

しかし当初は、血抜きの技術が未熟であったため、肉は非常に臭かったようです。石井研堂《けんどう》が編纂《へんさん》した『明治事物起原』には、当時の牛鍋屋にやって来る客の様子が採録されていますが、

「ときたま来る客は、悪御家人や雲助、人柄の悪い奴ばかりにて、『俺は牛の肉を食ツた』と強がりの道具に使ふためなりし」

といったありさまで、あまりまっとうな武士や庶民が足を運ぶ場所ではなかったことを示しています。

石井研堂（1865-1943）
明治-昭和前期の文化史研究家。錦絵の研究でも知られる。『小国民』（のち『少国民』）など児童誌の編集を行いながら、少年向けの科学書などを執筆。『明治事物起原』を刊行しました。吉野作造、尾佐竹猛らと、明治文化研究会を設立。

●「御一新前と来たら、七里ケッパイ、牛肉を食うというのが、精根尽きた病人ぐらいで、薬だというから、鼻の穴へセンをかって置いて喫《た》べたもので。喫べた以上は神様仏様へ、一周して御遠慮を申す。万一家で喰べる段になりますと、神棚仏壇へ目張をしたものです」（『幕末百話』）

肉食が広く行われるようになるのは、明治5年（1872）1月24日――明治天皇の食卓に初めて「肉饌《にくせん》」（肉のおかず）が上って以降のようです。

東征軍、動く

慶喜が江戸城を出た**12日**、一橋家ゆかりの旧幕臣17人が雑司ケ谷鬼子母《ぞうしがやきしも》神《じん》門前・茗荷屋幸吉《みょうがやこうきち》の料亭に集い会合をもっています。このときは慶喜の復権や助命嘆願が話し合われたのみで、新政府軍への抗戦などは議題に上りませんでした。しかし、このグループがのちの「彰義隊」へとつながっていきます。

一方、西郷隆盛はこの日、東海道先鋒軍の薩摩藩諸隊を率いて京都を進発しました。「中外新聞」（慶応4年2月24日付）は、

「薩摩人七百人急に京都を出立《しゅったつ》すと云う。これは箱根の備えなきを知りてこれを奪うがためと見えたり。それに付《つい》ては人数あまり少なくして不相当なりといえども、もしこの説事実ならば、これまた江戸通行の要害なる故《ゆえ》に随分もっともなる事なり」

●江戸四谷塩町一丁目の書役《かきやく》・町用掛（名主を補佐して書記、会計などを担当）を務めた原徳兵衛は慶応4年＝明治元年（1868）の克明な日記を残しています。2月21日の項には、「町内の主だった方々と申し合わせ鎮守の天神社にて大般若経をあげ、護摩をたき、大札24枚、小札150枚を配った」（意訳）と、新政府軍への不安から神仏に加護を求めたことを書いています。

と報じ、「一橋（徳川慶喜）はただ恭順謹慎にして敢えて戦争を好まず」と慶喜の情勢にも触れています。

薩摩藩の記録によれば、前日の**11日**、西郷と相良治部《さがらじぶ》は、東征大総督となった有栖川宮熾仁《ありすがわのみやたるひと》親王から軍令と廟算書《びょうさんしょ》（朝廷の作戦書）、主君の島津忠義からは酒饌《しゅせん》（酒肴）を賜り、京都を進発したとあります。

日時に異同はあるにせよ、いよいよ東征軍が活動を開始したのです。

13日、越前福井藩士の三岡八郎（のちの由利公正）は大坂に赴きました。彼は新政府の徴士参与の名において、鴻池善右衛門など大坂の豪商15人を松屋町の旅宿へ集めると、新政府の御用金調達について説明を行い、彼らを御用掛に任命して協力を仰ぎました。新政府を立ち上げたはよいものの、その活動資金は民間に頼らざるを得なかったのが現実です。

悲恋の真実

新政府の東征大総督・有栖川宮熾仁親王が**15日**、江戸へ向けて進発しました。この人物は14代将軍・徳川家茂《いえもち》の正室となった和宮《かずのみや》（家茂の死後は落飾して静寛院宮《せいかんいんのみや》）の元婚約者として知られています。

幕府は「公武合体」を実現して難局に対処するため、すでに嫁ぎ先の決まっていた和宮を半ば強引に将軍家茂の妻に迎えたのです。2人は同い年でした。

このような過去のいきさつから、かつての婚約者がいる江戸を東征大総督として攻める立場となった有栖川宮と、今は家茂の未亡人として徳川家を守り、新政府に対して慶喜の助命嘆願を行っていた和宮の皮肉な巡り合わせを、世間では「悲恋」と捉えていたようです。

しかしこの2人の関係について、慶喜の9男・誠（元男爵）の夫人・霽《さえ》子（1982年没）は、次のように証言しています。

「この九代有栖川宮熾仁親王の御婚約者和宮さまの悲恋物語は、徳川家が宮さまの『思うお方』を取り上げたように見えて、分が悪うござんしょ。（中略）川口松太郎さんの『皇女和宮』や、有吉佐和子さんの『和宮様御留』となるとウソ、オッシャイという気がしますよ。宮さまが熾仁親王と御婚約なさったのは、六ツの時ですよ。それからお二人、何度お会い

和宮（1846−1877）
仁孝天皇（120代）の皇女で、名は親子《ちかこ》。孝明天皇（121代）の妹。公武合体を進めるため、政略結婚によって14代将軍・徳川家茂のもとに降嫁。家茂の死後に剃髪し、静寛院宮と号し、江戸無血開城のため尽力しました。

になってらっしゃるかしら。まず公式にはないでしょうねエ。これじゃあんな愛も恋も起る暇がありませんでしょ」(遠藤幸威『女聞き書き　徳川慶喜残照』)。

逆に、将軍家茂と和宮の結婚生活は、穏やかで幸福なものだったようです。

明治10年(1877)に死去した和宮は、

「決して皇室の方に葬らず、是非徳川氏の方に埋めて欲しい」

と遺言し、希望通り東京の芝・増上寺にある家茂の墓所の隣に葬られました。

昭和33年(1958)に芝・増上寺の徳川家墓所で発掘調査が行われた際、和宮の遺体は家茂のものと思われる男性が写った写真(ガラス湿板)を抱いていました。

残念ながら、保管の不備から発掘の翌日には画像が消失してしまい、人物の特定はできませんでした。写真の男性は「長袴の直垂《ひたたれ》に立烏帽子《たてえぼし》をかぶった若い男性」であったと伝えられています。

●写真は和宮へ贈られたものとみられます。芝・増上寺の将軍家墓地改葬の際、和宮の墓の中から発見されました。これまで、家茂は写真を撮影していなかったと考えられていました。

切腹中止命令

15日、堺では土佐藩兵がフランス軍艦の乗組員を殺傷するという事件が発生しています（堺事件）。

この日、堺に上陸し乱暴を働いていたフランス軍艦「デュプレー」の水兵と、同地を警備していた土佐藩兵とが衝突。土佐藩の六番隊隊長・箕浦《みのうら》猪之吉《いのきち》と八番隊隊長の西村佐平次が発砲を命じ、フランス側に11人の死者を出しました。

フランス公使ロッシュ主催の晩餐会に出席中、この事件の知らせを受けた小松帯刀は、事後処理に奔走し、同月**23日**には早くも解決にこぎ着けました。

欧米列強との衝突を避けたい新政府は、相手がかつて幕府に肩入れしていたフランスということもあって、「指揮をした2人の指揮官と関係者全員を処刑せよ」という先方の要求を受け入れ、関係者に切腹を命じたのです。

隊長の箕浦猪之吉以下20人の切腹は、堺の妙国寺（大阪府堺市堺区）で

堺事件（ルモンド・イリュストレ／横浜開港資料館所蔵）

行われました。当初、フランスは60人余の関係者全員を処刑するよう要求していましたが、それではあまりに国内世論を刺激すると判断した日本側が、箕浦・西村両隊長のほか18人の兵士を抽籤《ちゅうせん》で選んだとされています。

切腹にはデュプレーの艦長と20人のフランス水兵が立ち会いました。

「最初の罪人は力いっぱい短剣で腹を突き刺したので、はらわたがはみ出した。彼はそれを手につかんで掲げ、神の国の聖なる土地を汚した忌《い》むべき外国人に対する憎悪と復讐の歌を歌い始め、その恐ろしい歌は彼が死ぬまで続いた」（A・B・ミットフォード『英国外交官の見た幕末維新』）

切腹が11人まで終わったところで、デュプレーの艦長は耐えきれなくなって中座し、刑の中止を求めます。

中座の間、12人目の藩士は刀を手にしたまま待っていましたが、結局、残りの9人は助命されることになりました。

11人が堺の宝珠院（堺市堺区宿屋町）に葬られると、狼藉《ろうぜき》者の外国人に一泡吹かせたことが評判となって、多くの参拝者が訪れるようになります。残り9人の遺体を入れるはずだった大がめも置かれ、参拝者は11人の墓には「御残念様」と祈り、九つのかめには「御命運様」「生運様」など

●アーネスト・サトウは「（デュプレーの艦長は）処刑が全部済むのは日没後になり、上陸した部下の帰艦がそのため遅くなると思ったので、11人目の処刑がすんだところで手をあげたのであった」（『一外交官の見た明治維新』）と書いています。

●ミットフォードは切腹の模様を艦長から聞きましたが、その時の様子を「彼はたいへん勇敢な男であったが、そのことを考えるだけで気分が悪くなり、その話を私に語る時、彼の声はただたどしく震えていた」（『英国外交官の見た幕末維新』）と書いています。

と祈念して、その生き残りの幸運にあやかろうとしました。

旗本の宴

16日、会津の前藩主・松平容保と養子で新藩主の喜徳《のぶのり》が和田倉（東京都千代田区）の会津藩上屋敷を出て、会津へと出発します。藩内では主戦派の声が高まりつつあり、新政府軍との衝突は避けがたい状況の中での緊迫した旅立ちとなりました。

その一方で、太平の世に慣れきった江戸の旗本たちには、ここに来てもいまだ緊迫感がなかったようです。

「(有栖川宮の）京都御進発の時が、お旗本のお家内《うち》は騒ぎでした。私の居りましたお旗本では、数寄屋《すきや》町の芸妓を招んで、御別宴が張られました。戦争《いくさ》てい訳《マママ》でもないんですから、いいようなものの、まかり間違って、戦争になるかも知れないお供立で、芸妓を呼んで、騒いでいるんですから、幕府の負けになったのも、無理がないことです。伊予紋（下谷の料亭）から料理を取り寄せて、昔の場合、二百（二百文）です。天保銭二つなんです。芸妓の花も二百文なんですからね」（篠田紘造『幕末明治女百話』）といったありさまです。いかにも江戸っ子らしく、戦争もお祭り騒ぎの一環くらいに考えていたのかもしれません。

もちろん、そんなのんきな武士ばかりではありませんでした。

17日には江戸四谷鮫ヶ橋横入町（港区元赤坂）の円応寺に、一橋家家臣を中心とした旧幕臣主戦派が集いました。去る12日に雑司ヶ谷鬼子母神門前の料亭に集ったメンバーが中心でしたが、その数わずかに30人。これでは埒《らち》があかないということで、一橋家や慶喜に関係なく「徳川家に恩義を感じている全ての人々」にまで、その対象を広げて仲間を募ることに一決しました。

討伐と教育

22日、会津藩の松平容保が国元に到着。このとき10歳だった柴五郎が後年、残した記録は、当時の会津藩内の空気を次のように伝えています。

「明けて慶応四年二月二十二日、藩主容保公帰藩せるも登城を憚《はばか》りて城

柴五郎（1859－1945）

明治―大正時代の軍人。会津藩士の子。政治小説『佳人之奇遇』を書いた東海散士の弟。日清戦争で大本営参謀を務め、義和団事件では北京籠城戦を指揮。日露戦争の野砲第15連隊長、のち陸軍大将、台湾軍司令官、軍事参議官を歴任。藩閥の外にありながら、陸軍の中枢を歩みました。

柴五郎（近代日本人の肖像／国立国会図書館）

下に謹慎す。（中略）一部の強硬論をおさえ、万事守勢に立ちまわり、隠忍努めたるも、これがかえって薩長の乗ずるところとなり、次第に窮地に追いつめらるる結果となれり」（石光真人編著『ある明治人の記録』）。

その後、容保は同月**27日**藩士に対して、新政府が朝廷の名において会津討伐の命令を下したことを正式に布告します。

「この布告を読みて切歯扼腕《せっしやくわん》せざるものなく、噂の真実なるを知りて怒るもの悲嘆するもの城下に満つ。街の様子喪《も》に服せるがごとし。余等幼きものとても悲憤やるかたなく、木刀をもて手当り次第立木を打ちまわり、小枝たたき折りて薄暮におよべるを記憶す」（同書）

長きにわたり京都守護職の重責を担いながら「朝敵」の汚名を着せられてしまった会津藩士たちの嘆きは、やがて怒りへと変わり、会津若松城籠城、そして落城の悲劇へとつながっていくのです。

一方、新政府は**22日**、京都に学校掛を置き、国立の高等教育機関を設立する目的で、玉松操《みさお》・平田銕胤《かねたね》・矢野玄道《はるみち》という国学者をこの役職に任命しています。

新政府の当面の目標は佐幕派の一掃であり、そのための本格的な戦闘が今まさに始まらんとしている時期であるにも関わらず、新しい国づくりに不可欠な教育制度の整備に、早くも着手していたのです。

23日には数度の会合と激論を経て、ようやく「彰義隊」が結成されました。頭取には渋沢成一郎、副頭取に天野八郎が就任し、浅草の本願寺（東本願寺の別院）に屯所を設置。いよいよ上野戦争の主役である、彰義隊が活動を開始します。

隊名は、「大義を彰《あきら》かにする」の意味から、一橋家家臣・阿部杖策《じょうさく》（弘蔵）の発案で決められました。

ミシン教室の広告

26日、新政府は旧幕府の先例にならい、京都の三条大橋西詰めに目安箱（投書箱）を設置しました（7月には東京でも実施）。

平成29年（2017）、この目安箱に投げ込まれた住民らの訴状34通が、

●2月23日に『太政官日誌』が創刊されました。最初の官報ともいえ、新政府の法令、人事、伺書への回答などの内容でした。明治10年（1877）1月22日まで発行されています。日本の新聞草創期の、英国人ジャーナリスト、J・R・ブラックの『ヤング・ジャパン』（ねず・まさし他訳）には、「旧体制の下では、高札《こうさつ》――幕府の布告用に広場に立てられた板――で特に通達されたことを除いては幕府内で起こっていることを、誰も知らなかった。それ故、この『日誌』自体が重要な改革であった。第一号は、ミカドの政府の機構の詳細を掲載していた」と書いています。

京都市内の古書店で発見されたことが新聞で報道されました。時期はいずれも「戊辰《ぼしん》歳」＝慶応4年から明治元年にかけての、6月から12月の日付のものばかりでした。

「訴状の内容は、荒れた街の復興を求める声や、新政府の紙幣・太政官《だいじょうかん》札《さつ》の発行に伴う物価高騰への苦情、学校・住宅建設の要望、『京都府』という呼称が良くないので『平安府』にしてはどうかという提案など多岐にわたる。『僧侶のぜいたくを制限せよ』という訴えや『新政府の役人たちが酒や女色にふけっている』といった告発もあった」（朝日新聞デジタル2017年6月11日付）

一方、江戸では**24日**、日本人による初の本格的新聞「中外新聞」が、旧幕府の洋学教育機関であった開成所（東京大学の前身の一《いっ》）の教授・柳河（柳川）春三《しゅんさん》らによって創刊されました（これまでも引用していますが、いずれも創刊後のさかのぼった報道です）。

創刊号の紙面には、「ミシン教室」の宣伝文が掲載されています。これは開成所の教官・遠藤辰三郎が執筆したもので、『西洋新式縫物器械伝習並びに仕立物』の事。

●ミシンの日は、1790年にトーマス・セントがイギリスでミシンの特許を取得した3月4日を、1990年に日本家庭用ミシン工業会が制定したもの。ちなみに、ペリー来航時に香水や刺しゅうとともに、「鏡台之類」＝ミシンが篤姫（天璋院《てんしょういん》）に贈られ、彼女が自ら操作したという記事が「ニューヨーク新聞」1862年3月25日付にあります。

右器械はシウインマシネ（ソーイングマシン）と名づくる精巧簡便の品にて、近年舶来ありといえども、用法いまだ世に弘《ひろ》がらず、よって去年官命を蒙り、横浜に於て外国人より教授を受け、なおまた海内利益のために伝習相始《あい》め候間《そうろうあいだ》、望みの御方は開成所へ御尋ねなさるべく候、付いては伝習の序、何にても註文次第廉価にて仕立物致すべく候、よってこの段布告に及ぶものなり」

とあります。「ミシンの操作方法を習いたい人は申し出てほしい。仕立物があれば安く引き受けましょう」という内容は、まさに文明開化の時代にふさわしい内容です。

白酒大売出し

さて、西郷隆盛は**25日**、東海道先鋒軍の各藩隊長を静岡に集め、江戸進軍の命令を伝達しました。もはや東征軍はすぐそこまで迫っており、江戸攻撃は時間の問題となっていたのです。

そんな中、江戸では鎌倉河岸の豊島屋本店で、恒例の白酒大売出しが

●豊島屋は「江戸神田鎌倉河岸（東京都千代田区内神田）にあった酒屋。特に白酒と酒のさかなの田楽が名物として知られた」（日本国語大辞典）。現存し、しょうゆとみりんを扱う商社として事業を進めるほか、酒蔵では清酒「金婚」をつくっています。

行われていました。これは桃の節句前の江戸の風物詩で、「酒醤油相休申候」の看板を掲げて、酒としょうゆの販売を中止。客はあらかじめ切手を買い、店舗の左側の扉を入口、右側を出口として、一方通行で順番に並び白酒を購入するというシステムでした。一説には、この豊島屋の売り出しが、桃の節句に白酒を飲む風習を生んだとも言われています。

30日、京都ではイギリス公使パークスが明治天皇に謁見《えっけん》すべく参内の途中、新門前通の縄手で2人の刺客に襲われました。

護衛に当たっていた薩摩藩の中井弘蔵《こうぞう》と土佐藩の後藤象二郎が賊の一人・朱雀操《すざくみさお》（京都出身の勤王志士）を斬殺。残る元天誅組の三枝蓊《さえぐさしげる》も捕縛され、3月4日に斬首されました。

幸いパークスにけがはなく大事に至りませんでしたが、この日の参内は中止となりました。3月3日、パークスは書記のミットフォードを伴って、改めて謁見を果たしています。

まだまだ市中には「尊王攘夷」に凝り固まった者や、新政府の政策に反対する者があふれており、物騒な事件は後を絶ちませんでした。

3
March

第３章

慶応４年３月

		1	2	3	4	5
6	7	8	9	10	11	12
13	14	15	16	17	18	19
20	21	22	23	24	25	26
27	28	29	30			

パリ万博会場の日本婦人たち（イラストレイテッド・ロンドン・ニュース／横浜開港資料館所蔵）

Diary 3月

1日 旧幕府方、勝海舟の指示により、新撰組局長・近藤勇が指揮する甲陽鎮撫隊を編成。甲斐（山梨県）へ向けて出陣させる。

2日 奥羽鎮撫総督の九条道孝ら、京都を出発。

3日 赤報隊浪士・相良総三、偽官軍として信濃下諏訪（長野県諏訪市）で処刑。
イギリスのパークス公使、ミットフォードらと天皇に謁見。

4日 パークスを襲撃した犯人、三枝蓊処刑（22日とも）。

5日 東征軍大総督・有栖川宮熾仁親王、駿府城に入城。西郷、鞠子（丸子）宿（静岡県静岡市駿河区）に出迎える。
勝、山岡鉄舟に会って東征軍への遣いに出す。

6日 甲陽鎮撫隊、甲斐国勝沼（山梨県甲州市）で新政府軍と戦闘し、敗走する。
大総督府、東海道・東山道の両軍に、15日をもって江戸城を総攻撃することを命じる。

8日 新政府、典薬小允・高階経由らによる、西洋医術採用の建白を許可する。

9日 **西郷が駿府城にて、勝の和平案の文書を持参した山岡と会見し、山岡に徳川家処分七ヵ条を示す。**

10日 会津藩、軍政を改革し、朱雀・青龍・玄武・白虎隊を編成、農兵を募集する。

12日 西郷、東山道先鋒軍総督府参謀・乾（板垣）退助と川田佐久馬宛に書簡を送る。「親征を私闘にしないこと、玉石共にたたくことがないよう」。
新政府、京都に学習院を復興することを決定する。

13日 **西郷、高輪の薩摩藩邸で勝と会見（江戸開城を交渉）。**
新政府、祭政一致の制度を復興し、神祇官を再興、神社・神官は神祇官が管理する旨を布告。

14日 **天皇、紫宸殿で天皇親政の方針を述べた五箇条を誓約（五箇条の誓文）。**
西郷、田町の薩摩藩邸近くの旅館で再び勝と会い、旧幕府側の対案を受け取る。
西郷、薩摩藩士・中村半次郎（桐野利秋）、村田新八に、江戸城総攻撃中止を東海・東山両道の先鋒軍総督に伝えるよう命ずる（江戸無血開城の了解）。

15日 **新政府、旧幕府の高札を撤去し、新たに禁令五条を定めて掲示（五榜の掲示）。**
元幕府勘定奉行・川路聖謨が自決する。享年、68。

16日 新政府、大総督府に対し、貨幣改鋳のため旧幕府江戸金銀座の貨幣鋳造を停止し、その器械などを京都に送るよう命ずる。

19日 奥羽鎮撫総督の九条道孝ら、松島（宮城県宮城郡松島町）に上陸。

21日 西郷、大久保宛てに書簡を送る。木戸孝允の意見通り、会津追討の兵の増発を頼む。
天皇、大坂行幸に出発。

23日 奥羽鎮撫総督の九条道孝ら、仙台に入り会津討伐を命じる。
西郷、サトウからイギリス公使パークスとの会見申し込みの書を受け取る。

26日 大坂天保山にて日本最初の天皇による観艦式が行われる。

27日 西郷、駿府を出発。夜、箱根で先鋒軍総督・橋本実梁に朝裁書を提出する。

28日 神社が仏教語を神号とすること、仏像を神体とすることを禁止（神仏判然令）。以降、廃仏毀釈の運動が起こる。

30日 旧幕府、アメリカ人ヴァン・リードにハワイ移民の渡航許可を与える。

この春　大坂に外国人の商店ができる。

どんちゃん騒ぎの進軍

『武江年表』には、

「三月頃より人心穏《おだやか》ならず、諸方へ立退くものあり。又、闘諍《とうそう》・辻斬等多く、夜中は別《べっし》て往来尠《すくな》し。又、強盗多し」

とあり、江戸市中の物情騒然たる状況を端的に伝えています。

諸侯とその妻子が危険を回避するため国元へ帰り始め、徳川家直参《じきさん》の旗本の中にも知行所へ退避する者が出始めました。

武家や商家では奉公人に暇を出す家が増え、車力や船頭といった不安定な日々を過ごす人々の間では、客に対し「危険手当」として割増料金を請求することが多くなったようです。

そのような中、**1日**、新撰組を中心とする「甲陽鎮撫隊《こうようちんぶたい》」が甲斐（山梨県）の甲府へ向けて江戸を出立しました。東山道（中山道）から江戸を目指す新政府軍の侵攻を食い止めるため、江戸攻略の要となる甲府城をいち早く接収することが目的でした。

●3月3日、英国のパークス公使らは京都で改めて明治天皇に拝謁しました。同席した大使館員A・B・ミットフォードは次のように書いています。
「我々が部屋に入ると、天子は立ち上がって、我々の敬礼に対して礼を返された。彼は当時、輝く目と明るい顔色をした背の高い若者であった。彼の動作には非常に威厳があり、世界中のどの王国よりも何世紀も古い王家の世継ぎにふさわしいものであった」「まだきわめて年若なうえに、女官たちのいる大奥から離れて新しい地位に就いたばかりだということから予想されたように、天皇は少しはにかんでいたように見えた。彼の声は囁《ささや》き声に近かったので、右側にいた皇族が、それを声高に繰り返すと、伊藤俊輔（のちの博文）が通訳した」（『英国外交官の見た幕末維新』）。

隊士は約200人。軍資金は徳川家、会津藩から拠出され、近藤勇と親交の深かった医師・松本良順も資金援助をしています。その額は合計6600両。幕府からは大砲2門を含む武器弾薬も、ふんだんに与えられていました。

近藤に甲府行きを命じたのは、陸軍総裁となった勝海舟であり、「甲府城攻略のあかつきには、甲府10万石を与える」と確約したと伝えられています。つまり、近藤を大名に取り立てるというのです（甲斐一国は24万石）。

勝にしてみれば、東征軍との和睦交渉の邪魔になる主戦派の新撰組を江戸から追い払い、事のついでに甲府城を落としてくれればそれはそれで良し。幕府側に損はない――といった程度の、甲府攻略命令でした。

しかし近藤は「甲府を与える」という勝の空証文《からしょうもん》を信じて、すっかりその気になり、自身のために大名並みの長棒引戸の駕籠《かご》を仕立てます。一方、近藤の腹心・土方歳三は西洋式の軍服に身を包み、断髪姿で馬上にありました。2人はそれぞれ大久保剛《つよし》（のち大和）、内藤隼人と名を変え、大名行列もかくやという派手ないでたちで甲州街道を西へ向かったので

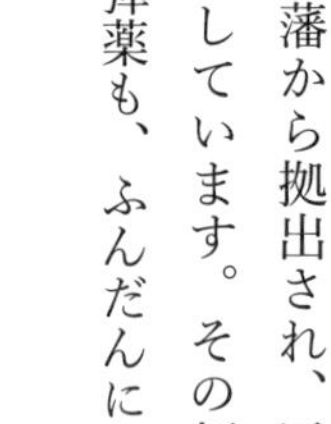
近藤勇（近代日本人の肖像／国立国会図書館）

近藤勇（1834－1868）
幕末の新撰組局長、幕臣。武蔵国多摩郡上石原村（東京都調布市野水）の富農の子。天然理心流に入門して、近藤周助の養子となります。文久3年（1863）、清河八郎が組織した浪士組に参加して上洛。のちに新撰組を組織して会津藩御預《おあずかり》となります。元治元年（1864）6月の池田屋事件で功を立てて、慶応3年（1867）6月に幕臣となり、見《み》廻組与頭格《まわりぐみよがしらかく》に任ぜられました。慶応4年（1868）鳥羽・伏見の戦いでは負傷のため出陣できず、新撰組副長土方歳三が指揮をと

す。

ところが、彼らはこの日、最初の宿駅である内藤新宿（東京都新宿区）で早くも一泊。ほぼ全員が女郎を買ってのどんちゃん騒ぎを演じます。

翌朝早々に内藤新宿を出たものの、その先の甲州街道沿いには近藤の故郷である武蔵国多摩郡上石原村（東京都調布市）や土方の地元・多摩郡石田村（東京都日野市）があります。大出世を果たした彼らは、当然の事ながら村を挙げての大歓迎を受け、またもやどんちゃん騒ぎ。勧められるままに宿泊したため、一向に進軍速度が上がりませんでした。日野で農兵隊22人が加わるという収穫はあったものの、ここで時間を無駄にしたことが、後々まで彼らにたたることとなります。

「都をどり」の地位

上方ではこの日、京舞井上流家元の2代・井上八千代が78歳で他界しています。

「都をどり」で知られる井上流は、初代・井上八千代（１７６７～

りましたが敗れ、残った隊士を集めて江戸に戻りました。下総流山（千葉県流山市）にて新政府側に投降し、板橋で斬首に処され、のち京都三条河原で梟首《きょうしゅ》（さらし首）にされました。享年、35。

●「この時はもう実は近藤も少し焼きが廻っていた。甲州へ行くか行かぬかという相談会のあった時、近藤はこれは将軍家の内諾を得たといって『甲州城百万石をとったら先《ま》ず自分は十万石、土方は五万石、沖田永倉は三万石、伍長級五千石、平隊士各一千石』と夢のようなことをいっていた」（『戊辰物語』）

土方歳三（近代日本人の肖像／国立国会図書館）

1854）が興した日本舞踊の一流で、同じく京都で興った篠塚流と共に「京舞」と呼ばれています。

日本舞踊は、江戸では歌舞伎の中で演じられる舞踊の「歌舞伎舞」を、上方では屏風を立てた座敷で舞う「座敷舞」をもとに発展しました。

江戸時代中期から盛んになり、ペリー来航の1年前、嘉永5年（1852）に発行された番付には、14流派が名を連ねています。

井上流初代の井上八千代（本名サト）は儒者・井上啓助の妹で、16歳で近衛家に仕え、曲舞や白拍子舞を学びながら宮廷文化を吸収。寛政9年（1797）宿下がりの際に「八千代」の名と近衛菱の紋を下賜され、井上流を打ち立てます。

2代目の八千代（1790～1868）は初代の姪でのちに養子となり、才色兼備で知られました。当時、花街の芸妓に舞を教え一世を風靡《ふうび》していた篠塚流に対抗するため、先代からの宮廷文化を背景にした舞を改良。金剛流能楽の舞や型、人形浄瑠璃の振り、歌舞伎を取り入れて「本行舞《ほんぎょうまい》」を創始します。これが評判となり、京舞と言えば井上流を指すようになりました。祇園芸妓たちの舞踏会「都をどり」は、明治5年（1872）に

●「都をどり」は京都市祇園歌舞練場で、例年春に行われる芸妓の舞踊。明治5年（1872）の第1回京都博覧会に合わせて、井上流京舞を基本とした振付指導の下、はじめられたもので、東京の「東《あずま》をどり」とともに、舞踊界の年中行事となりました。

●「京都博覧会」は明治5年（1872）、京都で開催された第1回京都博覧会のこと。京都府と民間の合弁で設立された京都博覧会社により、西本願寺・建仁寺・知恩院を会場として催行され、外国人観光客もたくさん訪れました。裏千家11世の玄々斎宗室が、外人客用に腰掛けて茶を飲めるような試みを行ったことでも知られています。

3代・八千代（1838〜1938）が日本初の博覧会「京都博覧会」の余興のために創始したもので、井上流の地位を確固たるものにしました。

緑色の太陽

『武江年表』の**2日**の項には、異常気象の記録が残されています。

「三月二日夕、八時頃、日輪、緑の色にて、外輪《メグリ》の光、右に撓挑《メグル》こと疾く風車の如し。常の日輪の如く、羞明《マバユキ》ことなし」

「緑色でまぶしくない日輪（太陽）」を仰ぎ見た江戸の人々は、この特異な現象に言い知れぬ不安を感じたことでしょう。それでなくとも政情の混乱から来る社会不安は、庶民生活に暗い影を落としていました。

「去年より世上金銀の融通あしく、諸商売甚だうすし。質屋、休多し。去冬、高輪の忽劇《こつげき》以来、人心安からず、浮説等いひふらしける者あり」（『武江年表』）

為替の混乱に端を発した金融業の混乱は収まらず、質屋は利益が出ないため店を開けることもできない、という状況。「高輪の忽劇《こつげき》」とは、前年

●国文学研究資料館古典籍共同研究事業センターの岩橋清美特任准教授によれば、「緑の太陽」は、日暈《ハロ》、光環、幻日の可能性が考えられ、日暈の可能性が高いそうです。「この現象が起きているのは旧暦で3月2日なので、新暦では4月中旬くらいになります。4月から5月にかけては中国大陸から移動性高気圧がやってくるため、天気がよく変わります。その晴れ間に巻層雲が空を覆っています。その巻層雲の影響でできるのが、太陽を中心にした大きな光の輪です。この輪のことを『ハロ』といいます。頻度は1年間に50〜100回です。緑色に見えるのは、光の屈折の具合によるものと考えられます」（岩橋准教授）

の慶応3年（１８６７）12月25日に起こった、薩摩藩邸焼打ち事件を指しています。薩摩藩では「大政奉還」によって討幕派との衝突を避け、平和裏に政局の主導権を握ろうと画策する旧幕府を挑発して戦争に持ち込むため、江戸藩邸に集めた数百人の浪士を使ってテロ行為を繰り返しました。彼らは江戸市中で辻斬りや放火、富商を狙った強盗などをたびたび行い、これを「天朝の御用」であると称したため、江戸の庶民からは「御用盗《ごようとう》」（天皇の名による強盗）と呼ばれ、忌み嫌われていました。

12月23日には、江戸の警備を担当していた庄内藩御預《おあずかり》・新徴組の屯所を狙った発砲事件が起こり、ついに旧幕府側は三田の薩摩藩邸と支藩佐土原藩邸を攻撃、浪士の壊滅を図ったのです。この事件が鳥羽・伏見の戦いを引き起こすきっかけとなり、幕府瓦解の引き金となりました。

一連の事件は江戸の人々にとって他国（薩摩藩）が仕掛けた工作員（浪士）による破壊活動に他ならず、将来への不安から市中にはさまざまな「浮説」すなわち流言飛語が飛び交っていたようです。

●『幕末明治　女百話』には強盗の横行にお金の隠し場所に困った御新造（武家の妻女）が髪結いに頼んで丸髷《まるまげ》の中に30両の小粒（小型金貨）を隠した話があります。「頭痛はしてくるし、頸《くび》筋が痛くなってきて」御新造はこの方法を断念したようです。

薩州屋敷焼撃之図（豊洲国輝／早稲田大学図書館所蔵）

同伴者は「テロ元締め」

5日、東海道を進軍して来た新政府の軍勢が、駿府城（静岡県静岡市）に入城しました。西郷隆盛は大総督・有栖川宮の静岡着を鞠子《まりこ》（丸子）宿（静岡市駿河区丸子）で迎えます。

同日、江戸では勝海舟が山岡鉄舟と会っていました。鉄舟を勝の元へ送り込んだのは、徳川慶喜の信任厚い幕臣・高橋泥舟《でいしゅう》でした。このとき泥舟は寛永寺で慶喜の警護をしつつ、旧幕臣が慶喜を担いで暴発することがないよう目を光らせていたのです。

勝は泥舟を使者として駿府にいる西郷の元へ向かわせ、和睦交渉の席に着かせようと考えました。しかし彼が慶喜の元を離れると、旧幕臣たちがどのような暴挙に出るか予測がつきません。そこで泥舟は、自分の義弟に当たる鉄舟を勝に推挙したのです。

勝は剛胆な鉄舟の性格を一目で見抜き、その印象を、

「旗本・山岡鉄太郎に逢う。

一見、その人となりに感ず。

●庄内藩は出羽国田川郡鶴岡（山形県鶴岡市）の鶴岡城を本拠地として、現在の庄内地方を知行しました。藩主は、「徳川四天王」の一《いっ》・酒井忠次らを輩出した左衛門尉酒井家。

山岡鉄舟（1836－1888）幕末の御家人、明治初期の官僚。通称は鉄太郎。戊辰戦争の際、勝海舟の使者として静岡で西郷隆盛に総攻撃の中止を訴え、西郷・勝の会談を実現させて江戸城無血開城を導きました。維新後は明治天皇の侍従などを歴任。剣術に優れ、無刀流を興しました。

山岡鉄舟（近代日本人の肖像／国立国会図書館）

同人、申す旨あり、益満《ますみつ》生を同伴して駿府へ行き、参謀西郷氏へ談ぜむと云う」(『海舟日記』)

と書き記しています。

この日の会見は、いわば勝による「使者の面接試験」でした。

文中にある「益満」とは薩摩藩士・益満休之助のこと。彼は前年12月25日に起こった薩摩藩邸焼打ち事件の際に幕府側に捕縛され、数日前から海舟宅に引き取られていました。

益満はテロ工作のため藩邸に集めた浪士の取締役を務めた、いわば江戸を騒乱に陥れた主犯的人物。何を思ったか、勝はテロリストの元締めとも言うべき益満を、鉄舟の護衛につけて駿府へ送り出したのです。鉄舟は一刀流随一の剣客ですが、

「貧乏をして余りいい刀は持っていなかったものと見え、この時に友人から業物《わざもの》を借りてさして行った」(『戊辰物語』)

といいます。

高橋泥舟（1835－1903）江戸末期の幕臣。槍術に優れ、講武所師範役を務めました。鳥羽・伏見の戦い後、上野寛永寺で慶喜を護衛。山岡家から高橋家に養子に出ており、山岡鉄舟は妹の夫。山岡鉄舟・勝海舟とともに「幕末の三舟」と称されています。

高橋泥舟（『幕末三舟伝』頭山満著、国書刊行会より転載）

最初の軍歌は芸妓作？

この日、東征大総督府は東海道・東山道から江戸を目指していた新政府軍に対し、15日をもって江戸城を総攻撃する旨を通達しました。

この頃、新政府軍の陣中では、進軍の際に「都風流トコトンヤレ節」なる俗謡を歌うことが流行しています。これは長州藩の品川弥二郎が新政府軍の東征を前に京都で作詞し、数百部を刷って京都市中で読売（瓦版売り）に売り歩かせて広めたものでした。兵の士気を高めると同時に新政府軍の正当性を訴える内容で、これが日本初の「軍歌」とされています。

この歌は、新政府軍の進軍につれて、庶民の間にも広まって行きました。

歌詞は数種類あったようですが、明治25年（1892）発行の『小学唱歌』には「宮さん」というタイトルで、

〽みやさん〳〵　御馬《おんま》の前で
チラ、、するのはなんヂヤイナ
トコトン、ヤレ、トンヤレナ
あれは朝《ちょう》てきせいばつせよとの

●江戸四谷塩町一丁目の書役・街用掛原徳兵衛は3月14、15日の日記に、新政府軍の攻撃に備えて「飛脚に割増料金を払ってたんす一つを送った」「6里先の武州橘樹郡五反田村（現在の神奈川県川崎市）の百姓方に葛籠《つづら》を背負って行き、預けてきた」（意訳）としています。江戸城無血開城後の4月23日に葛籠を回収したという記載があります。

　にしきの御旗《みはた》ヂヤしらないか
　トコトン、ヤレ、トンヤレナ

という歌詞が掲載されています。

ちなみに作曲者は不明で、長州藩の大村益次郎とする説や、祇園の芸《げい》妓《ぎ》・君尾とする説も。戦争に向かう男たちが歌う軍歌の作曲者が芸妓というのも、なかなか艶っぽい話ではあります。

挨拶《あいさつ》は鉄砲で

甲州方面では**6日**、近藤勇率いる甲陽鎮撫隊が勝沼（山梨県甲州市）で新政府軍に大敗を喫しています。

東山道を江戸へ向かって進軍していた新政府軍は、乾（板垣）退助に別働隊を指揮させ、近藤らが道中で遊び呆けのんびりと行軍している間に、いち早く甲府城を攻略していたのです。

駒飼宿《こまかい》（山梨県甲州市）でこのことを知った近藤は**5日**、勝沼に本陣を据えますが、新政府軍を恐れて隊内から脱走者が続出し、戦力は激減して

大村益次郎（1825–1869）幕末の兵学者。周防（山口県南東部）に医師・村田孝益の子として生まれ、初め村田蔵六と名乗りました。大坂の適々斎塾（適塾）に学び、幕府の蕃書調所、講武所に勤め、長州藩で軍制改革に参画。維新後、新政府の兵部大輔として近代兵制の整備に務めますが、明治2年（1869）9月、京都で神代《こうじろ》直人らに襲われ負傷、のち死亡しました。

大村益次郎（近代日本人の肖像／国立国会図書館）

中西君尾（1844–1918）「幕末の芸妓。弘化元年生まれ。丹波船井郡（京都府）の人。1861

いました。

「甲州城へ使者を出して『幕府の鎮撫隊長大久保剛（出たら目の名）であるが、面接して申し上げたい儀がある』と申し送ったが官軍は『挨拶《あいさつ》は鉄砲でいたす』とてんで相手にせず、それに食糧さえ充分にない」（『戊辰物語』）

戦闘は**6日**の正午頃に始まります。近代戦の経験がない近藤の戦法は、あくまで新撰組流の正面攻撃＝白兵戦でした。これに対し、兵の練度・火力ともに上回る新政府軍は3方向から甲陽鎮撫隊に襲いかかり、2時間ほどで壊滅に追いやります。

甲州一国の主となる夢を、わずか数日で打ち砕かれた近藤は、往路とは桁違いのスピードで江戸へ向け敗走して行きました。

藩主の流転

7日、桑名藩主・松平定敬《まつだいらさだあき》が横浜から海路越後（新潟県）へと向かいました。定敬は美濃高須藩主・松平義建《よしたつ》の7男で、養子となって桑名藩主

（文久元）年18歳で京都祇園の座敷にでる。高杉晋作、井上馨らに目をかけられ、『勤王芸者』と呼ばれる。品川弥二郎との子、巴を生んだ。大正7年2月17日死去。75歳。本名はきみ」（日本人名大辞典）。

勝沼駅近藤勇驍勇之図（月岡芳年／小島資料館所蔵）

を継いだ人物です。会津藩主の松平容保《まつだいらかたもり》とは異母兄弟で、幕末には京都所司代として共に将軍・慶喜を献身的に支えました。

　ところが慶喜は、新政府への抗戦を訴える2人に江戸城への登城禁止を命じたため、容保は会津へ帰藩。定敬はすでに桑名藩が新政府への恭順を決めていたため帰藩もできず、朝敵の汚名を着せられたまま、わずか100人ほどの藩士を伴って、桑名藩の分領である越後柏崎（新潟県柏崎市）を目指したのです。ここから定敬の長い変転の日々が始まりました。

　8月に入り越後での戦争が敗色濃厚となると、定敬は会津で抵抗を続けていた兄・容保の元へ向かいます。しかし官軍は8月23日に会津若松城への総攻撃を開始。定敬はその直前に兄と別れて会津若松を脱出し、米沢（山形県米沢市）を経て仙台藩へと向い、10月に松島（宮城県宮城郡松島町）で箱館（北海道函館市）へ向かう榎本武揚《たけあき》の旧幕府艦隊に合流します。この時の定敬は髪を下ろして一兵卒に身をやつし、名を「一色《いっしき》三千太《みちた》郎《ろう》」と改めての隠密行でした。

　そのうえ榎本が藩士の乗船を拒否したため、供回りの者はわずかに3人。あくまでも藩主との同行を望んだ17人の藩士は、同乗していた土方歳

乾（板垣）退助（1837－1919）
土佐藩出身の武士、のち政治家。幕末の政局で武力討幕を主張し、戊辰戦争に従軍。維新後は参議となりますが、征韓論を主張して敗れ、下野。民撰議院設立建白書を提出するなど自由民権運動を指導します。明治14年（1881）、自由党を結成。同31年（1898）、大隈重信と日本最初の政党内閣を組織（隈板《わいはん》内閣）、内務大臣を務めました。明治15年（1882）、遊説中に岐阜で刺客に襲われ負傷した際に「板垣死すとも自由は死せず」と叫んだという逸話が残されています。

板垣退助（近代日本人の肖像／国立国会図書館）

三に懇願し、新撰組に入隊する条件で箱館行きを許されます。

いったんは箱館に落ち着いた定敬でしたが、翌明治2年（1869）春になると、新政府が蝦夷地の榎本軍排除に乗り出したため、本拠地・五稜郭陥落を前に4月7日、箱館を脱出。アメリカ船で横浜に戻り、ようやく新政府に降伏します。

動乱期の京都で共に戦った慶喜は、いち早く新政府に恭順し、兄の容保も会津落城で降伏。新政府に徳川の意地を見せつけるのはもはや自分しかない、と考えての必死の転戦だったのでしょうか。謹慎生活を経て明治5年（1872）に許された定敬は、晩年を徳川家の霊廟《れいびょう》である日光東照宮（栃木県日光市）の宮司として過ごし、明治41年（1908）に63歳で亡くなりました。

ネゴシエーターとあんぱん

勝海舟の使者・山岡鉄舟は**9日**、新政府が東征軍本営を置いていた駿府城に到着しています。東征軍参謀を務める西郷隆盛と面談した鉄舟は、勝

松平定敬（徳川林政史研究所所蔵）

から預かった書状を手渡すと、堂々たる態度であくまで戦争を欲する新政府軍の態度を論難しました。勝同様、たちどころに鉄舟の胆力と人となりを理解した西郷は、7箇条の和睦条件を提示します。

一、慶喜儀、謹慎恭順の廉《かど》を以《もっ》て備前（岡山）藩にお預け仰付らるべき事
一、城明渡し申す可き事
一、軍艦残らず相渡すべき事
一、軍器一切相渡すべき事
一、城内住居の家臣、向島（墨田区向島）へ移り慎み罷《まか》り在るべき事
一、慶喜妄挙を助け候面々、厳重に取調べ謝罪の道屹度《きっと》相立つべき事
一、玉石共に砕くの御趣意更に之無《これな》きに付き、鎮定の道《みち》相立《あい》てるに、若《も》し暴挙致し候者之有《これあ》り候はば、官軍を以て相鎮む可き事

これに対し、鉄舟は慶喜の「備前藩にお預け」という項目にかみつきます。

「立場を変えて、（西郷の主君たる）島津公が朝敵の汚名を被れば、貴殿

は、主君が備前にお預けとなっても、平然としておられるだろうか」

主君を思い食い下がる鉄舟に感じいった西郷は、

「慶喜殿の件は、吉之助（西郷）がきっと引き受けて取り計い申す」

と確約を与えました。

鉄舟のネゴシエーターとしての迫力もさることながら、鉄舟と共に現れた薩摩藩士のテロリスト・益満休之助の存在が、勝から西郷への無言のプレッシャーとなり、条件闘争を可能にした面もあったはずです。何しろ益満を背後で操って、江戸で破壊活動をさせていたのは他ならぬ西郷だったのですから、彼を送り込んできた勝の目を意識せざるを得なかったでしょう。

このほかにも益満は、薩摩兵が警護していた箱根の関所を「顔パス」で抜けるなど、強行軍で駿府を目指した鉄舟の道中を助けたようです（益満は山岡と箱根で別れ、別行動をとったとする異説もあります）。

ところでこの山岡鉄舟、その剛毅な性格や態度に似合わず、甘い物が大の好物でした。

木村安兵衛（１８１７～１８８９）は「あんぱん」で知られる木村屋の創業者。彼が酒種酵母を使ったあんぱんを開発したのは明治７年（１８７４）のことでした。以前から安兵衛と親交のあった鉄舟は、あんぱんを試食し、たちまち大ファンになったようです。当時、明治天皇の侍従を務めていた彼は、翌年４月４日、東京・向島にあった水戸藩下屋敷に行幸した陛下にあんぱんを献上し、好評を得ました。これを記念し、木村屋では４月４日を「あんぱんの日」と定めています。

木村屋の看板文字は、鉄舟の筆によるもの。細かいことにこだわらない彼は、求められれば気軽に揮毫《きごう》に応じ、あるときなど「自分の字で商売が繁盛するならば」と、さほど面識のない牛肉屋の看板も引き受けたと言います。

使者は「浅田飴の祖」

東征軍を指揮する西郷隆盛の元には、勝海舟が送り込んだ山岡鉄舟の他にも、さまざまなルートを通じて江戸攻撃の中止を求める嘆願が寄せられ

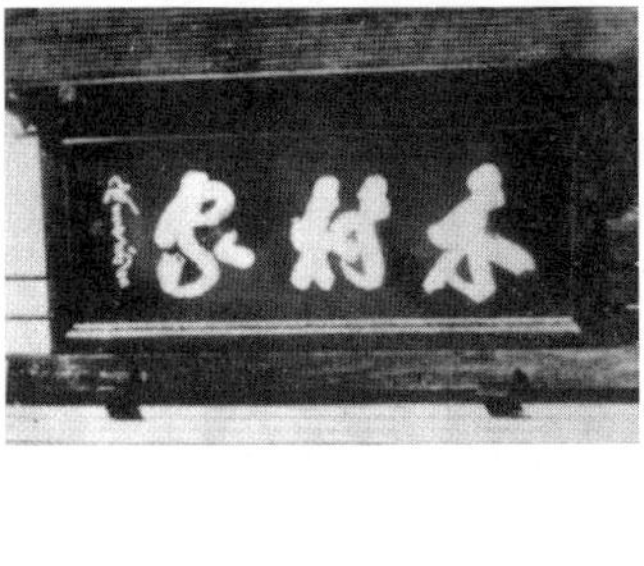

山岡鉄舟揮毫の木村屋の看板（写真提供／株式会社木村屋総本店）

ていました。慶喜の意を受けた輪王寺宮能久《りんのうじのみやよしひさ》親王（のちの北白川宮《きたしらかわのみや》能久親王）や、静寛院宮《せいかんいんのみや》（14代将軍徳川家茂《いえもち》の正室・和宮《かずのみや》）が送った大奥の上臈《じょうろう》・土御門《つちみかど》藤子など、多くの人々が使者を務めています。

漢方医の浅田宗伯も、そうした一人でした。

宗伯は信濃国栗林村（長野県松本市）に生まれ、漢方医として大成。安政2年（1855）に幕府の御目見得《おめみえ》医師となっています。慶応元年（1866）にはフランス公使レオン・ロッシュの腰を治療してこれを完治させ、医師としての名声をいっそう高めました。翌年には幕府奥医師となり、14代将軍家茂や天璋院《てんしょういん》（13代将軍徳川家定正室・篤姫）を診察。これが縁で、天璋院から慶喜の助命を嘆願する書状を託され、西郷隆盛に面会。自らも、江戸攻撃の愚を西郷に説いています。

のど飴として現在も人気がある「浅田飴」の歴史は、実はこの宗伯が考案・処方した「御薬《おんぐすり》さらし水飴」に始まります。

明治19年（1886）、長野県上伊那郡で農業を営んでいた堀内伊三郎が破産に追い込まれ、同郷の宗伯を頼って上京。宗伯は彼を籠《かご》かきとして雇い、さすがに籠が時代遅れとなったため、人力車に乗り換えて、伊三郎

浅田宗伯（写真提供／株式会社浅田飴）

堀内伊三郎（1836-1911）宮中侍医の漢方医・浅田宗伯の教えを受け、その処方で明治20年（1887）に考案した「御薬さらし水飴」の製造を、東京市神田区富山町（千代田区神田富山町）で始めます。

堀内伊三郎（写真提供／株式会社浅田飴）

にその車夫を命じました。

伊三郎は、わずか4カ月ほどではありましたが、この重労働を熱心にこなし、宗伯はその努力に対して金25円の事業資金と「御薬さらし水飴」ほか2点の処方を与えて報います。

伊三郎は長男・堀内伊太郎に「御薬さらし水飴」の事業化を託し、たちまち商売は軌道に乗りました。伊太郎は旧時代的な「御薬さらし水飴」を「浅田飴」と改称し、「従四位浅田宗伯先生直伝」と強力にアピール。水飴では携帯に不便ということで、大正４年（１９１５）にキャラメルタイプ、同15年（１９２６）には現在の製品に近い碁石タイプの固形浅田飴を開発して大ヒットさせています。

昭和５年（１９３０）に伊太郎の長男が2代目伊太郎を襲名して事業を継承。３男の堀内敬三は音楽之友社を設立した作詞家・作曲家・音楽評論家として知られています。

初代堀内伊太郎（１８６８－１９３１）
父・伊三郎の事業を継いで「御薬さらし水飴」の製造・販売に尽力、浅田飴本舗を営みます。

初代堀内伊太郎（写真提供／株式会社浅田飴）

堀内敬三（１８９７－１９８３）
東京都出身の音楽評論家。ラジオの音楽番組などを通して洋楽の普及に尽くしました。著書に『ヂンタ以来《このかた》』などがあります。松竹キネマ（松竹株式会社）蒲田撮影所の所歌に採用された「蒲田行進曲」の作詞を手がけるなど映

皇女というカード

13日、勝海舟は薩摩藩邸に出向き、西郷隆盛に面会します。

山岡鉄舟の西郷説得が功を奏し、15日の新政府軍による江戸総攻撃を直前に控え、きわどいタイミングでようやく実現した会談でした。

しかし、当日の『海舟日記』には、

「高輪薩州の藩邸に出張、西郷吉之助へ面談す。後宮（和宮）の御進退、一朝不測の変を生ぜば、如何ぞその御無事を保たしめ奉らん哉《かな》。此事、易《やす》きに似て、その実は甚《はなは》だ難し。（中略）戦と不戦と、興と廃とに到《いた》りて、今日述ぶる処にあらず。乞う、明日を以て決せむとす、と云う」

と記されているだけです。

この記述を見る限り、勝は緊迫した状況にありながら、和宮の身の安全に関する話しかしていないことになります。

すでに正月22日、勝の元には朝廷から和宮を無事に京都に送り返してくれるよう依頼状が届いていました。孝明天皇の妹に当たる和宮の存在は、朝廷や新政府にとってもネックとなる気がかりな問題だったのです。

画音楽の分野や草創期の放送界でも活躍。音楽之友社を設立して音楽専門誌「音楽之友」を創刊するなど、その活動は多岐にわたりました。留学時代は潤沢な仕送りを受けながら音楽会や劇場に足を運び、西洋の音楽に親しみました。その贅沢な体験も、元はといえば浅田宗伯の「御薬さらし水飴」のおかげとするなら、薬効あらたかな水飴は日本の近代音楽文化にも多大な貢献を果たしたことになります。

西郷に対して「和宮」というカードを切った勝は、この日の会談を早々に終えて薩摩藩邸を後にしました。

江戸焼き払い作戦

14日、明治天皇の名において政府の基本政策を示す「五箇条の御誓文」が宣布されました。イギリスの外交官アーネスト・サトウが西郷に、新政府の趣旨を諸外国に布告するようアドバイスしたことは第1章で述べましたが、それが実現したわけです。

新政府の正統性の宣言は、フランスなどの旧幕府を支援しようとする動きをけん制しました。国内でも正統性に基づく求心力が得られるほか、借入金が受けやすくなるなどの効果が期待できました。

前日に続き勝海舟は薩摩藩邸に出向き、西郷と本格的な講和談判に入ります。勝は徳川家の処分案に修正を求め、西郷は15日と定めた江戸総攻撃を延期。この修正案を持って京都へ赴き、**19日**の朝議にかけて承認されます。ここに、江戸の無血開城が実現したわけです。

●五箇条の御誓文は、明治天皇が宣布した明治新政府の基本政策です。「広く会議を興し、万機公論に決すべし」「上下《しょうか》心を一にして、盛《さかん》に経綸《けいりん》を行うべし」「官武一途庶民に至る迄《まで》、各《おのおの》其《その》志《こころざし》を遂げ、人心をして倦《う》まざらしめん事を要す」「旧来の陋習《ろうしゅう》を破り、天地の公道に基くべし」「智識を世界に求め、大に皇基を振起すべし」の5カ条からなります。

五箇条の御誓文（聖徳記念絵画館所蔵）

開戦か和睦かギリギリの交渉であったことから、勝は当時、和戦両面から対策を立てていたとされています。のちに彼は「いざ開戦となったら江戸の町を焼き払って官軍の侵攻を阻むつもりだった」と述懐しています。

この作戦のために勝が協力を仰いだのが、江戸随一の侠客《きょうかく》として知られた新門辰五郎《しんもんたつごろう》でした。

辰五郎は町火消し十番組の頭取であると同時に香具師《やし》などを束ねる侠客で、文久2年（1862）の一橋（徳川）慶喜の上京に際し、子分200人を引き連れて随行したといわれます（異説あり）。以来常に慶喜に付き従い、この時も上野・寛永寺で謹慎する慶喜の警護に当たっていました。

火消しに放火の手伝いをさせるというのもずいぶん乱暴な話ですが、ホラ話の多い勝だけに真偽のほどは不明です。

一方の西郷ですが、勝との会談に臨んだときにはすでに江戸総攻撃中止を決意していた、という説もあります。

会談に先立つ**13日**、新政府軍の参謀・木梨精一郎が横浜でイギリス公使のパークスに面会し、江戸総攻撃の際に発生する負傷兵のための病院設置に協力を求めました。しかしパークスは、これをあっさり拒否します。こ

●「五箇条御誓文が、近い将来に議会制民主主義を打ち立てようとする政府首脳の意向を示すものであるとする推測は明らかに間違いだろう。しかし、いずれにせよ御誓文の内容はまさに革新的というべきで、その発想は日本で前例がないどころか、事実、中国文化圏に属する他のいかなる国においても前例のないものだった」（ドナルド・キーン、角地幸男訳『明治天皇』）

新門辰五郎（1800－1875）幕末の江戸に活躍した侠客。浅草寺に新設された門の番人となり、新門辰五郎の通称で呼ばれました。「辰五郎は色の白い小ぶとりの丈《せい》の高くない男だが、子分三千を擁して歳すでに七十に近く、角切《すみき》りの輪つなぎの広袖の下から緋《ひ》だの白だの黄色だの、五色の縮《ちり》緬《めん》の襦袢《じゅばん》の袖を重ねて見せて大したものであった」（『戊辰物語』）

れまで新政府に好意的だったイギリスだけに、その反応は木梨にとって意外なものだったかも知れません。

パークスは「慶喜は恭順と聞いている。恭順している者に戦争を仕掛けるとはどういうことか」と怒り出し、退席してしまいました。

イギリスの協力が得られないことを知った西郷は、「これ幸い」とばかりに、パークスの意向を理由にして猛り立つ軍を抑えて攻撃を中止したともいわれています。

果たしてこの両者の真意がどこにあったのか？　150年後を生きるわれわれには、想像することしか許されません。

壮絶な自殺

前日に出された「五箇条の御誓文」に続き、**15日**は政府から民衆へ向けて新たな禁令が発表されました。これは「五榜《ごぼう》の掲示」と呼ばれ、その内容はキリスト教の禁止や強訴《ごうそ》（一揆）の禁止、外国人保護といった旧幕府の政策とほとんど変わらないものでした。民衆にとっては「何を今さら」

●香具師は盛り場・縁日・祭礼などに露店を出して商売をしたり、見世物などの興行をする人（今でいう的屋《てきや》）。または、それを仕切る人。

木梨精一郎（1845－1910）幕末の武士、明治初期の政治家。長州藩士・椙原治人《すぎはらはるんど》の長男として生まれ、戊辰戦争では東海道鎮撫総督参謀、さらに奥羽追討白河口総督参謀となり、陸奥磐城平城を攻撃。維新後は長野県知事、元老院議官、貴族院議員を歴任し、男爵になりました。

●「（パークスは）本来非常に剛愎《ごうふく》な性格の人で、頗《すこぶ》る気むづかしく、且《かつ》怒りっぽかった」（『漫談明治初年』市島謙吉の証言）

川路聖謨（1801－1868）江戸末期の幕臣。豊後日田（大分県日田市）に日田代官所役人の子

といった程度の受け止められかたであったことでしょう。

この日の早朝、かつて勘定奉行など幕府の要職を歴任した川路聖謨《としあきら》が、割腹のうえピストルで喉を撃ち抜くという壮絶な自殺を遂げています。

嘉永6年（1853）ロシアのプチャーチンが長崎に来航した際、川路はその応接掛を命じられロシア使節と幾度も交渉に及び、安政元年（1854）12月、「日露和親条約」の調印にこぎ着けました。彼が残した『長崎・下田日記』には、ロシアに国後《くなしり》、択捉《えとろふ》の日本帰属を認めさせたくだりなど、大きな価値を持つ記述があります。使節一行は川路の卓越した事務能力とその人柄に深く感じ入り、彼と親しく交わったといいます。

熊本藩の横井小楠も川路と面談した際、その日記の中に、

「その人その名を聞くこと久し、果して非常の人物なり」

と絶賛。他にも水戸藩の藤田東湖ら多くの人士が、この有能な幕府官僚に心酔していました。

すでに病気のためほとんど身体の自由も利かず、新政府軍の江戸入りを前に、徳川家の役に立てないことを悲観した上での自決だったのでしょう。

として生まれ、旗本・川路家の養子となります。奈良奉行・大坂町奉行を経て、勘定奉行兼海防掛・外国奉行などを歴任。日露和親条約に調印するなど、幕府の官僚として活躍しますが、江戸開城の直前に自殺しました。下田奉行としてハリスと折衝した井上清三は実弟です。

川路聖謨（『〈実録〉幕末・明治・大正の八十年』東洋文化協会原著、大空社より転載）

●日露和親条約では、下田・箱館・長崎を開港、択捉・得撫《うるっぷ》島間を国境とし、樺太を両国雑居地と定めました。別名・下田条約といいます。

ちなみに、これが記録に残されている日本人初のピストル自殺と思われます。

僧侶用「チョン髷《まげ》かつら」

28日、新政府は「神仏判然令」を発し、神社が仏語を神号とすること、仏像を神体とすることを禁止します。以後、数次にわたり発せられた神仏判然令はいわゆる神仏混淆《こんこう》を正そうとしたもので、これを契機に数年間にわたって、庶民の伝統的な信仰を揺るがす「廃仏毀《き》釈《しゃく》運動」が巻き起こりました。神仏判然令の当初は、神社から仏教的な要素を排除するため、「権現」などの仏語を神号とする神社の調査を行ったり、仏像を神体としたりすることを禁じる程度のものでした。

神仏分離で、僧侶の伊勢神宮の参拝は禁止されましたが、宿屋に僧侶用の「チョン髷《まげ》かつら」が用意され、僧侶はそれをかぶり、法衣を脱いで参拝する。そのチョン髷かつらは、子供の手習い草紙でつくってあった……。こんなユーモラスなエピソードも『戊辰物語』には紹介されています。

●「千年以上にわたって日本人の多くは、神道と仏教という本質的に矛盾を抱える二つの宗教を同時に信仰してきた。例えば、神道によれば現世は快適で喜びの湧き出ずる世界であり、死後の黄泉《よみ》の国は不潔と腐敗の支配する世界である。逆に、仏典によれば現世である娑婆《しゃば》は試練と受難の世界であり、娑婆での行い如何《いかん》によって死後に極楽浄土の世界に行くことが出来た」（ドナルド・キーン『明治天皇』）

しかし、一部の国学者や神職の中から仏教そのものを排除する動きが現れ、寺院の統廃合や破却などを求める過激な運動へと発展していきます。

奈良県では、興福寺（奈良市登大路町）がその標的となりました。明治4年（1871）に奈良県令となった四条隆平《たかとし》は、道路拡張を理由に同寺の土塀を撤去し、境内の石を橋の材料に転用。金堂は警察の屯所とされ、破壊した仏像を薪にして暖を取る警察官もいたとか。廃寺同様となった興福寺が再興にこぎ着けるのは、明治14年（1881）のことです。

平成8年（1996）に世界遺産に登録された広島県の厳島神社（広島県廿日市市宮島町）も、例外ではありませんでした。政府から派遣された役人は「社殿が仏式である」という理由から、これを焼き払い神体を海へ流すよう命じました。政府への嘆願で、さすがに社殿の破却は免れましたが、本社に安置されていた仏像は焼却の憂き目に遭っています。

徳川家康を祭る日光東照宮は、明治4年（1871）1月に東照宮・二《ふた》荒《ら》山《さん》神社・満願寺《まんがんじ》（のち輪王寺《りんのうじ》）に分離されます。神地内の仏堂は満願寺への移転が命じられますが、周辺住民の間から反対運動が起こり、明治12年（1879）に堂塔の東照宮内据え置きが認められました。新政府も徳

●神仏混淆は神仏習合《しゅうごう》とほぼ同義で、日本古来の神々が、外来の宗教であった仏教の普及にともなって結びついた信仰のこと。平安時代頃から、「神の本来の姿は仏であり、仏が日本人を救うために神となってあらわれた」という本地垂迹《ほんちすいじゃく》説が流行し、神仏混淆がより進みました。

川家ゆかりの東照宮に対しては、さすがにあまり無体な要求もできなかったのでしょう。

ただし、このような混乱が巻き起こるのはまだ数年先の話。慶応4年の江戸の春は、大坂からやってきた女芸人が両国橋で「足芸」を披露して評判を取るなど、比較的穏やかな日々が続いています。

しかし、寛永寺に徳川慶喜が閉居しているため、上野山内は締め切られて立ち入ることができず、庶民はこの年、上野の花見を楽しむことがかないませんでした。例年、この時期に行われる寺社の宝物ご開帳も見送られ、江戸っ子たちは不満と不安の中で、新しい時代の足音に耳をそばだてていたのです。

●「足芸」。「春より両国橋西詰に、足芸女を見せ物とす。大坂下りの花川小鶴と号し、年齢二十歳計りなり（両足の指をはたらかす事、自在にして、糸車を廻し糸をとり、花瓶に花をいけ、火を打て行燈へ点し、縫針のわざをなし、煙草をきせるへついて呑み、其外色々の芸をなせり）」（『武江年表』）。
『幕末明治　女百話』には、10本の針を見物の前で飲み、次に白い木綿糸を飲む、口から糸を引き出すと、先に飲んだ針が一本ずつ糸にひっかかって出てくる、という芸も紹介されています。

コラム 1868 ❷

裸足と裸

『戊辰物語』には、当時のファッション（?）に関する証言も出ています。

「武士のハイカラは、毛糸でできた『首巻』をして靴をはいた。どうせ寸法などが合わないから豆が出る。それを『紅毛人さえはくものだ、日本の武士にはけぬことがあるものか』といって、びっこをひきひき血だらけになってはいて歩いた。靴をはいて出る時には別に草履を包んで持っていて、人がいないところではこれに代えたという話がある」

けっこう、やせ我慢をしていたようですね。一方で普段、靴を履いていた外国人が日本家屋に入る際も問題はありました。

アーネスト・サトウは『一外交官の見た明治維新』で、旅行中の宿舎での体験を書いています。宿では上段の間が締め切ってあり、サトウは畳に渋紙の敷いてある別の部屋へ通されました。

「ちょうど、イギリスで週一回の掃除をやる時に家具にかぶせる塵除け紙のようなものだ。私たちはもちろん憤慨したが、これはわれわれが日本の作法や習慣を知らずに靴で畳の上に上がるだろうと考えての不愉快な予防策であったとも考えられる」

と、不満を表明しています。

そこで発明されたのが、スリッパです。

「西洋人は人前で靴を脱ぐ習慣がなく、畳の間に土足で入ろうとしてトラブルになった。

困った横浜の居留地外国人が、東京で仕立屋を営む徳野利三郎氏に、靴の上から履くオーバーシューズを作るよう依頼。世界中で見たこともないその履物を、手持ちの材料と想像で徳野氏が作ったのが1868年の話だ」(NIKKEIプラス1　2016年12月24日付)

足元だけでなく、問題は衣服。文明国の仲間入りをしようという日本でしたが、江戸が東京と改称された後も裸で街を歩く人がいたようです。

「どうやらこうやら江戸の民心も落ち着いてきた。米価も下がるし、一般物価も下がり気味になる。官軍で溢《あふ》れるようではあったが、未だ少し伝法肌《でんぽうはだ》の人な

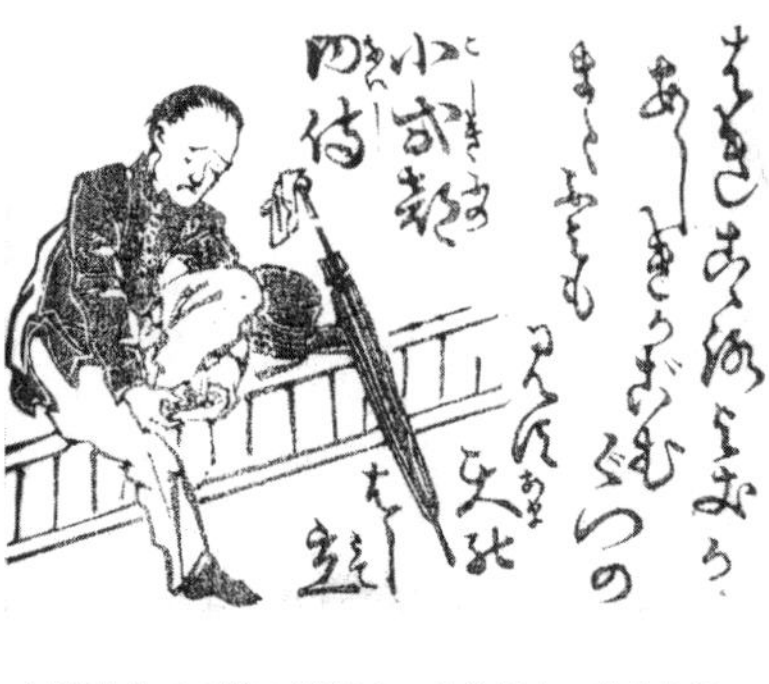

文明開化での靴の流行を、小倉百人一首をもじって皮肉った。(『文明開化童戯百人一首』/国立国会図書館)

どは真っ裸で町を歩いた。ただ番所の前などを通る時には、ちょっと肩へ手拭をのせる位のもの。湯屋の帰りなどはみんな着物を小脇にかかえて、ふんどし一つで歩いたものである」(『戊辰物語』)

「これは明治になる前の話ですが、昌平橋《しやうへいばし》の所に見附があつたものですが、あの頃《ころ》が一番世《ばんよ》の中が淫らだつたでせう。何しろ男は素裸体で往来を歩いて居た。一貫八百位の金をさしにさして、裸体《はだか》で褌《ふんどし》にはさんで、大威張り《おおゐはり》で歩いた。すると通る人も『どうだい、豪勢なものだネ』といつて褒めたものだ。裸体を禁じたのは、明治三四年で、それまでは裸体は許されて居た」(『漫談明治初年』)

近代文明国家を目指す日本では、こうした旧時代の大らかさが失われていったようです。

4
April

第4章

慶応4年4月

				1 —	2 ☀	3 ☁
4 ☁	5 ☂	6 ☁	7 ☂	8 ☁	9 ☀	10 ☁
11 ☀	12 ☁	13 ☀	14 ☀	15 ☀	16 ☀	17 ☀
18 ☀	19 ☀	20 ☀	21 —	22 ☂	23 ☀	24 ☀
25 ☁	26 ☂	27 ☂	28 ☂⚡	29 ☀		

日本歩兵隊の召集兵（イラストレイテッド・ロンドン・ニュース／横浜開港資料館所蔵）

1日　新撰組、下総流山（千葉県流山市）に転陣する。
新政府、宿駅御役所を京都に置き、旧幕府による駅逓の事業を引き継ぐ。
2日　西郷隆盛、池上本門寺で先鋒軍副総督・柳原前光と会う。
旧幕府がアメリカに発注した軍艦「ストーンウォール」、横浜に回航される。
3日　近藤勇、新政府軍に投降する。
4日　東海道鎮撫総督・橋本実梁、西郷隆盛らを従えて江戸城へ乗り込み、西ノ丸で徳川慶喜らの処分を田安慶頼に伝える（江戸開城の勅使参向）。
新政府、大総督府の江戸駐留軍費を都合するため、金券を発行。
6日　天皇、大坂城中において諸藩兵の操練を閲兵する。
7日　勝海舟、新政府より江戸表取り締まりを命じられる。
9日　大久保利通、大坂東本願寺別院で天皇に拝謁する。
10日　西郷、池上で勝と江戸城受け渡しについて会談。夜、各隊長を増上寺の大総督府本営に召集し、市中警備を指示する。
会津・庄内藩、仙台藩と米沢藩に働きかけ、軍事同盟を成立させる。
新政府軍が越後長岡に迫り、会津藩は旧幕府軍の協力を得て出兵、少年兵も出陣。
『西洋旅案内』の偽版、福沢諭吉「中外新聞」に広告を出して版権の存在を主張する。
11日　**江戸城が無血開城となる（江戸城引き渡し）。**
徳川慶喜、謹慎のため水戸へ出発。
旧幕府歩兵奉行・大鳥圭介ら多くの旧幕府将兵が脱走。
榎本武揚が指揮する旧幕府海軍、品川を離れて安房館山（千葉県館山市）へ。
12日　新撰組の土方歳三、旧幕府軍の先鋒軍参謀として宇都宮へ出陣する。
14日　新政府、奥羽鎮撫総督府を通じ会津藩・庄内藩の攻撃を、それぞれ命ずる。
16日　大鳥軍、下野小山（栃木県小山市）で新政府軍と交戦。
17日　天皇、相撲を観覧する。
18日　新政府、旧幕府の江戸金銀座を接収する。
21日　有栖川宮熾仁親王が江戸城に入城。
22日　伊藤博文（兵庫知県事）、木戸孝允を招き、国内で初めて馬車に試乗する。
23日　新政府軍、下野宇都宮城を奪還する（大鳥圭介逃れて日光へ入る）。
西郷、先鋒軍総督府参謀・海江田信義に書簡を送り、旧幕府の軍艦引き渡しの報告を求める。
25日　**新撰組局長・近藤勇、処刑される。享年、35。**
アメリカ人ヴァン・リード、邦人約150人を雇い、横浜よりハワイへ送る（最初のハワイ移民）。
27日　大村益次郎、新政府の軍防事務局判事に任命される。

この月　江戸・神田に西洋洗濯店が開店。
この月　神戸—大坂間に小蒸気船の運航開始。大坂—横浜間に「飛脚船」運航。

「最強戦艦」の流転

2日、幕府がかつて、アメリカから購入した軍艦「ストーンウォール」が横浜に入港しました。しかし、この時期すでに船を買い入れた幕府は瓦解しており、日本国内は新政府と旧幕府残党の対峙が続く混乱状態です。江戸城の開城が決まったとはいえ、実質的には内戦中であり、どちらの勢力が政権を獲得するのか予測のつかない状況でした。

このため、欧米列強はいずれの勢力にも荷担しないことを申し合わせ、局外中立の立場を取っていました。

ストーンウォールは、南北戦争の際に南軍がフランスに発注した軍艦でしたが、納入されたときにはすでに南北戦争が終結していたため不要となり、それを幕府が買い取ったものでした。

火力・装甲ともに、当時の日本の海域に存在する戦艦の中では「最強」と見られており、これが旧幕府・新政府――いずれの手に渡るかは、戦況に大きな影響を与えます。各国の公使は中立の立場からストーンウォールの引き渡し停止を決め、アメリカ公使バン・バンケンバーグは艦を横浜に抑

●『武江年表』には、慶応3年（1867）夏からこの年の春にかけて起こった、熱狂的乱舞を伴う大衆的狂乱「ええじゃないか」についての記述があります。伊勢神宮のお札が降ったことが、契機とされています。これには討幕派が関与したとみられます。

「春の頃より東海道駿河・遠江の辺より始り、虚空より太神宮の御祓・太麻ふり、又宇内の神仏の御影守護の札ふりしとて、村民等これを尊み祭り、酒飯を調へて親戚・知己、又は道往く人をさへ饗《モテナ》し、次第に長じて、男女老少にいたるまで一様の新衣を着し、花万《はなまん》度《ど》を持ち出し、伎踊《ヲドリ》を催して贍《ニギハ》ひける。此風俗、江府の市中に及ぼし、古き守札など竊《ヒソカ》に降らして惑はせし族《やから》もありけるが、程なく止たり」

留しました。

当然、新政府は再三にわたり同艦の引き渡しを求めましたが、アメリカ側はこれを拒否。ようやく引き渡しが実現したのは本州での戦闘が終了し、12月に局外中立が解除された後の、明治2年（1869）2月のことでした。

引き渡しが実現した時点で、新政府に抵抗を続けていたのは箱館の五稜郭にこもる旧幕臣・榎本武揚《たけあき》の勢力のみ。新政府は春を待って榎本軍への総攻撃を計画しており、ストーンウォールも「甲鉄艦《こうてつかん》」と艦名を変更し、北を目指しました。

一方、旧幕府海軍の中心人物であった榎本も、この軍艦には並々ならぬ思い入れがありました。なにしろストーンウォールは、幕府が海軍の強化を目的に購入した艦なのですから、榎本には「自分こそがこの艦の正統な継承者」という思いがあったことでしょう。

そこで榎本軍は明治2年3月、宮古湾（岩手県）に集結し箱館をうかがっていた政府艦隊に奇襲をかけ、最新鋭艦・甲鉄艦を乗っ取る作戦を計

ストーンウォール（米海軍公式サイト「Naval History and Heritage Command」より転載）

南北戦争
1861－1865年間の米国の内戦。黒人奴隷使用と自由貿易を主張する南部の綿花栽培業者と、保護貿易を主張する北部の商工業者が対立。南部が降伏し、奴隷制度は廃止されました。

●「アメリカからの到着が待たれていた鉄甲の衝角艦（艦首の水線下に攻撃用の突出部をもつ軍艦）が到着した。幕府が、アメリカで軍

画、実行に移しました。

榎本軍は、所有する「回天《かいてん》」「蟠龍《ばんりゅう》丸」「高尾丸」の3隻に元新撰組の土方歳三らが率いる兵を分乗させ、宮古湾へと送り出しました。しかし、暴風雨のため蟠龍丸は途中で艦隊からはぐれ、性能に劣る高尾丸は回天のスピードに追いつけず、結局、回天が単独で3月25日に宮古湾へ侵入します。

このとき榎本軍が採用したのは、敵艦に接舷して兵を艦内に送り込み制圧する「アボルダージュ」と呼ばれる戦法でした。アメリカ国旗で偽装した回天は甲鉄艦に接近、艦内の兵は今や遅しと突入に備えます。ところが、ここに大きな誤算がありました。

甲鉄艦の甲板は回天よりも3メートルほど低い位置にあったため、乗り移ることが困難で、わずかな兵しか送り込むことができなかったのです。砲撃も甲鉄艦の装甲には通用せず、打撃を与えることはできませんでした。

このとき回天の艦長を務めていたのは、旧幕臣の甲賀源吾《こうがげんご》という人物でした。天保10年（1839）正月、掛川藩（静岡県）藩士の家に生まれた彼は江戸で航海術を学び、幕府に出仕して軍艦操練所の教授方に就任。慶

艦購入のため、アメリカ公使プリュイン氏に支払った金60万ドルは、わずかに木造のコルベット艦富士山《ふじやま》号となって結実したに過ぎなかった。これでは日本人は、とても満足できなかった。それっきり何も来ないので、差額に関してワシントン政府に請求するために、委員が派遣された。その結果、米国政府は、（南北）戦争中に南部から獲得した衝角艦ストーンウォール号をニューヨークで委員たちに引き渡した。同艦は委員達に移管され、日本国旗を翻してニューヨークを発した」（ジョン・ブラック著、ねず・まさし他訳『ヤングジャパン』）
同書によると、同艦は帰属が決まるまでアメリカ士官の監督下に置かれたといいます。ストーンウォールは、南北戦争の最中、運搬するおりはデンマークの船籍でした。北部に奪われることを警戒したといわれています。

応4年正月には軍艦頭並に昇進していました。幕府瓦解後も回天艦長として榎本に従い箱館へ脱出。この奇襲作戦を進言したのも、甲賀でした。

奇襲に失敗した回天は、甲鉄艦や近くに停泊していた敵艦「春日丸」などから激しい銃撃を受けます。甲賀は体に2発の銃弾を浴びながらもブリッジで味方を鼓舞していましたが、ついにはこめかみに銃撃を受けて壮烈な戦死を遂げました。戦闘はわずか30分ほどで終わり、回天は満身創《そう》痍《い》で宮古湾から脱出します。

このとき春日丸に乗船していたのが、日露戦争の際に連合艦隊司令長官として日本海海戦を勝利に導いた東郷平八郎でした。彼は後年、このときの甲賀の奮戦ぶりを「嘆賞《たんしょう》措《お》く能《あた》わざる勇士（褒め称えずにはおれない勇士）」と、敵ながら激賞しています。

その後の甲鉄艦は、明治2年4月の箱館総攻撃に参加後、艦名を「東《あずま》艦《かん》」に変更。佐賀の乱（1874）や西南戦争（1877）などでも活躍しましたが、明治政府のめざましい軍備増強の中で次第に時代遅れとなり、「明治二十一年よりは、横須賀港に繋留して、風《ふう》鑱《ざん》雨《う》蝕《しょく》にまかせしが、二十二年十月中、大砲の打ち試し、水雷の実地演習にて、微塵に打ち砕き

●「榎本側の軍艦イーグル号が蒸気を立てて、入ってきた。もし優秀な士官がイーグル号を指揮していたら、確かにストーンウォール号を拿捕《だほ》しただろう。事実はこれと違い、事態は混乱した。木造のイーグル号が、衝角艦の艦首に突っ込んできたが、もちろん敵に与えた損害よりも、自分の損害の方が大きかった。ストーンウォール号の甲板で乱闘が起り、数人が戦死し、多数が負傷した。これは、イーグル号側の大胆な攻撃だったが、最後に、出来るだけの損害を与えてしまうと、蒸気を立てて、港から出て行った」（『ヤングジャパン』）。文中の「イーグル号」は「回天」のことです。

●「日本の軍艦は、みな使い古されたものばかり。衝角艦ストーンウォール号［東艦］は航海できない」（F・V・ディキンズ、高梨健吉訳『パークス伝　日本駐在の日々』）

しといふ」(『明治事物起原』)

という、「最後のご奉公」の末にその役目を終えています。

近藤勇の首

新撰組の近藤勇は、前月に甲州で手痛い敗北を喫したあと江戸へ逃れ、新撰組結成前からの同志であった永倉新八や原田左之助らとたもとを分かち、新たに隊士を募って下総国流山(千葉県流山市)に陣を張っていました。近藤は「大久保大和」の変名で活動していましたが、**3日**、香川敬三率いる新政府軍によって流山を包囲され、身柄を拘束されてしまいます。

永倉新八が大正2年(1913)に、「小樽新聞」の記者に語ったところによると、

「このとき官軍は江戸の三面を包囲して脱走兵を逮捕解散せしめていたが、流山に屯集の一団があるというので手配をなし、隊長みずから本陣にくるように使者をだしたので、勇は弁解の辞をつくしてその場を逃れようと決心し、官軍の陣営におもむくと、そこにはさきに暗殺した伊東甲子太

永倉新八(1839-1915) 新撰組隊士。蝦夷地松前藩を脱藩、新撰組に入隊し、二番隊組長として、池田屋襲撃に加わります。慶応4年(1868)、近藤勇から離れ、靖兵隊《せいへいたい》(靖共隊《せいきょうたい》)を結成。下野今市、会津などで戦いました。維新後は、東京や北海道で剣道を教えています。

大正2年に撮影された最晩年の永倉新八(前方中央)(北海道博物館所蔵)

郎の同志であった加納鷲雄《かのうわしお》がおって、大久保は近藤の変名であることを看破され、そくざに捕縛されてしまった」（『新撰組顛末記』）

というのが近藤逮捕の経緯だったとしています。

近藤の身柄は新政府軍の総督府が置かれていた板橋宿（東京都板橋区）へと移され、拘束・尋問の末、**25日**に板橋刑場で斬首に処されました。近藤と行動を共にしていた土方歳三は流山を離脱し、国府台《こうのだい》（千葉県市川市）で元幕府歩兵奉行の大島圭介軍と合流。こののち、奥州各地を転戦することになります。

近藤の首はその後、京都に送られ、閏《うるう》4月8日から3日間、三条河原にさらされましたが、記録はここまでで途切れており、その後の行方についてはさまざまな言い伝えがあります。

同志が首を奪い返し、愛知県岡崎市にある法蔵寺で供養したとする説や、京都東山の霊山に埋められたとする説、福島県会津若松市の天寧寺に土方歳三によって葬られたとする説もあります。いずれも確たる証拠はなく、現在も近藤の首塚とされる場所が全国に数カ所点在しているのです。

伊東甲子太郎（1835－1867）常陸志筑《しづく》藩士の長男。元治元年（1864）、新撰組に加わったものの、副長の土方歳三らと対立します。大久保利通ら薩長の討幕派に接近し、慶応3年（1867）、新撰組を分離する形で御陵衛士を組織し、高台寺党を結成しますが、新撰組局長・近藤勇らの指示で謀殺されました。

●近藤勇の最期について、『戊辰物語』は「原っぱには、もうちゃんと穴を掘って、その前に新しい筵《むしろ》が敷いてある。ここで勇が駕《かご》から降りると、筵の上へ突きたって、帯のところへ手をやってしばらくじっとして江戸の方の空を見ている、素足であった。妙なことに、ひげが伸びているというので、床屋を呼んで、しかも首穴を前にしたそこで、これを悠々とそらせ『ながながご厄介に相成った』といって、自分で、もとどりをぐっ

官軍の乱暴狼藉

この時期、会津藩では「武備恭順」を藩の方針と定め、新政府軍との戦闘準備が進められていました。**10日**には会津藩と庄内藩との軍事同盟が成立。新政府軍の侵攻に備え、藩境に精鋭が配備されます。

一般の人々は緊迫する会津の状況など知るよしもありませんでしたが、それでも江戸市中に新政府軍の姿が目立つようになると、公方《くぼう》様（将軍）贔屓《ひいき》の庶民の間には反感が芽生えつつあったようです。

閏4月に創刊された「開成新聞此花新書」には、

「官軍だそうだが、どこの藩士だか、人肉を三杯酢につけて食ふとうまいものだと話してゐるのを聞いた。何をそらごとといふかと信用もしなかつたが、此間谷中の天王寺に屯してゐる歩兵のうちで、人の肉を取つてきて葱《ねぎ》の中へぶちこんで烹《に》たり、また雉子焼《きじやき》、味噌づけなどにして喰べたので、人この隊をおそれ、屯所の門を羅生門といつた」

という話題が掲載されました。事実かどうか分かりませんが、庶民の新政府軍に対する恐怖感が分かります。

と前にかき上げて斬られた」と記していますす。同書によると、近藤勇はさらし首になるのを察して、ひげをそったものらしいとのことです。

戊辰戦争のおりには、戦場において復讐心から敵の人肉を食したという話が両軍に散見されますが、江戸では官軍が一方的に悪者にされていたようです。

実際、新政府軍は近代的な訓練を受けており、戦闘時には素晴らしい統率力を見せましたが、平時においては必ずしも行儀の良い軍隊とは言えなかったようで、**18日**にはその行動を戒める訓示が出されています。

その一部を抜き出してみると、

一　喧嘩《けんか》口論かたく禁止の事
一　民屋町家に立入、乱暴狼藉《ろうぜき》は勿論《もちろん》、押借押買等堅く禁止の事
一　駅路旅店に於《おい》てみだりに忿怒《ふんぬ》を発し、小民を恐怖せしめ候儀有レ之まじく候《これあるまじくそうろう》

といった項目が並んでいます。つまりは「民家に押し入り乱暴狼藉」を働いたり「道端で暴れ出し民間人を恐怖せしめる」ような輩《やから》が新政府軍の中に多かったということでしょう。

これでは評判が悪くなるのも当然です。

●「(当時は)妙なことには幕府方の新聞が多くて、朝廷方のものは、京都の太政官日誌と大阪の内外新聞位のものであつた(中略)。此等の新聞紙がナゼ幕府方であつたかといふと、執筆者が皆幕臣であつたからであつたのと、当時江戸の人気に投ずるには佐幕派でなければならない事情もあつたからである」(『漫談明治初年』市島謙吉の証言)

●「官軍も詰らないいいがかりをつけてよく町人を斬った。抜き身で二町も三町も追いかけられて余りこわいので知らない家へ飛び込むと、それなり玄関で絶命したなどという話はざらにある。肩へ錦の布《きれ》をつけているので『錦ぎれ』と呼び、いったいにひどく毛嫌いした」(『戊辰物語』)。これは落語の名人、三代目小さんの証言です。

治安維持は依然「徳川」

11日、江戸城に新政府軍の橋本実梁《はしもとさねやな》東海道鎮撫総督が入城しました。

これに先立つ**4日**、橋本と副総督の柳原前光《さきみつ》が江戸城を訪れ、城を預かる田安慶頼《よしより》に対し、

・徳川の家名存続を許すこと。慶喜は死罪を免じ水戸へ謹慎

・江戸城は明け渡すこと

・軍艦、兵器を引き渡すこと

・江戸城内の家臣の退去・謹慎

・慶喜の謀叛《むほん》を助けた者も死罪を免じ、追って処罰すること

という江戸開城のための条件が示されていました。徳川側ではこの条件を飲んだうえで、城を明け渡したのです。

しかし徹底抗戦を唱える者は多く、**11日**には歩兵奉行の大鳥圭介が江戸城から大量の武器・弾薬を持ち出し、旧幕府陸軍歩兵とともに脱走。品川沖に停泊していた榎本武揚率いる旧幕府海軍も軍艦の引き渡しを拒み、一

●「慶喜公が水戸に発すると間もなく橋本東海道先鋒総督は早くも江戸城へ入ってきた。城受取の役人がひどくあわてて草履を片一方はいたまま大玄関に上ったという話があって、『田舎ものざまア見やがれ』と旗本御家人などは、輪に輪をかけて吹聴《ふいちょう》しては笑った」(『戊辰物語』)。これは旗本の家に生れ、晩年は江戸風俗を研究した渋谷真琴翁の談です。

柳原前光(1850－1894)公卿。戊辰戦争で東海道先鋒副総督として、江戸開城に立ち会います。維新後は駐清公使、元老院議長。大正天皇の生母・柳原愛子《なるこ》の兄。歌人・柳原白蓮《びゃくれん》の父。

時、安房国の館山（千葉県館山市）沖まで逃走しています。

榎本はその後、勝海舟の説得を受け入れて品川へと戻りますが、新政府側には「富士山丸」「翔鶴丸」「観光丸」「朝陽丸」の旧式艦4隻だけを引き渡し、主力艦隊を温存しました。江戸城には**21日**に東征大総督の有栖川《ありすがわ》宮《のみや》熾仁《たるひと》親王が入城し、ようやく接収が完了となります。

しかし、江戸城を接収したとはいえ周囲はすべて敵対勢力であり、江戸の庶民にすら嫌われ者状態の新政府軍が、地理に疎い広い江戸全域の治安維持を担うことは不可能でした。

そこで徳川家が鎮撫しきれない者のみを新政府軍が鎮定するという取り決めを行い、徳川家が従来どおり治安維持を担当することになります。治安を「敵方」に依存するというのは、警察が反政府勢力に警備を頼むようなものです。上野に立てこもる彰義隊も、もともとは「治安維持」の名目で急増した集団であり、軍勢に余裕のない新政府側は見て見ぬ振りをするしかなかったのです。

新政府軍の江戸城入りに先立ち、**11日**の早朝、徳川慶喜は上野・寛永寺

田安慶頼（1828－1876）御三卿《さんきょう》の一《いっ》・田安家の5代当主。将軍徳川家茂《いえもち》の後見職。江戸開城の際、徳川慶喜に代わって江戸の秩序維持に尽力しました。明治維新後、徳川宗家を相続した徳川家達《いえさと》の父。

田安慶頼（福井市立郷土歴史博物館所蔵）

を出て水戸へと旅立ちました。『戊辰物語』ではその様子を、

「屏居《へいきょ》以来の心の苦しさに顔色はしょうすいし、痛ましくもひげはのび、あまつさえ黒木綿の羽織に小倉の袴をつけ、麻裏の草履をはいている。出迎えた新井主計頭《かずえのかみ》以下三十余名、精鋭隊五十名を率いて来ている剣客中条金之助、遊撃隊頭槍の高橋伊勢守（五十名引率）など、これを拝して思わず声をあげて泣いた」

と記しています。

そしてこのときも、慶喜の側にはあの侠客《きょうかく》・新門辰五郎《しんもんたつごろう》（P105参照）の姿がありました。

「浅草の新門辰五郎は、この一行につかず離れず、勘定方からひそかに命ぜられた金二万両を子分に守らせて、水戸までお供をする。さすがの侠骨もこの道中は眼を真赤にしてついて行った」（『戊辰物語』）

一行は松戸の宿を経て、**15日**に水戸へ到着しています。

投獄、再興、牧場

この当時の「江湖新聞」に、「支那の新聞に出た記事」として、清国人による日本の政情分析が転載されています。ここで言う「支那の新聞」が何を意味するのかは不明ですが、あるいは外国人居留地で発行されていた清国商人向けの新聞を指しているのかもしれません。内容を要約すると、「この年初以来日本に二つの勢力による内乱が起こっている。一方は京都（朝廷）を担いだ西国大名らの勢力であり、もう一方は江戸府を中心とする北国筋の大名が一味した勢力である。事の起こりは江戸府と西国筋の大名某との不和であり、京都に兵を向けた江戸府は朝敵の名を蒙《こうむ》った。朝敵という名は日本においてこのうえない汚名であるため、江戸府はこれを恐れひたすら恭順謹慎している。今後の予測はつかないが、この騒ぎのため兵庫・横浜・長崎とも交易が著しく衰微している。ただし両軍とも兵器は西洋式を用いており、これは外国人を忌み嫌う旧弊から脱した証拠であるから、戦争が終結し太平の世が来れば外国との交易もいっそう活発となり、日本の開化も進捗するだろう。『雨降って地固まる』とはこのことで

●この年の春、シモン・フィセリング講述、津田真道訳『泰西国《たいせいこく》法論《ほうろん》』という本が刊行されました。訳者の津田真道（1829－1903）は、美作国（岡山県）津山藩出身。西周とともにオランダに留学し、ライデン大学で憲法学者のS・フィセリングに個人授業を受け、法学、経済学を修めました。のちに初代衆議院副議長になります。この本は、日本で最初の近代法学書。幕府の開成所が刊行し、版を重ねました。「国家宜しく其経理する所の資用を以て総国の幸福を増益し」「国民の公権又之を本国民の権と称す」「拷問を加へ或は誘問して首伏せしめたる自首は証左とするに足らず」などの文言があります。Feudalismus(封建)を「籍土の制」と訳しています。

ある」

実に冷静に、日本の未来を予見した内容となっています。

しかし、内乱が終息し文明開化の世がやって来るのは、もう少し先のこと。記事に言う「北国筋の大名」すなわち奥州各藩は、新政府への対応に四苦八苦という状況でした。

26日、会津藩士の広沢安任《ひろさわやすとう》という人物が新政府軍の総督府に出向き、藩主・松平容保の助命嘆願を試みますが、願いは聞き届けられることなく、そのまま逮捕されています。

広沢は通称を富次郎といい、京都守護職を命じられた藩主・松平容保《かたもり》に従って京都へ赴き、公用方（藩の外交官的役職）を務めました。諸藩をはじめ幕府や朝廷、外国との折衝を担当する公用方として、広沢は卓越した手腕を発揮し、勝海舟、大久保利通、渋沢栄一、イギリス公使館員のアーネスト・サトウなどと交流。幕末の京都政界では、八面六臂《ろっぴ》の活躍をしています。

広沢が京都から江戸へ戻ったのは、慶応4年（1868）の正月12日。

広沢安任（三沢市先人記念館所蔵）

容保は朝敵の汚名を着せられ、故郷会津はいつ戦争に巻き込まれるか分からない状況の中で、彼は江戸にとどまり藩主の冤罪を晴らすべく、新政府へ嘆願の機会をうかがっていたのです。

総督府への出頭を前に広沢は勝海舟にも相談を持ちかけており、勝の日記には、

「昨夜、会津・広沢富次郎 林三郎来る。海江田へ歎願の事、益満を以て申し立つる」

と記されています。海江田とは、総督参謀で薩摩藩出身の海江田信義。益満は山岡鉄舟の護衛として駿府の東征軍本営に乗り込んだ薩摩藩士の元テロリスト、益満休之介です（P92参照）。どうやら勝は、今回も益満を交渉工作に一枚かませようと画策したようですが、この工作は実現に至らず、広沢は捕縛され和田蔵門の旧会津藩邸に投獄されてしまいます。

かつての職場である会津藩邸で獄中生活を送り、何とか死罪を免れて翌明治2年（1869）に釈放された時には、すでに会津藩は廃絶。藩主はもとより藩士全員が謹慎を強いられるという、厳しい状況下に置かれていました。

海江田信義（1832－1906）
薩摩藩士の出身、のち新政府の官僚。江戸で藤田東湖に学びます。文久2年（1862）、武蔵国生麦村でイギリス人リチャードソンらを殺傷した生麦事件に、直接関与しました。維新の際、戊辰戦争では新政府軍参謀として江戸城受け取りを担当しました。維新後は奈良県知事、貴族院議員。

海江田信義（雑誌「太陽」1899年1月20日号、博文館より転載）

そこで広沢は御家再興運動を展開し、これが実って松平容保の嫡男・容大《かたはる》に家督相続・家名再興が許されます。新たな領地は陸奥国の北郡（青森県上北、下北郡）、三戸郡、二戸郡（岩手県二戸郡）の一部で、この地に旧会津藩士によって、新たに「斗南《となみ》藩」が立藩されました。藩主・容大は明治2年6月に生まれたばかりの乳飲み児。禄高はわずか3万石という厳しい再スタートでした。

満足に作物が育たないばかりか、冬には零下20度を記録する厳しい自然環境に、多くの餓死者や病死者が発生する中で、広沢は小参事として藩の再興に尽力。明治4年（1871）7月には、廃藩置県によって新たに「斗南県」が成立しますが、広沢らの建言によって9月には弘前県（のちに青森県と改称）に編入されています。

これを期に広沢は帰農し、現在の青森県三沢市で日本初の洋式牧場「開牧社」を興しました。牧畜の専門家と通訳を務める2人のイギリス人を雇い入れ、苦心の末にわずか5年で経営を軌道に乗せています。明治9年（1876）には、内務卿を務めていた旧知の大久保利通が視察に訪れており、相応の役職を用意して熱心に仕官を勧めたと言われています。

●「明治元年4月から私人の営利事業として神戸大阪間（午前八時発午後六時帰港）に小蒸気船が一般旅客と普通貨物の輸送を開始し世人之《これ》をストンボ（スチームボートの転訛《てんか》）と呼んだ。又同月から大阪運上所々属汽船浪花丸が大阪横浜間の飛脚船となり四隅青黄赤黒の旗章を翻して官民の別なく乗船せしめ貨物も公私ともに運搬した（船長は英人で薩人肥後七右衛門が船中締）。蓋《けだ》し明治に入って汽船が大阪横浜間の荷客輸送を開始した嚆矢《こうし》である」（海事新報社編『海運興国史』）

しかし広沢は二度と政治の世界に戻ることなく、明治19年（1886）には牧場を養子の弁二に任せて上京。現在の東京・新宿区に「広沢牧場」を開きました。当時は東京でも少しずつ牛乳の需要が増えつつあった時期で、広沢はさらなる事業の拡大と畜産業の普及を志して東京進出を果たしたのです。

牧場の場所は、「東京都豊多摩郡淀橋町30番地」――。

現在の新宿区西新宿に当たり、高層ビルが建ち並ぶ都庁周辺に広大な牧場が広がっていたことになります。広沢はこの地で5年間を過ごした後、明治24年（1891）に61歳でこの世を去りました。牧場跡には明治31年（1898）に「淀橋浄水場」が建設され、昭和40年（1965）の浄水場廃止を経て新宿副都心の高層ビル街へと生まれ変わったのです。

ちなみに当時の新宿近辺には他にも牧場があり、現在の新宿2丁目では作家・芥川龍之介の実父である新原《にいはら》敏三が「耕牧舎《こうぼくしゃ》牧場」を経営していました。芥川は『点鬼簿《てんきぼ》』という小品の中で父について触れ、「僕の父は牛乳屋であり、小さい成功者の一人らしかった。僕に当時新

●明治に入って牛乳の需要は伸びましたが、徳川時代に江戸城でも牛を飼っていたようです。「明治元年、江戸城の授受と共に、雉子橋内なる厩に白牛十頭計《ばかり》飼育してありしが、当時の有司《ゆうし》等、これは不要なり、直ちに屠《ほふ》るべしといひしに、八郎（由利公正）之を制して、そは必ず謂《いい》あることとなるべしとて、直ちに取調を命じたるに、本邦にも昔は牛酪を至尊に進めしこと明らかにして、徳川氏に居たりても、牛酪を弘《ひろ》めの事を命じたることとありて、牛乳は常に将軍家の飲料たりし事、判明したり。よりて其儘《そのまま》に飼養する事となれり」（三岡丈夫編『由利公正伝』）

しかった果物や飲料を教えたのは悉《ことごと》く僕の父である。バナナ、アイスクリイム、パイナアップル、ラム酒、――まだその外にもあったかも知れない。僕は当時新宿にあった牧場の外の槲《かし》の葉かげにラム酒を飲んだことを覚えている」

と父と牧場の思い出を綴っています。

「元年者《がんねんもの》」たちの出立

25日、日本最初のハワイ移民が横浜をたちました。横浜在留のアメリカ人ヴァン・リードが、日本人150人余を3年の契約でハワイへと送り出したのです。閏《うるう》4月3日付の「中外新聞」には、

「この節日本国内の騒乱に乗じ、当港（横浜）在留の或る外国人、サントウィス島（サンドウィッチ島＝ハワイのこと）の砂糖竹植附けを渡世といたし候者と約定、日本人三百余人を三ヶ年の年季にて雇い切り、砂糖竹植附け刈込み等に使役するがためかの地へ差送れり。或は云う。給銀一ヶ月五ドルずつにて期限五年なりと」

●芥川龍之介は新原《にいはら》敏三の長男として生まれましたが、生後7カ月で母が精神を病み、母の実家芥川家で育ちました。芥川家は江戸城で、将軍をはじめ出仕の幕府諸役人に茶を調進し、茶礼・茶器をつかさどる御数寄屋《おすきや》坊主を務め、芥川は早くから文芸、芸事への関心を深めました。

●18世紀末にカメハメハ王朝が成立。カメハメハ3世の時代には立憲王国となりましたが、外国勢力の進出により次第に衰退し、カメハメハ5世で断絶。その後はカラカウア王朝が統治するようになりますが、1898年、米国に併合されてしまいました。

とあります。仕事は主に、サトウキビ畑での農作業でした。

記事は続けて、

「期限給銀は同じからずといえどもいわゆる黒奴売買の所業に均《ひと》しき事にて、かくの如き所業は万国の法例に戻《もと》り、かつ無辜《むこ》の日本人狡黠《こうかつ》の外国人に欺かれ、利益はことごとく彼に奪われ、憐むべし日本人は酷熱の気候と辛労煩苦に堪えずして疾病に罹るのみならず、万一いかほど惨酷の所置に逢うとも訴うべき処なく、たとえ死すとも期限中は故郷へ帰るの路なく、不祭の鬼となるに至らん」

と過酷な労働条件を指摘し、「奴隷売買に等しい所業。政府は厳罰を課すべきである」と糾弾したのです。これに対し5月27日付の同紙に雇用主と思われる人物からの書簡が掲載され、

・同島の平均気温は24度ほどで「酷熱に耐えられない」というほどではない。横浜からの所要日数は10日で、今では「隣の地」に等しい。
・海に慣れない者が多いことから、体調を考慮してイギリスの大型商船に乗せ、500ドルかけて良医を雇い同乗させている。
・決して日本の混乱に乗じてだますようなことはしておらず、罰を受

●「（1868年のハワイ渡航者は）大部分がよい仕事口を求めて、当時、文明開化の先頭にあった横浜に集まっていた者たちである。従って農耕者は極めて少く、いわゆる『食いつめ者』に類する者や、飲酒、とばくの悪風に染まり、けんか早いスレッカラシ者が、相当多くまじっていた」（『ハワイ日本人移民史』）。同書は渡航者の年齢別内訳を「十才台　一八名、二〇才台　一〇二名、三〇才台　二二名、四〇才台　三名、不明　八名、合計一五三名」としています。

●「彼ら日本人は、一見するに人が好さそうで、元気旺盛のようである。これら日本帝国の人民たちは、余り外国へ行ったことがないらしく、物珍しそうに市内を歩き廻っていた。彼らは非常に丁寧な人種で、我々の『アロハ』の言葉を

けるいわれはない。
との弁明が、事細かに述べられていました。

ハワイ政府は製糖業が盛んになるにつれ、慢性的な労働力不足に悩まされており、万延元年（１８６０）の遣米使節がハワイ王国に立ち寄った際にも、国王カメハメハ４世が幕府への親書を託すなど、早くから労働者の招致を熱心に行っていました。

しかし思うように交渉が進まなかったため、横浜在住でハワイ領事を兼ねていたアメリカ人貿易商ヴァン・リードに交渉を託します。リードは岸田吟香（Ｐ１５６参照）と「横浜新報・もしほ草」を発行した人物です。この結果、幕府から３００人分の渡航印章が発行されますが、幕府の瓦解で無効となってしまいます。

新政府はこの件を白紙に戻しましたが、すでに労働者を募集し渡航準備も終えていたことから、ヴァン・リードは無許可のまま出航を強行したのです。新政府はこれを自国民の不当な連れ去りであるとして、翌明治２年に薩摩藩出身の外交官・上野《うえの》景範《かげのり》を現地に派遣。過酷な労働条件を強要されていた渡航者のうち40人が、契約内容の不備を理由に即時帰国します。

すぐ覚え『アロハ、アロハ』と頻《しき》りに挨拶した。彼らは粗末な服装で、体裁が悪いにも拘《かか》わらず、少しも悪びれた様子がみえない」（『ハワイ日本人移民史』が引用する1868年6月24日の「ハワイアン・ガゼット」紙「日本人移民来たる」の記事）

上野景範（1845-1888）薩摩藩士。藩の開成所教授。維新後、外国事務御用掛。駐米弁理公使、外務少輔を経て駐英公使。外務卿・井上馨のもとで条約改正事業に当たりました。

上野景範（横浜税関所蔵）

また残留を希望した人々の待遇も上野の交渉によって改善されました。

このときの残留者のうち3年契約満了後に帰国したのはわずか13人で、その他の人々は引き続きハワイにとどまり、定着していきました。彼らは「元年者《がんねんもの》」と呼ばれ、ハワイ移民の草分けとして移民社会で尊敬を集めたと伝えられています。

日本からの移民が本格的にハワイへと向かったのは、明治18年（1885）のことでした。

明治17年10月23日付の「朝野新聞《ちょうやしんぶん》」には、「布哇《ハワイ》国王の先年我邦に来遊せられし時、移住人民を募集され度旨《たきむね》我政府へ懇請せられしやに聞きしが、同国総領事と我邦よりの出稼人との間に取結ぶべき約定書の原案も出來たりと」という記事が見えます。

ハワイ側が示した「約定書」には、移住者本人と妻・子供2人までの渡航費用を支給すること、住居・食事・賃金を保障すること、希望する場合は妻子にも働くことを許可することなどが盛り込まれていました。

この間のハワイ側の事情を『明治事物起原』では、

条約による移民時代の砂糖耕地婦人労働者（ブラジル移民の１００年／国立国会図書館）

「蘭、西、米、豪等の労働者の同盟罷工《ひこう》あり、また支那人労働者の排斥問題起こるにさいし、布哇政府は、世界中もつとも穏健なる労働者は日本人なりとなし、日本に移民局を置き、移民条約を結び、明治十八年、再び移民を起こしたり」

と記しています。各国労働者のストライキや中国人労働者とのあつれきに苦しんだハワイ側では、勤勉な日本人労働者を渇望していたのです。

明治19年（１８８６）には、「日布渡航条約」が成立。これに先駆けて、前年２月には、９５６人が移民船「シティ・オブ・トウキョウ」でハワイへと向かっています。その後の10年間で、ハワイへの日本人移民は約３万人に達しました。

●『明治事物起原』には、「米国人ヴエンリート」（ヴァン・リード）が、のちに首相、蔵相となる高橋是清を奴隷にした話が出ています。仙台藩は14歳の高橋ともう一人の少年の留学斡旋をリードに依頼。リードは費用を受け取りましたが、高橋はオークランドの金持ちの家に奴隷に売り飛ばされ、もう一人は自分の家でこき使いました。

閏4
Leap April

第5章

慶応4年閏《うるう》4月

					1 ☀	2 ☀
3 ☀	4 ☂	5 ☁	6 ☀	7 ☁	8 ☀	9 ☔
10 ☀	11 ☁	12 ☀	13 ☁	14 ☀/☂	15 ☂/☀	16 ☀
17 ☀	18 ☂	19 ☀	20 ☀/☂	21 ☂	22 ☀	23 ☂
24 ☂	25 ☂	26 ☀	27 ☂	28 ☁	29 ☁	

戊辰戦争時の横浜（イラストレイテッド・ロンドン・ニュース／横浜開港資料館所蔵

Diary 閏《うるう》4月

1日　**イギリス公使パークス、信任状を天皇に提出し、新政府を承認する。**
2日　新政府、大総督府を通じて田安慶頼・大久保一翁・勝海舟に江戸市中取締を命ずる。
3日　福地源一郎（桜痴）、条野伝平らと江戸で雑誌形式の木版刷新聞「江湖新聞」を創刊。
4日　庄内藩兵、最上川を越えて天童藩領を襲撃、天童の城下町を焼く。
新政府、外国公使から抗議を受け、切支丹邪宗門禁止の高札を、切支丹宗門禁止と邪宗門禁止の2条に分ける。
5日　ドストエフスキー『罪と罰』を翻訳した内田魯庵誕生（昭和4年〈1929〉没）
6日　**旧幕府の元勘定奉行陸軍奉行並・小栗忠順、新政府軍によって斬首される。享年、42。**
木戸孝允、長崎の浦上キリスト教徒処分のため、長崎出張の朝命を受ける。
8日　奥羽鎮撫総督府参謀・世良修蔵、仙台藩兵に会津への進撃を命ずる。
9日　新政府外国事務局、英・米・仏・独・蘭・伊の6国公使に対して、新貨鋳造の意見を諮問する。
11日　**仙台藩領白石城に奥羽14藩の重臣たちが集結し、会談を開く**（12日に会津藩・庄内藩赦免の嘆願書「会津藩寛典処分嘆願書」を奥羽鎮撫総督に提出）。
岸田吟香、アメリカ商人ヴァン・リードらと共に新聞「横浜新報・もしほ草」創刊。
13日　新政府、三条実美を関東大観察使として徳川家処分を命じ、東下させる。
新政府、大坂の商人に会計基立金の一部50万両の調達を命じる。
14日　新政府、旧諸貨幣の交換率を定め、所定の交換率で内外貨幣を使うことを命じる。
17日　長崎浦上のキリシタン弾圧が行われ、信徒4100人が34藩の預かりとなる（浦上教徒事件）。
「公私雑報」にSF未来小説「全世界続未来記」翻訳出版予告記事。
18日　橋爪貫一ら、博聞会社より「日々新聞」を創刊。
新政府軍、下野今市で大鳥圭介率いる旧幕府方を破る。
19日　奥羽14藩、嘆願書の却下を受け会津・庄内の諸口における解兵を宣言。
世良修蔵、秋田にいた大山綱良に密書、「奥羽皆敵ト見テ逆撃之大策」に踏み切るべし。
新政府、阿片の使用を禁じることを府藩県高札に掲示。
新政府、参与・三岡八郎（由利公正）の建言で、金札（太政官札）を発行し、諸藩・農商へ貸与して産業を興隆させることを布告する。
20日　**世良修蔵、仙台藩士らによって斬首される。享年、34。**
21日　新政府、御所を二条城に移す（天皇も転居）。
新政府、副島種臣・福岡孝弟起草で、政治大綱「政体書」を発布。三職八局の官制制定。
22日　天皇、万機親裁を布告する。
太政官布告、宮公卿の諸藩士兵隊警衛を止め、官は大臣でも土下座、殿上の先払いを止める。
「内外新報」に横浜病院設立の広告。
奥羽25藩によって「白石盟約書」が調印され、奥羽列藩同盟が成立。
24日　三条実美、江戸城に入城する。
26日　河井継之助、長岡藩軍司総督に就任する。
27日　新政府、宮・公卿の諸門出入りに当たり、衛士の下座禁止。
28日　榎本武揚、勝海舟の要求に応じ、軍艦4隻を新政府に引き渡す。
新政府、会計官に商法司（収税や勧業を担当する機関）を設置する。
新政府、出版物の無許可発行を禁止する。
29日　徳川慶喜、田安亀之助（のち徳川家達）に家督を譲る。

この月　歌舞伎役者、3世沢村田之助の脱疽手術をしたヘボン博士、アメリカ製の義足取り付ける。

官軍の振る舞い

閏《うるう》4月に創刊された新聞「開成新聞・此花新書」に、江戸の市民と新政府軍兵士との、次のようなやり取りが掲載されています。

「下谷坂本へんにて幼き子のあそび居たるところへ、一人の武士通りかかりしが、この人肩に官軍の合印《あいじるし》を附《つけ》たるを見て、彼《かの》子は武士のかたはらへ往《ゆき》、おぢさんは官軍かェ、錦切《きんぎ》れを附ておいでだからと言《いう》と、いかにも自己《おれ》は官軍なりと答れば、彼子がおぢさんが官軍なら、坊は会津だから、坊におしたがひといふ」（「此花新書」第2号、以下同）

幼い子供が新政府軍の兵に対し、

「おじさんは官軍で僕は強い会津だから、僕の言うことを聞け」

と要求した訳です。自分が会津藩士になったつもりの、他愛のない「ごっこ遊び」でした。しかし、相手が悪かった。武士は子供に家まで案内させると主人を呼び出し、「この子はいくつか？」と問います。父親が「七つでございます」と答えると、

「汝等《なんじら》ものをわきまへも知らず、常に官軍をそしり、会津を誉《ほむ》るの言葉

●太陰太陽暦では、月の満ち欠けの周期で暦月を決め、12カ月で1年とします。1年は３５４日程度にしかならないので、3年もしくは2年に一度、閏月を置いて1年を13カ月にします。１８６８年は4月の後に「閏4月」を設け、13カ月としました。

を傍聞《かたわらぎき》して、此子僧《このこぞう》まで然《しか》いふものと覚えたり」

親がいつも官軍の悪口を言っているから、子供までもがそれを聞き覚えてまねをするのであろう、と頭ごなしに叱りつけたのです。

子供があと四つも年を経ていたならば捨て置かないところだが、いかにも頑是《がんぜ》ない者の言うことだから、今回は許してやる。けれども、

「天朝の御趣意《ごしゅい》もわきまへず、漫《みだ》りに物の誹謗《ひぼう》などいたすと此後《こんご》はけつして免《ゆる》さぬぞと、腰の刀をゆらめかし彼《かの》武士は出往《いでゆく》に――」

という脅しに、家の者はため息をつきつつ、顔を見合わせたのだとか。

この時期には、会津藩徹底抗戦の決意が江戸庶民にも漏れ伝わっていたようです。品川には旧幕府艦隊が悠然と浮かび、上野の彰義隊はますます意気盛ん。北関東では旧幕陸軍の脱走集団が大暴れ。戦力不足の江戸の新政府軍は、手をこまぬいて傍観です。江戸の庶民は徳川ご家門の「会津様」シンパばかり。新政府軍兵士のいら立ちは募ります。

江戸に入った新政府軍は、花柳界にも変化をもたらしていました。

「官軍が来てからは辰巳《たつみ》の羽織芸者はもとより、柳橋あるいは廓内《くるわない》のも

●辰巳芸者は江戸・深川の芸者。宴席で羽織を着て男装したので、羽織芸者とも呼ばれます。意気と侠気が売り物でした。深川は江戸城の辰巳（南東）にあたるところから、辰巳と称しました。

江戸高名会亭尽　深川八幡前
（歌川広重／国立国会図書館）

のにまで随分無法をいって、この社会の風儀を二年とたたない中《うち》に無茶苦茶にしてしまった。玉代《ぎょくだい》（芸妓をあげて遊ぶ料金）はずっと後まで一時間一朱《しゅ》だったが、官軍は金に糸目をつけぬという有様」（『戊辰物語』）。気っぷの良さで売った辰巳芸者も、洗練された柳橋の花街も、新政府軍幹部の金に飽かした遊び方にすっかり蹂躙《じゅうりん》されます。下級兵士は大挙して、吉原に押し寄せます。そんな官軍の行動に対して、粋を愛する江戸っ子たちは眉をひそめていました。

エリートの斬首

6日、旧幕臣の小栗上野介忠順《おぐりこうずけのすけただまさ》が、新政府軍の手によって処刑されます。小栗は万延元年（1860）に、日米修好条約批准書の交換を目的とする遣米使節に同行し、勝海舟らと共に渡米。広い識見と卓越した行政能力を持つ官僚として、幕府の中枢を担った人物です。

小栗は勘定奉行や陸軍奉行、海軍奉行などを歴任。将来を見越して造船所兼製鉄所である「横須賀製鉄所」を設立するなど、軍事や財政面でさま

●閏4月「江湖新聞」第2号には「ポンチ絵」の紹介記事が出ました。「鳥羽絵の風にて、可笑な絵組を取認め、其中に寓意ありて、日本の判じ物也」（『明治事物起原』）。ポンチ絵は西洋風の漫画で、イギリスの風刺雑誌『Punch』に由来するとも、文久2年（1862）イギリスの新聞特派員ワーグマンが発刊した『The Japan Punch』からとられたともいわれます。

ざまな改革を行い、外国や雄藩からの圧迫に苦しむ幕府を救うべく、強固な態勢づくりに尽力しました。何かと比較されることの多かった勝海舟は、政敵ともいうべき小栗について、

「小栗上野介は幕末の一人物だヨ。あの人は、精力が人にすぐれて、計略に富み、世界の大勢にもほゞ通じて、しかも誠忠無二の徳川武士で、先祖の小栗又一によく似て居たよ。一口にいふと、あれは、三河武士の長所と短所とを両方具《そな》へて居つたのヨ。しかし度量の狭かつたのは、あの人のためには惜しかった」（勝部眞長編『氷川清話』）

と、ちょっとトゲのあるほめ方をしています。

慶喜が鳥羽・伏見の戦いから逃れて江戸に戻ると、小栗は主戦論を展開して決戦を主張しましたが、これを慶喜に疎まれ勘定奉行を罷免されたため、上野国群馬郡権田村（群馬県高崎市倉渕町）へ隠退しました。

しかし、新政府軍は容赦しません。小栗以下家来3人を問答無用で捕縛すると、1年前までは幕府のリーダーだったエリートを、ほとんど取り調べもないまま烏川《からすがわ》の河原で斬首してしまうのです。

勝は『氷川清話』の中で、

横須賀製鉄所

慶応元年（1865）、幕府はフランスの援助のもと、横須賀の地で建設に着手しました。埋め立て、開削、工場建設、船渠（ドック）建設を進め、慶応2年（1866）10月に開業しました。フランスの造船技師ベルニーが建設、整備にかかわりました。明治政府が接収し、明治4年（1871）には横須賀造船所と改称されました。

慶応3年の横須賀製鉄所（横須賀市自然・人文博物館所蔵）

「かねて小栗を悪《にく》んで居た土地の博徒や、また小栗の財産を奪はうとい
ふ考の者どもが、官軍へ讒訴《ざんそ》したによって、小栗は遂に無惨の最後を遂げ
た」

と説明していますが、小栗が捕縛・殺害された理由は明確ではありませ
ん。幕府官僚から新政府の高官に転身した者も多数いるだけに、小栗の処
置には疑問が残ります。

勝と小栗は、共にずば抜けた能力を持っていました。幕閣は、一方が独走するとひっこめ、他方を用いるという形で、競わせた形跡があります。文久3年（1863）に勝が将軍家茂《いえもち》に神戸海軍操練所の設立許可をもらった時、小栗は勘定奉行兼歩兵奉行を罷免されました。元治元年（1864）に勝が幕府が攘夷実行を朝廷に約束してしまったことを批判して軍艦奉行を罷免された時には、小栗が上申した「横須賀製鉄所」建設を正式に許可しました。「両雄並び立たず」ですね。

小栗又一（？－1616）
徳川家康に仕え、織田信長・徳川家康と浅井長政・朝倉義景が戦った姉川の戦いで功を立てます。又一の名は、常に一番槍の功を立てたので家康からもらいました。

●21日付の「江湖新聞」には、匿名の人物からの投稿という形で、「その凶報（小栗の死）は、皇国に取りて一個の人物を失えりというべし、かつその罪を論ぜず、その過《あやまち》を譲《せ》めず直ちにこれを殺戮せるは、いかなる事実か知らざれども、人才を惜み忠臣を憐れむの意にあらず」と小栗の理由なき処刑を断罪する記事が見えます。

「どうかなろう」は国を亡ぼす

「日本にも製鉄所を造らねばならない」

幕府の中で明確に言い切った小栗は、あるいは勝以上に、欧米列強を理解していたのかもしれません。

紡績機械の改良に端を発したといわれるイギリスの1770年代の「産業革命」が、重化学工業の分野に及び、本格化するのは19世紀後半に入ってからでした。「本格産業革命」の前提条件は、機械製造の資材となる鉄を安価で大量に供給できるシステムの確立にありました。

そのことを、小栗は日本人で誰よりも早く理解していた形跡があります。西洋文明を形あるものから理解し、具体的な事物を一つ一つ積み上げていく――これが小栗のやり方でした。

幕末の動乱期、綺羅星《きらぼし》のごとく英雄・豪傑が登場しましたが、その多くは身分制度を超えての「下剋上」で、維新時に活躍した幕臣の多くも、外部からの流入組でした。

小栗はこうした「成り上がり」ではありません。「三河武士」の直系で、

●「産業革命」が始まったのは1770年代との認識が一般的ですが、この時は、産業全体からみれば、繊維工業という一部門にすぎませんでした。動力機関といっても、わずかに蒸気機関が現われていたにすぎませんでした。

禄高は代々の2500石を継承する名門の旗本でした。

慶応2年（1866）8月には勘定奉行兼海軍奉行という、幕閣の中でも高位の実力者となっています（ほどなく、陸軍もその支配下に）。彼は、こう述べています。

「一言を以《もっ》て国を亡ぼすべきものありや。どうかなろうと云《い》ふ一言、これなり」

事なかれ主義、彌縫策《びほうさく》に終始する幕閣の大勢を向こうにまわして、小栗は幕府権力の回復に躍起となっていました。「海防」のための軍事力と経済力の構築。フランスにならった郡県制度。「大君のモナルキ(monarchy=君主制度)」を目指していたのです。

日曜は休日、原価計算も

当時、長崎に製鉄・造船所（製鉄所を備えた造船所）はあったものの、修理はできても大型船の建造は不可能でした。フランスのトゥーロンのような製鉄・造船所を造るには、膨大な費用が必要だったのです。しかし、幕府にその金はありません。

新任フランス公使レオン・ロッシュは、幕府に食い込み、イギリス中心の列強中の主導権を奪うべく、小栗忠順の構想した壮大な製鉄・造船所建設に協力することを申し出ました。

幕府を取り巻く情勢は、刻一刻と悪化していました。莫大《ばくだい》な費用を投じても、完成したとき果たして幕府は残っているかどうか。小栗は協力者の栗本鋤雲《じょううん》に、こう述べています。

「たとえ幕府が滅び、そっくり熨斗《のし》をつけて、新しい持主に渡すことになったとしても、なお、『土蔵つき売家』という栄誉は残せるでしょう」

栗本は小栗の言葉に、なんともいえない感動を覚えたと回想しています。

小栗は、幕府がもう長くはないということを、実は理解していたのです。それでも存在しているかぎりは、幕臣としての使命を果たすべきだと彼は考えていたのでした。

小栗が心血を注いだ「横須賀製鉄所」の就業規則は、日本の近代カンパニーの基本となりました。部門を編成区分し、職務分営についても明確化し、休日＝日曜日も規定されていました。「頭目」（監督者、職長）も選ば

●慶応2年（1866）8月に小栗忠順は、フランスの経済使節クーレの来日に合わせて、600万ドルの借款契約を結んでいます。借款契約には「抵当」についての条項がなかったにもかかわらず、「蝦夷地（北海道）の開発による収入を抵当に入れた」との憶測が流れ、著しく小栗を貶《おとし》めました。

れています。「頭目」は工事課長とも呼ばれました。

また、船廠《せんしょう》（造船所）設立の際は、主任となるべき日本人の幹部職員を「総監」「会計部長」「倉庫部長」「工夫部長」「通訳部長」と呼びました。彼らはおのおの「書記」と「属僚」を従えており、部門の長といってよいでしょう。これが「部長」という言葉の、初出ではないでしょうか。

作業は夏期と冬期に分かれ、午前6時半（冬期は7時半）スタート。午前11時より午後1時まで昼食のため休業し、終業は午後5時と定められていました。清潔整頓、火気注意など、それまでの日本人の職人の世界にはなかったことが実践・導入されています。

洋式簿記も導入されていました。しかも一部とはいえ、原価計算を行っています。

当時の欧米先進国でも、商法の原則は旧態依然——原価を秘密にして、できるかぎり製品を高値で売るというものでしかありませんでした。

原価に合理的利潤を加算する「コスト・プラス・コントラクト」（原価加算契約）は極めて新しい考え方であり、こうした近代カンパニーの諸制度・発想は、日本人に能力主義、実力主義を教え、広めることになってい

●日曜日を休日と規定したものの、休日の習慣を持たない日本人は日曜日も働き、フランス人職工（当時は「属工」）たちもそれに押され、3分の1は日曜出勤をしたようです。ちなみに、日本が日曜日を休日と正式に定めるのは、明治9年（1876）のことでした。

●横須賀製鉄所の制度は、フランス式でした。当時フランスは、近代的賃金制度の分野で最も進んだ国でした。昇給、解雇、作業服の支給、残業手当などのこまごまとした取り決めも採用されています。併せて、職業訓練学校、フランス語学校、日本で最初といわれる理工科系専門学校も設置されていました。

きます。

国亡び身たおるるまで

実は小栗は、アメリカから帰国した翌年、彼独自のカンパニーを早々と構想していました。

欧米列強が日本を植民地化するのを防ぐため、日仏合弁の会社「日仏組合商法」を目指します。しかし、フランス本国の政治情勢の変化により、借款が不可能となってしまいました。

それでも小栗はあきらめず、神戸に「官設民営」の商社＝「兵庫商社」を設立しようとしました。密貿易をやめさせるためにも、正規の日本の総合商社・海運会社を興すべきだ、と考えたのです。

慶応3年（1867）4月、彼は「兵庫商社」の創立を幕府へ建議します。大坂の豪商から20人の人物を選び、互いに出資してもらい100万両を作るという計画でした。

しかし、これも豪商を集めて頭取（3人）以下を定めたところで、頓挫

●イギリスの造船・製鉄の会社で、間接費の単純な把握から、個々の製品への配賦（割り振り）の計算＝原価計算に進むのは1870年代のことです。

●小栗には、国際社会に投げ出されて間もない日本には、貿易を統制する保護が必要不可欠だ、との思いがありました。外国人商館に踊らされ、日本商人が投げ売り競争をするのを抑制。外国人商館に握られている「前貸し」の支配構造を打ち砕いて、彼ら外国人商館が握っている、日本貿易の利益独占を取り戻すことが急務である、との認識がありました。

してしまいました。

すでに当時、幕府が力を失っていたこと、薩摩藩との密貿易を繰り広げていたイギリスが小栗の計画を潰しにかかったことが挫折の原因でした。

鳥羽・伏見の戦いで一敗地《いっぱいち》に塗《まみ》れ、江戸に逃げ帰った15代将軍慶喜を、小栗は懸命に説得。薩長両藩に勝るフランス式陸軍歩兵と近代海軍をもって反転攻勢を主張しましたが、慶喜はこれを遮り、お役御免にします。

どのような悲境にあっても屈せず、あくまでも目的に向かって歩む意志の強さを小栗は持っていましたが、慶喜にはそれがなかったようです。

彼の部下でもあった福地源一郎（桜痴《おうち》）は、後年、次のように述べています。

「小栗が財政外交の要地に立ちし頃は、幕府すでに衰亡に瀕《ひん》し、大勢がまさに傾ける際なれば、十百の小栗ありといえども、また如何《いかん》ともなすべからざる時勢なり。

しかれども、小栗は敢えて不可能《インポシブル》の言葉を吐きたることなく、病いの癒《い》

●イギリスは、一時、代理公使を務めたウィンチェスターが、オランダのフォン・ポルスブルック総領事を誘って、小栗の計画を潰しにかかりました。イギリスは薩摩藩との間で、しきりに密貿易を繰り広げていました。もし「日仏組合」ができれば、自国の利益が損なわれることになります。小栗のあることないことを、幕閣に吹き込んだのです。

ゆるべからざるを知りて薬せざるは孝子《こうし》の所為にあらず、国亡び身たおるるまでは公事に鞅掌《おしょう》する（になう）こそ、真の武士なりといいて、屈せず撓《たわ》まず、身を艱難《かんなん》（苦しみ悩むこと）のあいだにおき、幕府の維持をもって進み、それを己《おのれ》の負担とせり。すくなくも幕末数年間の命脈を繋《つな》ぎ得たるは、小栗があずかって力あるところなり」（福地桜痴著『幕末政治家』）

焼き芋とぼた餅

小栗の弁明者・福地桜痴は、同じ幕府に奉職した人間でも、小栗とはまったく別の道を歩みました。福地は**3日**に、「江湖《こうこ》新聞」を創刊します。福地は紙上において東北への攻撃中止を訴え、東西の諸藩が力を合わせて諸外国からの圧迫に対応せよ、と主張しました。しかし、武力によって反政府勢力を制圧しなければ、新国家建設はあり得ない、と考えていた新政府はこれを危険視し、福地を逮捕して「江湖新聞」を発行禁止にしてしまいます。この事件はわが国初の大規模な言論弾圧に発展し、政府は6月に官許のない新聞の発行を禁止しました。

福地桜痴（1841－1906）長崎の医師・福地苟庵《こうあん》の子として生まれ、若くして蘭学・英学に優れて頭角を現し、安政6年（1859）に幕府外国奉行支配通弁御用御雇（通訳）として幕府に出仕します。文久元年（1861）と慶応元年（1865）の2度にわたり幕府の遣欧使節に同行。このときヨーロッパの新聞事情に興味を持ったことから、自らも新聞経営に乗り出します。

「幕末から明治初期にかけて、西洋のsocietyという概念に対応する訳語としては『交際』『仲間』『組』『連中』『社中』などが当てられていた。その中で、福地桜痴が明治8年（1875）1月14日の『東京日日新聞』に初めて『ソサイチー』のルビ付きで『社会』という語を使用した」（日本国語大辞典）。

福地は木戸孝允《たかよし》の計らいによって、短期間で無罪放免となり、その後は一転して大蔵省に入省（明治3年〈1870〉）し、岩倉視察団の一員として欧米諸国を歴訪。伊藤博文や木戸孝允に強い影響を受け、帰国後は政府系の「東京日日新聞」に入社します。のちに福地は社長となり、自由民権論に対抗する論陣を張ったため、東京日日は世間からは政府におもねる「御用新聞」という烙印《らくいん》を押されてしまいました。

福地が東京日日新聞の社長を務めていた時期のこと、あるとき会社に紙包みが届きます。包みを開いてみると、笹の折の上に「金10万円」と大書してあり、折の中に焼き芋とぼた餅が入っていました。焼き芋はサツマイモ＝薩摩、ぼた餅はお萩《はぎ》＝長州を意味する謎かけです。

この当時、東京日日では組織変更のため7万円の出資金を募っていましたが、これを伝え聞いた何者かが「政府から10万円をもらった」と誤解し、皮肉を込めて焼き芋とぼた餅を届けたというわけです。世間の人々から見れば、福地は政府に媚《こび》を売り不正に金銭を得ている「御用記者」と見えたのでしょう。

明治10年（1877）に起こった西南戦争では、従軍記者として活躍。

福地源一郎（桜痴）（近代日本人の肖像／国立国会図書館）

各新聞社が現地報道に力を入れる中、福地の臨場感あふれる記事は、新聞の売り上げに大きく貢献しました。

ジャーナリストとして一時代を築き、後年作家・演劇人としても成功を収め、晩年は衆議院議員をも務めた福地桜痴。明治の世を存分に生き抜いた彼の人生を、小栗忠順のそれと比較するとき、運命の皮肉、いたずらを覚えずにはいられません。

記者から目薬ビジネス

この時期、江戸や横浜、大坂など都市部では数多くの新聞が続々と創刊されましたが、内容面で一歩抜きん出ていたのが「江湖新聞」と、横浜で発行された「横浜新報・もしほ草」でした。6月に行われた政府の弾圧によって、江戸では全ての新聞が姿を消しますが、「もしほ草」はアメリカ人のヴァン・リードが主宰していたため、辛うじて存続することができたのです。このヴァン・リードがハワイへ日本人移民を送り出したことは、前章で述べています。

西南戦争
明治10年(1877)、西郷隆盛らが起こした反乱。排日・鎖国下の朝鮮へ交渉に臨もうとした西郷が、征韓論のレッテルを貼られ、下野した彼と政府との対立が次第に深まり、挙兵。政府軍に鎮圧され、西郷は郷里の城山で自刃しました。「西南の役」とも呼ばれます。

●「横浜新報・もしほ草」は横浜で発行され、新聞といっても小冊子の体裁。外国人居留地で発行されていたため、新政府軍が江戸占領後、新聞発行を中止した間も発行を続けました。「もしほ草」は「藻塩草《もしおぐさ》」のこと。「塩を採取するために用いる海藻。掻き集めて潮水を注ぐところから、和歌では多く『書く』『書き集める』に掛けて用い、また、歌などの詠草をもさす」「(『書き集める』に掛けて)随筆・手紙・筆記などをいう」(日本国語大辞典)

この「もしほ草」を、リードと共に発行していたのが岸田吟香《ぎんこう》です。
吟香は文久3年（1863）、眼病治療のため横浜の外国人医師ヘボンを訪ねたことが縁となり、彼の助手として日本最初の和英辞典『和英語林集成』の編纂《へんさん》を手伝うことになります。

慶応3年（1867）に『和英語林集成』が完成すると、ヘボンの元を離れました。江戸―横浜の定期航路を開く海運の仕事に進出。翌年「もしほ草」を創刊するのですが、リードに不信感を覚えて程なくたもとを分かちました。明治6年（1873）に請われて「東京日日新聞」の編集主任となり、同7年（1874）の台湾出兵では日本初の従軍記者として、現地から臨場感にあふれた記事を送り好評を博します。

しかし、福地桜痴が入社して新聞の論調が政府寄りに変化した、と感じた吟香は、次第に記者生活から実業家へと軸足を移して行きました。

明治8年（1875）には銀座2丁目に社屋を構えて精錡水《せいきすい》調合所（のちの楽善堂《がくぜんどう》薬舗）を設立し、ヘボンから処方を伝授された目薬「精錡水」を本格的に商品化。「東京日日新聞」も吟香の事業を全面的にバックアップし、紙面に大々的な広告を掲載したり、社員が販売に協力することもあ

ヘボン（1815－1911）
アメリカの宣教師で医師。「平文」という日本名を名乗りました。ヘプバーンが通常の英語読み。安政6年（1859）に来日、横浜に施療所を開きます。慶応3年（1867）に初の本格的和英辞書『和英語林集成』を出版しました。第3版に使用したローマ字の方式が、ヘボン式ローマ字として広まります。夫人と始めたヘボン塾は明治学院、フェリス女学院の前身となりました。

ヘボン（明治学院歴史資料館所蔵）

ったといいます。

吟香は明治10年（1877）に新聞社を退社して目薬事業に専念し、日本初の水性目薬である精錡水は大ヒットを記録しました。

「とにかく精錡水の透明な、少し刺激的な香りがして、これを点眼すると痛いように沁みるのが特効があるらしいのでよく売れた。かくて彼は精錡水によって産をなした」（『続明治商売往来』）

現在では点眼目薬など珍しくもありませんが、眼病に苦しむ人の多かった当時においては、目薬の革命とまで言われました。

薬効もさることながら、成功の要因は他にもありました。篠《しの》田《だ》鑛《こう》造《ぞう》の『銀座百話』に、

「その宣伝にも、随分早くから新聞広告を用い、また火事があると、早速店員に精錡水を持って往《い》かせて、火事場の灰ほこりに、眼を赤くしている人々へ施して、『ソレソノ通り、すぐ両眼がハッキリするでしょう。銀座第一のめぐすり、岸田の精錡水とは、これですよ』と、実物宣伝、即効宣伝に、巧く評判を博していました」

とあるように、巧みな宣伝も売り上げに大きく貢献していたようです。

岸田吟香（1833－1905）

美作国（岡山県北東部）に生まれ、江戸で儒学者・藤森弘庵に師事し、弘庵の塾では桂小五郎（木戸孝允）の知遇を得ています。「安政の大獄」の際に弘庵は、過激な攘夷論の建白書を幕府に提出したことが問題となり処分されますが、吟香は自身に累が及ぶことを恐れて逃亡生活に入りました。ヘボンと会ったのは、この後のことでした。

岸田吟香（近代日本人の肖像／国立国会図書館）

●「吟香は国内ばかりでなく、これ（精錡水）を清国にまで販路を拡大した。しかし彼は単に利益を追

吟香の4男が、大正時代の画壇に独自の位置を占めた洋画家・岸田劉《りゅう》生《せい》です。長女麗子をモデルに何年にもわたって描き続けた「麗子像」で知られる劉生は、明治24年（1891）に楽善堂薬舗で生まれており、幼い頃に見た銀座の思い出を書き残しています。

「私は明治二十四年に銀座の二丁目十一番地、丁度《ちょうど》今の服部時計店のところで生れて、鉄道馬車の鈴の音を聞きながら青年時代までそこで育って来た。（中略）御承知の方々も多いと思うが私の生家は目薬の精錡水《せいきすい》の本舗であって、岸田の楽善堂《がくぜんどう》というよりも精錡水といった方が通る位の店であった。父（吟香《ぎんこう》）の道楽から店を半分に切って一方を薬房、一方を書房とし、書房では支那の筆墨硯紙《けんし》その他文房具風のものや、書籍などを売っていた」（『新古細句銀座通《しんこざいくれんがのみちすじ》』・『岸田劉生随筆集』所収）

「新古細句銀座通」は、昭和2年（1927）に劉生が「東京日日新聞」に連載した文章で、記憶をたどって描いた生家のカットが掲載されています。「楽善堂」の大きな看板を掲げたハイカラな2階屋で、2階部分にはバルコニーが設置されていました。

劉生の長女・麗子の随筆『父　岸田劉生』には、

求する一介の商人ではなかった。彼は日支親善に心を傾けて、上海に東亜同文会、同仁会を設立したりもした。彼の伝記者は『かの土の君子みな彼をもって敬畏すべき豪傑の士となし、精錡水の名は山村僻陬《へきすう》にも遍《あまね》く、東瀛《とうえい》（日本のこと）の仙客岸田吟香の名は支那十八省に雷の如く響いた』と書いている」（『続明治商売往来』）

楽善堂では精錡水のほか、結核患者のための咳止め薬「ジュンバイロ（潤肺露）」や薬シャボン（せっけん）などが人気を博し、吟香の事業は一時、大成功を収めました。

岸田劉生（1891－1929）大正〜昭和前期に活動した洋画家。黒田清輝らに学び、雑誌「白樺」の同人柳宗悦、武者小路実篤、長与善郎との交流から後期印象派を知りました。代表作に「切通しの写生」「麗子微笑」。まな娘を成長とともに描き続けた「麗子像」で知られています。

「平日には、吟香はよくこのバルコニーに出て体操をしたらしい。白髪白髯、赭顔巨軀《しゃがんきょく》の吟香が、まだ明治の頃の、人通りも少ない時とはいえ、銀座通りに面した洋館のバルコニーで、西洋風の体操をしている図は、ずいぶん人目を引いたことであろう」

という祖父のエピソードが紹介されています。

しかし隆盛を極めた楽善堂も、吟香の死後は衰退します。希代の事業家・岸田吟香の才能は一代限りのものであったらしく、子供たちはそれぞれまったく別の分野でその才能を開花させました。

傍若無人と我慢の限界

11日、東北では仙台藩・米沢藩の呼びかけにより、仙台領の白石《しろいし》（宮城県白石市）に奥羽諸藩の重臣が集まり、「白石列藩会議」が開かれていました。

新政府軍のうち、東北地方の制圧を目的とする奥羽鎮撫総督一行は、すでに3月23日に仙台に入っており、仙台藩主・伊達慶邦《だてよしくに》に迎えられていま

●「ジュンバイロも、薬シャボンも精錡水も、祖父の歿後これらの遺産を受けついで、新しい時代にそくした製品に発展させるだけの商魂とか頭とか、あるいは事業家肌の者とかが、一人も息子のなかにいなかったので、精錡水は大学目薬に、ジュンバイロは固形浅田飴に、薬シャボンは新しい化粧品と薬品とを兼ね備えた石鹸類に負けて、いつとはなく消えてしまった」（岸田麗子『父 岸田劉生』）

●劉生の弟で吟香の5男・岸田辰彌《たつや》は、オペラ歌手や宝塚歌劇団の演出家として活躍したミュージカル界の先駆者として知られています。

す。

総督は九条道孝《くじょうみちたか》で、下参謀に大山綱良《つなよし》（薩摩藩）、世良修蔵《せらしゅうぞう》（長州藩）という顔ぶれです。総督から上参謀までは公家で占められており、実質的な決定権は大山と世良が握っていました。

彼らは仙台藩に対して会津征討の兵を挙げるように迫り、中でも世良は強硬に出兵を要求しました。あまりにしつこい要求に耐えきれず、仙台藩は3月27日に約１０００人の兵を会津との藩境に送りますが、水面下で米沢藩と語らい、密かに会津藩と接触して和平の可能性を探っていました。

新政府に不信感を持つ会津藩は、庄内藩と密かに連携するなど、抵抗姿勢を崩していません。４月に入ると奥羽鎮撫総督は案の定、出羽矢島藩や秋田藩、津軽藩に庄内藩の征討を命じ、大山綱良らも仙台から出陣。庄内藩も態勢を整えてこれを迎え撃ち、各地で戦闘が始まります。

白石での列藩会議は、そのような状況の中で開かれました。

翌**12日**、仙台藩主・伊達慶邦と米沢藩主・上杉斉憲《うえすぎなりのり》が鎮撫総督・九条道孝に面会し、会津藩への寛大な処置を求める嘆願書を提出します。

九条は東北諸藩に同情的でしたが、世良はあくまでも会津征討を主張。

●庄内藩は江戸版の新撰組である「新徴組」を使って、江戸市中警備に当たっていた経緯があり、特に薩摩藩とは前年末の薩摩藩邸焼き討ち事件で敵対関係にありました。

17日に嘆願書の却下が伝えられ、速やかな会津征討が通達されました。

この通達に、東北諸藩は強く反発します。仙台藩は**19日**、会津からの完全撤退を九条総督に宣言しました。この仙台藩の行動に、世良は激怒します。

世良は庄屋の三男坊に生まれ、長州藩家老の家来の養子になりました。上昇志向が人一倍強く、長州藩の高杉晋作が結成した奇兵隊に参加して頭角を現します。彼にとって奥羽鎮撫総督下参謀は大変な出世であり、ここで失策を演じるわけにはいきません。しかし、3月に仙台へ入ってから2カ月余り、東北諸藩は思ったように動かない。世良は各地を回って、会津攻撃を督促します。態度や言動は傍若無人そのもので、京都守護職を務め幕末の京都で長州藩士を苦しめた松平容保《かたもり》への私怨も隠そうとはしませんでした。

藩士のみならず、城下の人々も我慢の限界に来ていました。もちろん、世良はそれを知っており、たきつけたと取れる行動も少なくありませんでした。「要するに薩長の眼中に奥羽なし」（『仙台戊辰史』）の態度だったのです。

●言うことをきかない慇懃《いんぎん》無礼な仙台藩に対して、酔っぱらって城下を徘徊する薩長の兵たちは、声高に、

〽竹に雀《すずめ》を袋に入れて
　のちにおいらのものとする

などと、わめきながら横行しました。竹に雀は伊達家の家紋、袋は新政府軍のダンブクロのこと。戦火に訴えて屈服させてやるというのです。ひどい挑発です。

戦火の引き金

19日の午後、福島城下の旅館・金沢屋に入った世良は、会津藩をあくまでかばおうとする諸藩の態度に強い不信感を抱き、新庄にいた同僚の大山綱良に宛てて、状況を憂える手紙を書きます。その内容は、

「奥羽諸藩はすべて敵と見なして処断するべきである」

「ついては自分が江戸へ戻り、西郷隆盛はじめ政府中枢に直談判したい」

「会津を今許せば、1~2年のうちに奥羽は朝廷に敵対するようになる」

「仙台や米沢の朝廷を軽んじる態度は度しがたいものがある」

といった危機感の切迫したものでした。


世良はこの手紙を、あろうことか福島藩士に託します。自身が手紙の中で「奥羽諸藩はみな敵」と非難している相手に言付けるというのは、脇が甘すぎるとしか言いようがありません。これが彼の運命を決定しました。

手紙は仙台藩士の手に渡り、激高した彼らは世良の暗殺を決意します。

翌20日の午前2時頃、仙台・福島藩士が金沢屋を取り囲み、うち2人が部屋に突入。酒に酔い女と同衾《どうきん》していた世良は、とっさに拳銃で応戦しよ

うとしましたが、拳銃が不発だったため、あえなく捕縛されてしまい、午前6時頃に須川の河原で斬首に処されました。

世良の手紙には、総督府の命令に逆らって会津から兵を退いた仙台藩主・伊達慶邦を誹謗する言葉も記されており、新政府中枢にそのまま伝われば仙台藩も「朝敵」のレッテルを貼られかねませんでした。世良はすぐにも江戸へ立つそぶりを見せており、仙台藩士らは急ぎ世良を排除する必要を感じたようです。

突然、思いもしなかった大きな権力を与えられた田舎侍が有頂天となり、威張りちらしたのでしょうが、奥羽諸藩の恨みつらみを一身に背負わされた世良は34歳で落命し、宮城県白石市の陣場山に眠っています。

彼が引き起こした軋轢《あつれき》は、本人にとって悲劇を生んだ以上に、奥州に戦火をもたらす引き金となってしまいます。

武装中立の道

白河（福島県白河市）は古くから奥州への入り口であり、新政府軍が会津城下へと攻め込むにはどうしても落とさなければならない要衝でした。

仙台藩が引き揚げ、手薄になった白河城に対して**20日**、会津藩の軍勢が襲いかかります。城に残っていた奥羽諸藩の兵も心情的には新政府に反感を抱いていたため士気は低く、会津軍は白河城占拠に成功しました。

白河城には会津兵や旧幕府軍約3000が集結。この城をめぐる攻防は、約3カ月にわたり続けられることになります。

25日には宇都宮にいた東山道先鋒総督参謀の伊地知正治《いじちまさはる》（薩摩藩）が白河城に急行し、城の奪還を試みましたが準備不足から撃退されています。

21日、新政府の政治組織と綱領を記した「政体書」が公布されます。

これは副島種臣《そえじまたねおみ》らがアメリカ合衆国憲法などを参考に起草したもので、権力のすべてを太政官に集中し、三権分立を原則とすること、徴士を設けて人材を登用すること、官吏を公選とすることなどが定められました。また地方制度を「府」「藩」「県」の三制度とすることなども盛り込まれています。

●そもそも仙台藩は、白河城から兵を退くことを事前に会津側へ伝えており、城に残っていた二本松藩の兵も、敗走を装いながら退いたと伝えられています。すべては予定通りの行動だったのです。

副島種臣（1828－1905）肥前佐賀藩の出身。明治政府の参与として「政体書」の起草に当たりました。征韓論を唱えて下野し、民撰議院設立建白書に名を連ねました。のち、枢密顧問官、内務大臣を歴任しました。

副島種臣（近代日本人の肖像／国立国会図書館）

26日には、越後・長岡藩士の河井《かわい》継之助《つぎのすけ》が藩の上席家老に就任しています。河井は慶応2年（1866）、藩の御番頭格町奉行に抜擢されると、思い切った藩政改革を断行し、財政立て直しに成功した人物。

軍事改革にも着手し、洋式武器を大量に購入して、藩士にフランス式の軍事訓練を実施しました。慶応3年（1867）に徳川慶喜が大政を奉還した際、藩主と共に兵を率いて大坂へ向かい、慶応4年正月に鳥羽・伏見の戦いが起こると、7日に大坂を離脱して、のちに江戸へ入っています。

慶喜に戦意がないことを確認すると、同年3月には江戸の長岡藩邸を売却して資金を作り、外国の商人から武器を買いあさりました。さらに、この時期、大幅に価格が下洛していた米を大量に買い入れて外国船に積み込むと、江戸に残っていた藩士とともに箱館へ。ここで米を高値で売却して軍資金を確保し、3月23日に新潟港に到着しています。

新政府が派遣した北陸道鎮撫総督の一行は、すでに3月15日に高田に到着し、北越諸藩に恭順と兵の供出を命じていました。出兵を拒むならば軍資金を出すようにと鎮撫総督は迫り、この扱いをめぐって長岡藩内は恭順派と強硬派が議論を繰り返していました。

●新政府は25日、幕府の直轄領であった肥後国天草郡を接収しています。この地は島原の乱以来、200年以上にわたり、幕府が治めていましたが、八代郡と合わせて「富岡県」が設置されました。その後、富岡県は6月10日に「天草県」と改称され、続いて8月17日には廃県となって「長崎府」に編入されます。その後もさまざまな変遷をたどり、近隣が現在の「熊本県」として成立するのは、明治9年（1876）2月のことでした。混乱期にはありがちなことですが、猫の目のように変わる決定と改変に、庶民生活はさぞ翻弄《ほんろう》されたことでしょう。

長岡藩は譜代として幕府との関係も深く、幕末には藩主が老中を務めていたこともあり、反薩長の強硬派が優勢を占めていました。

そんな中に帰藩した河井は、恭順派に対して鎮撫総督の要求に明確に回答しないよう求めます。一方、強硬派は徳川家のために嘆願書を提出する案を準備していましたが、河井は「すでにその時期ではない」としてこちらも中止させました。

以後、河井は豊富な資金を使って藩の軍備増強に努めます。彼は必ずしも新政府との徹底抗戦を考えていたわけではなく、和戦いずれに転んでも対応できるように、と「武装中立」の準備を進めていたのでした。

「彰義隊だ」と強盗

29日、京都から関東監察使として江戸に入った三条実美《さねとみ》は、御三卿の一つである田安家の田安亀之助に対し、徳川家の家督相続の勅旨を伝達しました。一時は慶喜の死罪や徳川家廃絶までささやかれたものの、当時6歳の亀之助が家督を相続することによって、徳川家はその存続を許されるこ

河井継之助（写真提供／長岡市立図書館）

とになります。

この時期に徳川家の処分が決まったのは、北関東や東北において旧幕府軍や奥羽諸藩が抵抗を続けていることと無関係ではありませんでした。これ以上、混乱が拡大した場合、奥羽諸藩と連携する勢力が現れかねず、新政府の存続にも関わります。

徳川家の相続問題に決着をつけることで、新政府に不満を持つ旧幕府勢力の懐柔を考えたのでしょう。

そのうえで、新政府の軍事を一手に取り仕切っていた長州藩の大村益次郎を江戸府判事として送り込みました。この人事の目的が上野の彰義隊排除にあることは明白です。新政府は彰義隊を壊滅させ、江戸の治安を回復したうえで、本格的な奥州進攻を計画していたのです。

23日付の「公私雑報」にはこんな記事が出ています。

「閏四月十日暁、小石川白山下伊勢又という質屋へ、彰義隊の者と唱え、武士三人押し入り、金借の儀強談におよび……」

彰義隊を名乗って、質屋に強盗に入った者がいたのです。

三条実美（1837－1891）若い頃から尊王攘夷派として活動。新政府の議定、副総裁などの要職に就き、太政官制の最高位・太政大臣になりました。明治18年（1885）、内閣制実施後は内大臣。明治22年（1889）、黒田清隆内閣崩壊の際に一時期内閣総理大臣を兼任しました。

三条実美（近代日本人の肖像／国立国会図書館）

強盗は3人組。質屋に侵入したまではよいものの、あれこれと手間取っているうちに夜が明けてしまいました。やがて町内から腕に覚えのある者が集まって来て、2人を取り押さえて彰義隊の屯所に突き出しました。

実はこの町内では以前から、

「もし乱妨《らんぼう》ものこれあり候節《そうろうせつ》、一番に打向《うちむか》い候者《もの》へは褒美として金十両、第二番目の者へは金五両、その次は――」（「公私雑報」）

という取り決めがありました。つまり、最初に賊に向かって行った者には10両、二番手には5両という具合に賞金を定めていたのです。

このときは塗師の某が一番手の栄誉に浴し、無事賞金を受け取ったようです。結局「彰義隊」と名乗ったのは騙《かた》りだったようですが、賊の捕縛に賞金を出さねばならないほど、当時の江戸は治安が悪化していたわけです。

田安亀之助（のちの徳川家達《いえさと》）（1863－1940）慶応4年（1868）、徳川慶喜の跡を継いで徳川宗家16代当主となり、駿河府中藩（駿府藩）の藩主になりました。版籍奉還で静岡藩知事。貴族院議長のほか、日本赤十字社社長、済生会会長などの名誉職を歴任しました。

徳川家達（15歳）（近代日本人の肖像／国立国会図書館）

コラム
1868
❸

150年前の「200年後」

慶応４年（１８６８）閏《うるう》４月17日発行の新聞「公私雑報」に、「全世界続未来記之弁」という記事が出ていました。「全世界続未来記は和蘭の『ヂオスユリデス』と云人の著述なり」「二百年の後には世の中のさた如何がなるべきかを記したる書なり」。本邦初のＳＦ未来小説の翻訳の出版予告記事です。

作者はオランダの科学者ピーター・ハーティング。ディオスコリデスの筆名で書いた『紀元２０６５年　及び未来の瞥見《べっけん》』（１８６５年）が原著。翻訳者は、江戸・東京の蘭学塾（のち攻玉社）を主宰する近藤真琴です。訳稿は慶応４年（１８６８）にできていたようですが、書籍としての刊行は遅れます。明治11年（１８７８）に、「十年前の訳」として『新未来記』のタイトルで出版されました。

小説は、主人公が「数百年前と今の世を比べれば、驚くべきことが多い。後の世はどうなるだろうか」と考えているところから始まります。ふと気づくと、見慣れない都市に立っています。高い塔には、「紀元２０６５年１月１日」と書いてあります。

実は、この街はロンドンが発展した未来都市「倫実尼《ろんじにあ》」で、「勒日巴哥《ろじえるばあこ》」（13世紀の英国の哲学者・科学者ロジャー・ベーコン）と「漢答斯《はんたしや》」（ファンタジア）という美人が出てきて案内します。

電気、電信が発達し、

「地球《ちきう》の上《うへ》はそこかしこ。十重《とへ》も廿重《はたへ》も其索《そのなは》を東《ひがし》に導《みちび》き西《にし》に引《ひ》き。古《ふる》き軒端《のきば》の蛛《くも》の巣《す》の。纏《まと》へる如《ごと》くなりしより。（中略）亜西亜《あじあ》。亜弗利加《あふりか》。欧羅巴《えうろつは》。両米利幹《りやうあめりか》に新和蘭《しんおらんだ》。何《いづ》れの所《ところ》の新聞《しんぶん》も。瞬間《またゝくひま》に知《し》れ侍《はべ》りぬ」

こんな、ネット社会を予見したような記述もあります。

都市はガラスのドームで覆われ、冷暖房が完備。複数の人工太陽で終日街は明るい。「明治百三四十年比《ころ》より」、ヨーロッパの石炭採掘量が減り価格が上がったので、この時代は「電気機《でんきき》を。誰《たれ》も皆用《みなもち》ひなし。蒸気機《じようきき》よりも利《り》は多《おほ》かり」といいます。

「旅の言葉」という万国共通語が使われています。「勒日巴哥《ろじえるばあこ》」によれば、過去にヨーロッパで大戦争が起こり、都市は兵火に焼かれます。人々は、戦争はたとえ

翻訳者の近藤真琴（攻玉社学園所蔵）

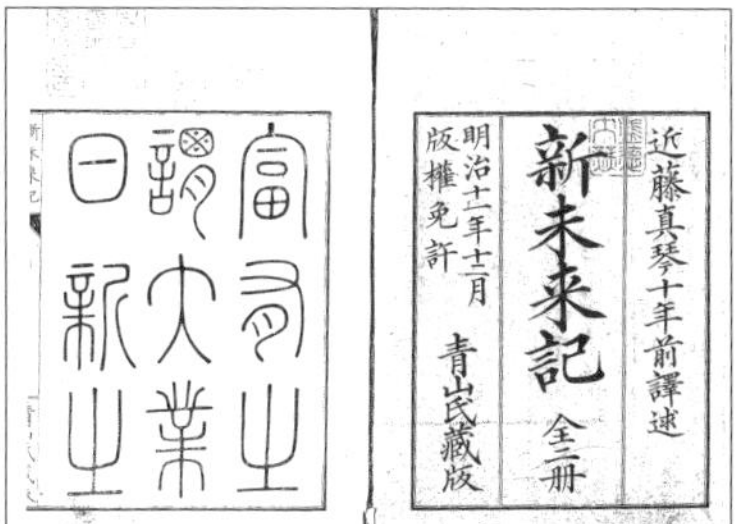

明治11年（1878）に刊行された『新未来記』（『新未来記』／国立国会図書館）

勝っても損失が大きい、と考えるようになり、戦争はなくなり、軍人は芝居でしか見られません。

翻訳者の近藤は、各章末に自分のコメントを書いていますが、軍備撤廃については「東方亜細亜ノ形勢ニ至リテハ。作者ノ未タ洞察スルコト能ハザル所ナリ」と現実に立ち戻っています。

主人公は2人の案内者と飛行船に乗り込みます。メルボルンに着陸する直前に衝突音がして、目が覚めたら元のわが家の椅子に座っています。すべては夢だった……。

この翻訳が刊行された明治11年（1878）には、フランスの小説家ジュール・ヴェルヌ原作の翻訳本『新説八十日間世界一周』が刊行されます。

5
May

第6章

慶応4年5月

						1
2	3	4	5	6	7	8
9	10	11	12	13	14	15
16	17	18	19	20	21	22
23/30	24	25	26	27	28	29

横浜に建造中のイギリス軍兵舎（イラストレイテッド・ロンドン・ニュース／横浜開港資料館所蔵

1日　**奥羽越側に属していた白河城が、新政府軍により落城。**
会津藩家老・西郷頼母、勢至堂峠まで兵を退く。
2日　河井継之助、新政府軍と交渉するが、決裂（小千谷会談）。
新政府、大坂裁判所を改めて、大坂府庁を設置する。
3日　奥羽25藩、仙台で同盟を結ぶ（奥羽列藩同盟の成立）。
6日　この日までに、**奥羽列藩同盟に会津・庄内・長岡など8藩も加盟（奥羽越列藩同盟の成立）。**
8日　江戸で暴風雨、隅田川で洪水。
9日　新政府、新貨を鋳造し、旧来の銀貨と交換することを布告する。
10日　会津軍の一部と桑名軍、長岡藩の河井継之助を助け、朝日山を占拠する（榎峠の戦い）。
新政府、伏見戦争の後、国事に倒れた志士の霊を祭る招魂社を京都・東山につくる（明治2年〈1869〉、東京九段坂上に東京招魂社をつくり、のちに靖国神社と改称）。
京都・建仁寺町に豊臣秀吉を祭る豊国神社を創建。
12日　新政府、江戸府判事を設置し、久留米藩士・木村重任らを任命する。
近畿地方連日豪雨、淀川で洪水。
15日　**新政府軍、上野を占拠している彰義隊を攻撃し、壊滅させる（上野戦争）。**
新政府、「太政官札」5種を京都で発行する。
16日　西郷隆盛、三条実美より上野賊従追討の功で感状を受ける。
「中外新聞」上野の戦況顚末を「別段中外新聞」で報道（号外の初め）。
18日　福地源一郎（桜痴）、「江湖新聞」の「強弱論」で新政府に捕らえられる。
19日　長岡城が、新政府の攻撃で落城。
長岡藩、戦火により城下町の大半を焼失。
新政府、江戸に仮鎮台を置く（町、寺社、勘定の三奉行を廃止し、南北市政、社寺、民政の三裁判所を設置）。
22日　西郷、大総督・有栖川宮より、軍労により短刀（兼房）を拝領する。
薩摩藩の益満休之助、戦死。享年、28。
23日　西郷、江戸帰還の伊地知正治から白河戦の話を聞き、伊地知の負傷全快を喜ぶ。
24日　**新政府、徳川宗家を相続した徳川家達に、70万石で駿河移封を伝える。**
新政府の三等陸軍将・烏丸光徳、江戸府知事となる。
25日　山内容堂、議定職を免職となる。
26日　会津藩兵をはじめとする奥羽越列藩同盟軍、新政府に奪われた白河城を攻撃。
27日　会津藩主・松平喜徳の白河口出陣にあたり、白虎隊が同行する。
太政官布達、醸酒鑑札を改正し、酒税を規定。
新政府、諸藩の留守居役を廃止。公務人（のち公議人）の新職を設置させる。
28日　会津藩主・松平喜徳、原宿で砲兵隊の演習を謁見する。
新政府、貨幣司出張所を大坂府下長堀に設置し、旧制の通貨2種（二分金、一分銀）を増鋳。
29日　新撰組、会津藩主・松平喜徳に謁見。
30日　**沖田総司、江戸で病死。**享年には諸説あり。
新政府の商法司、商法会所を設置して経済の安定化を図ることを布達（商法大意）。

雨続き、血なまぐさい街

15日の上野（彰義隊）戦争は、雨と暑さのさ中で戦われました。本章扉の天気表でも分かるように、5月はからりと晴れた日が数えるほどで、連日、梅雨空が続いています。

「江戸の市中は至る処、溝渠《どぶ》が開き、特に、下谷《したや》からかけ、根岸、上野界隈の低地は水が附いて脛《すね》を没し、往来も容易でないという有様であったが、その五月十五日もやっぱりびしょびしょやっている。たまに霽《は》れたかと思えば曇り、むらにぱらぱらと降って来ては暗くなり、陰鬱《いんうつ》なことであった」（高村光雲『幕末維新懐古談』）

先月は閏月《うるうづき》であり、4月が二つ重なったため、上野戦争の15日は今の気候にすると7月の上旬に当たりました。将兵はシャツ一枚というありさまで、武装らしい武装もしていなかったといいます。

開戦を前に、天気以上に江戸の街は暗く、殺気立っていました。丸の中で「彰」「義」と書かれた提灯、抜き身の槍を持って彰義隊士が市中を巡

●「戦争が間近いという時になって、彰義隊が、山の周囲へぐるりと、タルキとヌキで垣根を結った。もちろん防備の役に立つようなものではなく、子供だましに過ぎない。にわか兵隊を募集して来る。金をやるといって人夫を集める。しかし人夫などには金は一文もくれなかった」（『戊辰物語』）

回しています。

「門前へ三人の武士がどこからか手負の武士を一人戸板へのせてつれて来た事がある。これを突然この門前へおろして、そこで首を切って、首はそのまま門前の濠《ほり》の土手へ置き、胴は濠の中へ投げ込んで知らん顔で行ってしまった」（『戊辰物語』）

もはや、誰が誰を襲っているのか分からない混迷と殺伐。庶民は震えあがります。

しかし色町では、また違った評価もあったようで、

「（彰義隊士は）どうせ戦いになれば命はないものと思っているから、毎夜のように吉原へ通う、金の使いッぷりの綺麗《きれい》なのと、江戸っ児が多いのでひどくもてた。『情夫《いろ》に持つなら彰義隊』という言葉が廓内《くるわない》にあった。その反対に官軍の兵隊はこの方面ではひどく嫌われた」（『戊辰物語』）

この道に関しては、彰義隊の圧勝だったようです。

結成当初の彰義隊は、浅草・本願寺において頭取・渋沢成一郎、副頭取・天野八郎という体制でスタートし、上野・寛永寺大慈院で謹慎する徳

渋沢成一郎（1838－1912）
武蔵国血洗島《ちあらいじま》村（埼玉県深谷市）生まれ。従弟の渋沢栄一とともに一橋家に仕えました。鳥羽・伏見の戦い後、彰義隊を結成し頭取となりましたが、天野八郎と対立して脱隊。後に、栄一の推挙で大蔵省に勤務。明治7年（1874）に渋沢商店を創立。東京商品取引所理事長も務めました。

渋沢成一郎（渋沢栄一記念財団渋沢史料館所蔵）

川慶喜の警護を理由に、上野に屯集。途中、意見の対立から渋沢が脱退すると天野が実権を握り、人員も最大３０００人に膨れ上がりました。

鳥羽・伏見の戦いを境に、徳川家に対する「官位褫奪《ちだつ》（官位を奪うこと）」と「領地没収」が決定されると、これを不服とする不穏分子（中心は幕臣）が、彰義隊などの旧幕府派集団に集まったのです。

人口１００万を超える大都市だった江戸を統治するには、新政府軍では人員が足りず、また新政府に反感をもつ旧幕臣も多数おりました。それを鎮《しず》める役目もあり、当初、彰義隊は江戸市中の治安維持を任されていましたが、次第に先鋭化し、果ては新政府軍を打ち負かして徳川幕府を再興しようと考えるまでに増長したのです。

彰義隊は戦争準備で兵士をリクルートします。町内の世話役を呼び出して言いつけるのですが、

「断ったら大変な事になるから皆んな引き受けて戻る。下谷《したや》黒門町《くろもんちょう》附近では一日五両ずつ支払うなどといったが、みんな嘘である」（『戊辰物語』）

という強引な勧誘が横行していました。

天野八郎（１８３１－１８６８）
上野国《こうずけ》（群馬県）の名主の次男に生まれました。新政府軍による東征が始まると、彰義隊をつくり副頭取に。上野の戦争で新政府軍に敗れ、逃走後、潜伏先で捕らえられ、獄中で病死しました。

天野八郎（『〈実録〉幕末・明治・大正の八十年』東洋文化協会原著、大空社より転載）

タフネゴシエーターの挫折

上野戦争の主人公は、旧幕府方では間違いなく、副頭取（副長）の天野八郎でした。彼は上野国甘楽《かんら》郡磐戸《いわと》村（群馬県富岡市）の豪農出身でしたが、幕府の与力へ養子に入っていました。身分は高くありませんが、幕府が消滅したからといって、薩長の風下には立ちたくないという、はねっかえりの男でした。

「眼光射るがごとく、声は上州なまりで凛然《りんぜん》たる調子だった」
「歯が悪くて象牙の入歯をし、笑うと大きな笑窪の空く人だったが、髭が濃いので三日もそらぬと大変な顔になった」（『戊辰物語』）

――強面《こわもて》ですね。

長州藩の大村益次郎が軍務官判事として大総督府に迎えられると、彰義隊への対応は一変しました。**1日**、新政府は徳川家に委任していた江戸市中の治安維持任務を解き、総督府がその任に当たると定めました。上野の彰義隊は「市中警衛」という大義名分を剥奪され、完全に非合法の組織となったわけです。大村は火器を新たに発注して、戦争準備を進めました。

●NHKの大河ドラマにもなった『花神《かしん》』は、大村益次郎の生涯を描いた司馬遼太郎の長編小説が原作。日本人による洋靴の生産は、明治2年（1869）に、大村の勧めで、佐倉藩士の西村勝三が製造したことが始まりといわれています。

この動きに危機感を覚えたのが、幕府の終戦処理内閣を預かる勝海舟です。それまでは旧幕臣に同情的な西郷隆盛らとの交渉で時間を稼ぎつつ、彰義隊内の強硬派を懐柔するという軟着陸策を取って来ましたが、もはや時間的余裕はありません。

勝としては彰義隊を新政府への圧力として利用してきた面があり、ここでむざむざ全滅の憂き目に遭わせては、慶喜を江戸に還《かえ》し、徳川家に新政府から100万石ほども下賜させようとの策謀が水の泡となってしまいます。自らも上野に出向き、解散を求めました。東征軍との交渉で江戸無血開城を実現したタフネゴシエーター、山岡鉄舟も説得のため上野に赴きますが、うまくいきません。

6日、再び上野を訪れた鉄舟は、天下の大勢を説き、隊の解散を命じますが、彰義隊は逆に、「将軍家をしてかくまでに悲しみに落し参らせたは何者だ」と鉄舟をののしるありさまです。

「山岡を捕えて『獅子身中《しししんちゅう》の虫とは貴殿の事だ』と、わッわッといって隊士一同が罵《ののし》り立てた。山岡は余りの事に思わず刀の柄へ手をかけたが、涙を呑んで静《しずか》に山を下りて来る」（『戊辰物語』）

鉄舟はその足で西郷隆盛のもとへ向かい、
「彰義隊はやがて上野で斃《たお》れることになるだろうが、先祖代々徳川家との恩義の絆につながれてのことであり、かわいそうでもある。どうか今しばらくの猶予をいただき、それでも聞き入れぬときには自分が官軍の隊長として彼らを討ち果たします」と涙ながらに懇願したといいます。

14日、大総督府から徳川宗家相続人の田安亀之助（家達《いえさと》）に対し、翌15日をもって「上野山内に屯集する心得違いの者」を誅伐《ちゅうばつ》する旨が通達され、同様の太政官布告が制札場に掲げられました。つまり、宣戦布告です。

鉄舟は同日、西郷隆盛から上野総攻撃を知らされます。一度は自宅へ戻った鉄舟でしたが、床についても一向に眠ることができません。３０００人の幕臣が犬死にしなければならない——。

そのことが頭を去らず、到底、寝てなどいられなかったのです。

雨雲が低く垂れ込めた江戸の町々は灯もなく、五月闇《さつきやみ》。彼は馬を走らせて上野山内に再び向かい、必死に幹部隊士を探します。ようやく越後高田藩士の佐幕派からなる「神木隊《しんぼくたい》」隊長・酒井良祐《よしすけ》を見つけ、懇々と説得を続けると、酒井の心も動きました。

「ご意見は必ず隊士に伝え、解散するようにさせます」

ポツポツと雨が降り出しますが、鉄舟はかまわず濡れたまま山内を奔走しました。しかし先鋒は、すでに黒門前に畳盾（軍用の盾）を築いています。

もう、夜は明けていました。失意のうちに山を下りた山岡が、本郷の壱岐殿坂（文京区本郷1丁目）にさしかかったところで、上野の方角で激しい銃声が響きます。

戦争はついに、始まってしまいました。

インテリジェンスの勝利

薩長を中心とした、21藩計1万2000の多国籍軍ならぬ多藩籍軍＝東征軍＝新政府軍を相手に、開戦の火ぶたを切った彰義隊。その実質的な指導者であった天野八郎は、開戦直前まで勝利を信じ切っていました。

天野には、確たる勝算があったのです。

所詮《しょせん》、敵の新政府軍は各藩寄せ集めの軍勢である。15日開戦とはいえ、即日、総攻撃はできないだろう。おのおの部署を固め、一斉攻撃に移るには数日を要するはずだ。この間、上野の山を持ちこたえればよい……。闇に乗じて江戸市中に火を放ち、新政府軍に奇襲戦を挑めば、地理に明るい彰義隊は有利に戦いを進められる……。

今日残されている聞き書きなどには、天野の強気を伝えるものが少なくありません。

「旧幕府海軍の艦隊は品川沖にあり、江戸を脱走した旧幕府陸軍は北関東で交戦中――」

との報もあり、これらの勢力と連携し、たとえば品川沖から旧幕府海軍に砲撃してもらえば、海と陸からの挟み撃ちで新政府軍を撃破することも可能だ、と考えていたのです。陸戦隊の援軍も、来るに違いありません。北関東から上野を目指して……。

新政府軍の中には、旧幕府時代の親藩、譜代といった徳川贔屓《ひいき》・恩顧の大名も数多くいます。戦争が長期化して、旧幕府側が優勢になれば、新政府の中には、勝ち馬に乗るものが現れないとも限りませんでした。

上野での籠城が続けば、立場上、旧主の徳川家が仲介役となって朝廷（新政府）と交渉し、しかるべき名分のもとに停戦が実現する可能性も出てきます。万一、徳川家が乗り出すことがなくとも、東日本の佐幕派諸藩が手をこまぬいているはずがありません。

ところが、こうした天野の判断は、ことごとく裏切られてしまいます。彼の予想に反して、火器に勝る新政府軍は予定通りに総攻撃を開始。その日の夜を待たずして、彰義隊を壊滅したのです。

大村益次郎の戦術は、徹底していました。激戦が予想されるポイントには、新政府軍の主力・薩摩藩と長州藩を担当させ、各藩の分担もその能力・兵数などを冷静に読み、寝返る可能性のある藩には、極力無難な後方の橋の警備や、火災に備えての用水番などをあてがったのです。

しかも、あとで分かったことですが、大村は開戦前、比較的早い時期から間諜《スパイ》を上野山内に潜入させ、彰義隊の動きを探るとともに、内通者の発掘にも金品を惜しまず、周到な手を打っていたのでした。

●彰義隊のうちどの分隊の者かは不明ですが、夜ごと吉原に通い詰めていた隊長格の武士が、明日には戦端が開かれるという14日の夜、いつもと変わらず馴染みの遊女屋に登楼します。

「雨具をつけていたが、吉原で駕籠《かご》を出る時に見ると、いつもとは変って官軍の姿をしている。肩の錦《きん》布《ぎ》れは見えなかったが、服装の様子で、確かに官軍なので若い者が顔を見合わせて『隊長、何か思惑があるんだな、それにしても明日《あす》明日《あす》、戦争があるというのに今夜あたり吉原通いはおかしい』と話しながら戻った」（『戊辰物語』）。この男、開戦の時には上野の山に姿を見せず、実は新政府軍の回し者であったことが判明しました。隊長格の中にスパイがいたのですから、彰義隊の内情は新政府側に筒抜けだったと考えるべきでしょう。

彰義隊の九番隊隊長・大谷内龍五郎の配下に、植村徳太郎という平隊士がいました、実は新政府の探偵で、隙あらば、彰義隊に擁立された寛永寺の門跡・輪王寺宮が保持するとうわさされる錦旗を奪おうと、機会をうかがっていたといいます。

ところが、盗み出すことのできぬまま、上野戦争の当日を迎え、彼は山内に東征軍を手引きし、戦後その功績により政府の下級官僚となりました。「明治」となってまもなく、中山道深谷宿に投宿した植村は、そこでかつての彰義隊組頭・小笠原艦三郎を目撃。小笠原は旅館の賄いになりすまし、上野敗戦後の追及をかわしていたのですが、ここで植村はまたしても密告に走り、小笠原を捕縛、獄中の人としました。

しかし、因果は巡ります。植村はちょっとした使い込みがばれ、同僚に密告される立場に。捕縛され獄内で隣を見ると、なんと彰義隊天王寺詰組頭・小川椙太《すぎた》が、上野戦争後に捕らえられたままそこにいたのです。さしもの植村も、ざんげがしたくなったのでしょう。小川にこれまでのことを、すべて告白したそうです。

インテリジェンスを使った大村の作戦にかかっては、いかな強面《こわもて》の天野も、かなうわけがありません。長期戦を見越した上野の戦争は、たった10時間で新政府軍の勝利に終わってしまいました。

訓練なく「いきなり戦争」

正面の黒門口を攻める、薩摩藩兵の様子を『戊辰物語』で見てみますと、「五月十五日の明《あ》け六つ時（午前6時）から、いよいよ戦争がはじまった。相変わらず雨が降って少し風がある。山の死命を制する黒門口へは薩州がかかる。桐野利秋《きりのとしあき》、篠原国幹《しのはらくにもと》などが先鋒《せんぽう》で、西郷吉之助（隆盛）も出張っている。薩州の主立った人は筒袖《つつそで》へ天鵞絨《ビロード》をつけたのを着て、黒い毛のかぶり物、根津の方から進んだ長州は白い毛、土州は赤い毛をしている」

きちんとそろいの軍服を着け、帽子の毛が部隊を示す認識票の役目を果たしていることが分かります。

彰義隊奮戦之図（円通寺所蔵）

彰義隊は水色の麻の羽織が制服でしたが、決戦直前に慌ただしく入山した者には武具も行き渡らず、服装もシャツ一枚のような格好の者が多かったと伝えられています。これだけを見ても、新政府軍との差は歴然としていました。

黒門口は大激戦となり、彰義隊も少ない人員と火力を補いながら、懸命に守りましたが、正午を迎える頃には勢いも衰え始めます。黒門口が突破されると彰義隊は総崩れとなり、夕刻までには新政府軍の勝利が決定的となりました。

「肥前の大砲隊が本郷の加州屋敷からアームストロング砲をぶち放す。何しろ二十一藩一万二千の官軍が充分に飛び道具をもって、鉄砲の余りない彰義隊をやるのだから訳はない。戦前、山には確かに三千以上はいたのだが、第一隊の頭《かしら》の一人小田井蔵太《くらた》（旧幕御使番格）は会津へ出張中で不在。大砲をきいて脱走したもの、あるいは帰山不能になったものなどで、先ず戦いの参加者は千足《た》らず」（『戊辰物語』）

満足な武器もなく、訓練もしておらず、隊士の士気も必ずしも高かっ

●『武江年表』5月19日には「三奉行(町方・寺社・御勘定)を改め、布政・民政・社寺・裁判所と号せらる」とされています。
5月22日、江戸の南北の奉行所を幕府が官軍に引き渡し、市政裁判所と名前が変わりました。奉行は職を解かれましたが、与力、同心は引き続き勤役となりました。『戊辰物語』によると、その頃、奉行所には「塵金《ちりがね》」というのが1万両以上ありました。反故《ほご》紙や不用品を売った際の金で、与力や同心が予期できない災いに遭った時に与えることになっていました。いかがわしい使い方も、されたそうです。移管に当たって、この金をどうするか、議論がありましたが、「すでに使ってしまったことにしよう」と与力・同心が懐に入れました。また「各街々の会所に非常金の積み立てがあり、籾《もみ》もたくさん囲ってあった」。こちらは「町人から御用金として借り上げた金も少なくないので」という理

た、とは言えませんでした。彰義隊に参加した理由も、人それぞれでした。
「長男は官軍へつき、二男などが彰義隊に入る。いわばどっちへ転んでも、何とか家だけは残っていくという両天秤《てんびん》で、彰義隊があんなにもろくやられるとも思わないし、必ず最後には官軍が、勝つ事も信じられないので、一門が馴れ合いで敵味方に分れるものが多かった。従って山を死守しようなどという気持ちの武士は極く僅少であった」（『戊辰物語』）
指揮官に対する人望も薄く、統率力を欠いていた部分もありました。
「（天野八郎が）清水堂脇で行き逢った新手《あらて》旗本小川斜三郎外四十余名をつれ『われに従え』といって一気に山王台へ駆け戻り『いざ一戦！』と後ろを見たら、ただの一人もついて来なかった」（『戊辰物語』）
満足な訓練もなく駆り出された隊士にすれば、「いきなり戦争」は過酷でした。『幕末百話』では戦闘の中、同僚が味方に殺されたことを一隊士が証言しています。
「自分の組の者で、プツリ草鞋《わらじ》の紐《ひも》が引切《ひきき》れたので、後戻《あともどり》しながら、後《あと》を向いて紐を結ぶと、コロリと首を落《おと》されてしまった。これは敵に背中《うしろ》を見せたからとの事であった」

由で、官軍に引き継ぐことにしました。「これをふところに入れる入れないかについて、正義派と非正義派の議論二昼夜に及ぶという有様であった」といいます。

●天野八郎は上野戦争の時、自分に付いてくる者がいなかったふがいなさを憤慨し、のちに獄中でしたためた『斃休録《へいきゅうろく》』に、「この時我徳川氏の柔《やわ》極まるを知る」と書きました。

後ろを向いた程度のことで、大切な味方の兵を処刑するなど、常軌を逸していますが、何しろ彰義隊士の大半は戦争初体験者。恐怖と興奮で尋常ならざる精神状態に陥っていたことは想像に難くありません。

宮様と資金提供

彰義隊が名目上、擁立した輪王寺宮公現法親王《こうげんほっしんのう》（能久《よしひさ》親王）は、東の比叡山（東叡山）と位置づけられる上野寛永寺の座主、すなわち寺院を統括するトップです。しかし実際には、別当の覚王院義観《ぎかん》が寺務一切を取り仕切っていました。彰義隊は輪王寺宮という権威と連携するために義観に接近しますが、ある意味これが彰義隊の運命を決めたとも言えます。

まだ慶喜が寛永寺で謹慎していたとき、輪王寺宮と義観は駿府へ赴き、東征軍の大総督府に戦争の回避と慶喜の助命を訴えました。

ところがこのとき、有栖川宮は主従を冷たくあしらったようです。輪王寺宮と義観はこの扱いに激怒し、彰義隊への資金提供を含め、援助を決めたのでした。

●草鞋の紐を直しただけで、首を落とされた同僚についての証言をした彰義隊員の、その後の敗走記が『幕末百話』に出ています。花屋に逃げ込むが「出ていってくれ」と言われて、刀を抜いて花売りの道具を奪い、花売りに化けて逃走。途中、居酒屋に入ると、官軍が「2両にありついた」と話しています。1人脱走兵を捕らえると、1両貰えるようです。最後は品川で捕まり、「首桶《おけ》まで出来上がったのに」明治天皇の即位を受けた太政官の御沙汰（恩赦）で助命となりました。

覚王院義観（1823－1869）上野の天台宗東叡山真如院住職、輪王寺宮の執当（執事のこと）。上野戦争に敗れ、会津、仙台に逃れましたが捕らえられ、獄中で病死しました。

特に義観は、旧幕府関係者からの説得をことごとく拒否し、主戦論を展開して彰義隊を鼓舞するようになります。いわば、私怨から戦争をあおっていたとも言えます。

彰義隊発足以来の幹部である本多敏三郎や伴門五郎《ばんもんごろう》、海老原国太郎らは、機会あるごとに新政府軍への好戦的な態度を改めるよう申し入れましたが、義観は取り合わず「自分には幕府挽回の策がある」と豪語していました。しかしその策と称するものは、いざとなれば会津をはじめとする奥州の諸藩が救援に駆けつけるはず、といった希望的観測の類いばかりでした。彼は輪王寺宮がいる限り、「官軍」すなわち朝廷の軍隊を自称する東征軍は攻撃してこない、と思い込んでいたふしもあります。

義観の甘すぎる見通しに乗せられて、彰義隊は破滅への道を突き進んで行ったのです。

敗戦が決まると、輪王寺宮は北口から逃れました。

「宮様は御隠殿《ごいんでん》を下りて、根岸の方へお落ちになりましたが（中略）百姓たちが生命《いのち》懸けで御匿《かくま》ひしたので、たうとう敵には分かりませんでした。（中略）百姓たちは稲叢《いなむら》の中へ宮様をおかくまひして、肥料船《こひぶね》で千住

本能寺合戦之図（歌川芳盛／野田市立図書館所蔵）
新政府に配慮し、上野戦争を「本能寺の変」に仮託して描いています。

に出て、千住から更《さら》に品川へ逃げて行きました」（『漫談明治初年』）

この後、輪王寺宮は旧幕府海軍を指揮する榎本武揚《たけあき》らと合流し、海路奥州へと向かいました。

見物人、出店、泥棒

庶民も、江戸の真ん中で起きた戦争に巻き込まれます。

「上野の広つ場は見物人で一ぱいだつた。しかし人間は何時でも金儲けには抜け目はないと見えてそのとき握飯を拵《こ》さえて一つ一銭で売っていたが、見物に来た大勢の者が腹を空らして売れる売れる、非常に売れたものだ。尤《もつと》も米はポチポチ米（玄米）で、沢庵が二切ついて一銭だった」（『漫談明治初年』）

火事とけんかは江戸の花――。一面、市井の人は、この戦を一つのイベントとして捉えていたのかもしれません。諸藩の鉄砲指南役も、

「足駄がけに鉄砲かついで、ぞろぞろ戦争を見に出かけた」（『戊辰物語』）

●「旧幕の頃上野のお山というものは、治外法権とでも申したような風で、武士は勿論、大名でもアノ領へ入りますと、まことにハヤ一泡ふかされるようなことが多い」との証言が『幕末百話』に出ています。証言者は使者として上野に行くと、奥の方に低い御簾《みす》がかかっている。ちょんまげが御簾に触れてしまった。帰邸すると、役僧から、「御簾に障った罰金」の差紙が来ていた。「どこで役僧が見ていたか、実に恐入りました」

と、作業員として上野山内で働いていた人は証言しています。

「官軍は（中略）料理屋の松源の二階からすだれ越しにしきりに撃つ。（中略）三橋先や松坂屋の辺りからうつ大砲は不忍池などへドカンドカンと落ちる。山の上からは民家を焼くために頻りに『焼け玉』をうつが、春以来の雨で屋根がびっしょりしているから効をなさない」（『戊辰物語』）

野次馬はときに、火事場泥棒にもなります。

「お昼すぎになると、『上野に分捕物がある』といつて、大勢山に押し掛けた。何処に玄米の倉があつて何処に白米の倉があると云ふことまで、わたしはよく知つてゐたので、さてこそと、私も米を盗みに行つた。大勢の人が寄って簇《たか》つて米倉といふ米倉はみんな開けて、担ぎ出してしまつた。しまひには米ばかりでなく、宮様の道具まで出した」（『漫談明治初年』）

悪い事はできません。分捕り品を所持する者はお仕置きにするというお触れが出ました。みな夜中に頬被りをして、盗んだ品を仲御徒町の溝板《どぶいた》の上に置いて、そそくさと逃げ帰りました。

「翌朝になつてみると溝板の上は立派なもので一杯だつた」（同書）

●上野戦争前に江戸城西丸の歩兵が脱走し、両替屋や刀商を襲撃した市民の目撃証言が、『幕末百話』に出ています。『開けろ、開けろ』と家を叩く。スポン、スポンと空砲を撃つ。葵の紋の付いた手丸《てまる》の提灯が大道を星の数ほどズーッとつながっている。四十七士の夜討どころでない」「夜が明けてから（中略）『脱走隊は会津へ往付いた頃だろう』と悪口を申しましたが、何を申すにも恐ろしい壮観《みもの》でした」

●「若い者がうっかり、あの戦争を見物していて官軍につかまると、すぐ戦死者の死骸運びをやらされた。しかも逃げ出さないようにというので、二人ずつに組ませ、これを腰縄でくくりつけ、囚徒のようにして働かせた」（『戊辰物語』）

生首がズラリ

人々は悲惨な光景も目撃していました。

「斬合ひといふものは、チャン〱バラ〱でやるやうな派手なものではない。『ヤア〱』と云ふ位で、両方が接近《ちかづ》いたかと思ふとすぐ斬られてしまふ。一つやられたら直ぐまゐつてしまふ。（中略）恐くて逃げまはつたが、その逃げる先々で、至る処斬合ひが始まる」（『漫談明治初年』）

「浅草見附は、モー官軍が固めていて、青竹の交叉《さしまた》に、臓腑の百ひろを垂れた、今申す生首がズラリ、通ろうとすると、警護の官軍が、生首を持って『これだぞ〱』と、娘と見て、提灯扱いに示せるんですから、怖くってく、眼も向けられません」（『幕末明治　女百話』）

この証言者の女性は、街中で血だらけになって斬り合う横をすり抜け、やっと家に帰りますが、ふとひらめいて、お父っさんに言います。

「官軍だろうと、彰義隊だろうとお腹がすいているに違いない。炊き出しをしたら、むざむざ自分たちの命をとっていきもしなかろう」

「うまいところへ気がつきやがった。そいつは至極の考えだ」

●「戦争がすんでから、彰義隊の方の死人がお経を持つてゐたり、木に凭《も》たせかけたり、いろいろな悪戯をしてあつた」「それからひどい奴になると死人の懐中に手を突込んで持つてゐるものをとつて行くといふやうなのもあつた」（『漫談明治初年』）

とお父っさん。

一家でご飯を炊いて握り飯をつくり、表の戸板に山と並べる。「どなたでも食べてらっしゃい、御遠慮は無用」と書いて貼ると、官軍も、彰義隊士の逃走者も「これは助かる」「これはいい思いつきだ」とムシャムシャ食べる。中には「どうせ命が危ないんだ、金なんて要らない」とお金を置いていく人もあったようです。

古くからの花柳界・柳橋では、彰義隊の敗残兵を追い詰めるためか、新政府軍が大砲を持ち出して橋を落とそうとしていました。建物が密集する場所で、大砲など撃たれては町中が火の海になってしまいます。人々が慌てふためく中、突然、一人の男が現れました。

「その刹那《とき》、柳光亭の地尻（奥、裏）の榎本という、ろ組の火事師頭《かしら》で年の頃は三十五、六、任侠《いなせ》な仁《ひと》ですが、アワヤ大砲を引張り出して、柳橋へ火蓋を切ろうとするところへ、ズカズカと出ていって、大地へピタリ座ったものです。見物は固唾を呑みました。頭は隊長さんへ向かい、『旦那、すこしお待ちなすって下さい。大砲をお撃ちなさるもようげす。ようげすが、

●福沢諭吉はこの年、塾を芝の新銭座に移し、「慶応義塾」と名付けました。上野戦争の時も、福沢の塾は授業を続けます。「上野ではどん〳〵鉄砲を打っている、けれども上野と新銭座は2里も離れていて、鉄砲玉が飛んでくる気遣いはないというので、丁度あのとき私は英書で経済《エコノミー》の講釈をしていました。大分騒々しい様子だが煙でも見えるかというので、生徒らは面白がって梯子《はしご》に登って屋根の上から見物する。何でも昼から暮過ぎまでの戦争でしたが、此方《こちら》に関係がなければ怖いこともない」（福沢諭吉『福翁自伝』）

橋さえ墜《お》ちりゃア宜《い》いんでございましょうか、ソレともこの辺焼払うという思召《おぼしめ》しでございましょうか』と申しましたら、隊長は『イヤ橋が墜ちぬから、墜とすためじゃ』とおっしゃるので、『ソレなら、私たちで橋を墜して差上げますから、大砲はお止《や》めなすって下せい。サア野郎ども来い』と申しますと、かねてひかえていた二十人ばかりの鳶《とび》の者が、オイ来たてんで、たちまち手に手に、鳶道具を提《も》って来て、片ッ端から、橋桁を叩ッ壊し始めて、ソレコソ瞬《また》く間に、柳橋は墜ちてしまいました」（『女百話』）

後日、近隣の人々は金を出し合って鳶の頭の名を取った「榎本亭」という寄席を建て、戦火を免れた礼としたのだとか。

この話は、上野の梅川亭という料亭の女将の証言ですが、彼女は12歳の時に目撃したこの場面を、「子供心にも勇ましく、まるで芝居のようだった」と回想していました。

死んだら仏だ、敵も味方もねえ

このような緊迫した場面があったかと思うと、思いの外のんびりした

●『漫談明治初年』には、上野の戦争当時の寛永寺の寺侍の証言が出ています。寺侍は火の海となった中、本覚院の宝物をごみための下の方に埋め、下男の法被を着て逃げ出します。官軍に捕まり、「馬を分捕ってきたら助けてやる」と言われ、2度まで上野の山に引き返し、馬を調達しました。官軍に言われるままに働いているうちに、「だんだん官軍のやうな気になつてしまつて」一緒に飲んだり、弁当をもらったり。しかし、兄のもとに戻るとさんざん叱られ、再び上野の山へ。宝物を掘り出して本覚院の住職に渡しました。

人々もいたようで――。

　彫刻家、詩人として知られる高村光太郎《こうたろう》の父・高村光雲《こううん》は当時、木彫の師匠の家で修行生活を送っていましたが、上野に住んでいた師匠の兄弟弟子・杉山半次郎（半さん）の様子を見るため、戦火の中を使いに出されます。

　頭の上を飛び交う弾丸におびえ、途中何度も彰義隊に誰何《すいか》されながら、ようやく上野の裏長屋に到着してみると――、

「ところが、驚いたことには、この騒ぎを、半さん夫婦は全く知らずにこうして平気な顔で朝飯をやっているということが分った時には、さすがに私も開《あ》いた口が塞《ふさ》がりませんでした。半さんは、私から、師匠の報告これこれということを聞き、また途中の様子を聞き、『ハハア、そうかね。そいつは驚いた。ちっともそんなことは知らなかった。じゃあこうしちゃあいられないな』と、急に大騒ぎをやり出しました。後で聞くと、半さんの妻君が少しお転婆《てんば》で、長屋中の憎まれ者になっていたため、当日の騒ぎのあることを知らせずに、近所の人たちは各自に立ち退《の》いたのだそうですが、世にも暢気《のんき》な人があればあるものです」（高村光雲『幕末維新懐古

高村光太郎（1883-1956）
東京美術学校卒業後、ロダンの影響を受け欧米に留学。彫刻、絵画のほか詩を発表しました。作品に「手」「黒田清輝像」、詩集「道程」「智恵子抄」など。

高村光太郎（時事）

高村光雲（近代日本人の肖像／国立国会図書館）

談』）

いかに嫌われ者とはいえ、戦争の真っただ中に置き去りにしなくともよさそうなものですが——。

いつの時代も、ご近所付き合いは慎重にしておきたいものです。

さて、半さんの家の寝道具を背負い、師匠の家まで戻った光雲は、再び上野に行こうとしましたが、武士の数も増し、砲弾の音も激しくなって近寄れません。

「上野の山の中から真黒な焔《ほのお》が巻き上がって雨気を含んだ風と一緒に渦巻いている中、それが割れると火が見えてきました。後で知ったことですが、これは中堂へ火が掛かったのであって、ちょうどその時戦争の酣《たけなわ》の時であったのであります」（同書）

戦いが終り日を経ると、彰義隊の戦死者の遺体は上野の山に累々としたまま、暑さと雨で腐り始めます。見かねた神田旅籠街の人足宿「三幸」を営む三河屋幸三郎という、一面、侠客が、円通寺の住職と相談し、隊士たちを埋葬しました。三幸は「死んだら仏だ、敵も味方もねえ」とたんかを

●文久元年（1861）、英公使館付き医員として来日したウィリアム・ウィリスは、上野戦争負傷者の治療に当たりました。「これらの負傷者の状況は、まことに気の毒だった。当時の日本には経験に富んだ外科医がおらず、銃創の手当も極めて素人じみたものであったからだ。刀傷を受けた者は至って少なかった。そこで、比較的急を要する患者は、ウィリスの申し出により横浜へ送られた」（アーネスト・サトウ『一外交官の見た明治維新』）

●ウィリアム・ウィリスは報告しています。「現在横浜に来ている負傷兵のうちの何人かは、（中略）京都付近での戦闘で弾丸を受けて負傷し、わたしが治療にあたった者たちである。たとえば、そのうちのひとりは、京都付近の戦闘で胸部に受けた傷がまだ完全に治り切っていないのに、江戸での戦闘に参加し、ふたたび負傷して

切りつつ死体を片付けたといいます。

捨て身の武器ビジネス

幕末は、民間の武器商人がもっとも活躍した時代でした。上野戦争の前夜、必死の攻撃、捨て身の挑戦で、ピンチを切り抜けた商人がいました。のちに大倉財閥を一代で築く大倉喜八郎です。

喜八郎は天保8年（1837）生まれの、越後国北蒲原郡新発田《しばた》（新潟県新発田市）の城下町出身でしたが、商人を志して江戸へのぼり、職を転々として、ついには鉄砲商となっていました。

喜八郎は、ここ一番で肝の据わった男でした。当時、鉄砲商が儲かることは、目先の利く商人であれば誰でも理解できたことでした。けれども、そのぶん危険が伴います。

誰しも有利な商いとは知りながらも、それがもたらす数々のリスク、デメリット面の大きさに躊躇《ちゅうちょ》していたのです。ところが、喜八郎はこの商いに捨て身で挑みました。

いる。別の男は京都で片方の手の一部を切断されたのだが、今度は全身の数箇所に重傷を負っている」（萩原延壽『江戸開城　遠い崖7　アーネスト・サトウ日記抄』）

●同書のウィリスの報告によれば、日本の医師はこの時、治療に強い好奇心を示し、ヨーロッパ式の治療技術が日本全土に普及する希望を抱いたといいます。さらに「信頼できる筋から聞いた」話として、捕虜になった彰義隊はすべて首をはねられ、負傷した彰義隊員を治療した医師は、それをとがめられて処刑され、その首がさらしものにされた、とも書いていました。

資金に乏しい大倉屋は、鉄砲の注文があると急ぎ全財産をかき集め、あるいは前金に足して、横浜の外国商館へ自身が鉄砲を仕入れに走りました。夜を徹してでも仕入れを敢行し、横浜からの商いには白昼ですら強盗・追いはぎの出る鈴ヶ森の刑場を、行きは現金を駕籠《かご》の天井や座布団の下に隠し、帰路は鉄砲の引き金に指をかけながら、いつでも発砲可能の状態で駆け抜けました。

上野戦争開戦前夜の**14日**、喜八郎は彰義隊士に拉致され、上野の彰義隊陣営に連行されてしまいました。『戊辰物語』には次のように記されています。

「五月十四日の夜、彰義隊が二十人ばかり馬にのって大倉屋を連れにきた。その前の晩には芋坂で鉄砲屋が二人も殺されている。戦争が間近いというので山は何となく殺気がみなぎっている。すぐに寒松院《かんしょういん》に連込まれて『貴様は官軍へは鉄砲を売るが彰義隊へは無いといって売らない。不届千万な奴である。証拠があがっているぞ』と大将らしいのから怒鳴られた。一言まちがったら今にも斬りそうな勢いである。大倉屋は決死の覚悟で、『官軍は金をくれるが、あなた方は品物をとって金をくれないから断

上野戦争直後の光景（一般社団法人 霞会館所蔵）

大倉喜八郎（1837－1928）越後国新発田の名主の生まれ。江戸に出て、かつお節店の店員になりました。慶応元年（1865）、銃砲店を開業。戦乱の時代に事業を拡大しました。維新後は大倉組商会を設立。西南戦争、日清戦争、日露戦争の軍需物資調達で巨大な利益を得ました。渋沢栄一と東

った』と商売道一本槍で答えた。
相手は陣羽織のようなものを着て、金屏風を後ろにして床几《しょうぎ》に腰かけている。大倉屋の周囲には長刀を帯びた武士が柄へ手をかけている。今やられるか今やられるかと思っていたら、案外にも折れて出て、『金は引き換えに渡すからミンヘル銃（洋式新銃・ミニエー銃のこと）というのがあるだろう。あれを三百挺三日の間に是非とも納めてくれ』と注文した。それは引き受けて帰ったが、次の日が戦争、持って行く必要もなくなった」

喜八郎は彰義隊戦争の後、神田和泉橋通りの店を日本橋十軒店に移しました。前が借家であったのに、今度の店は自前となっていました。

上野戦争が終わり、江戸がようやく落ち着きを取り戻しつつあった**24日**、新政府は徳川宗家を駿河国府中70万石に移封することを発表します。400万石からの大幅な減封はいかにも厳しい処分でしたが、それでも慶喜の命は助かり、田安亀之助が徳川宗家を相続することで家名の存続も許されます。亀之助は名を「家達《いえさと》」と改め、駿河府中藩を預かる一大名として新たな時代を生きることになりました。

京商法会議所（東京商工会議所）の設立に尽力。東京電灯、帝国ホテル、大日本麦酒（サッポロビール、アサヒビールの前身）、日清製油など多数の会社の設立にかかわりました。大倉商業学校（東京経済大学）、大倉集古館も設立。札幌市の大倉山のジャンプ競技場（旧・大倉シャンツェ）は喜八郎が資金援助して建設されました。東急東横線大倉山駅近くの大倉山公園は、喜八郎の別荘跡。喜八郎のつくった大倉財閥は、昭和期に入ると三井、三菱などに差をつけられ、第二次世界大戦の敗戦で壊滅的打撃を受けてしまいます。

大倉喜八郎（近代日本人の肖像／国立国会図書館）

徳川宗家の処分が決定したことで、関東地方は落ち着きを取り戻し、戊辰戦争の主戦場は奥州へと移っていきます。

上野戦争の中心地に建っていた寛永寺の総門（黒門）。当時の弾痕が残っています。明治40年（1907）に円通寺に移築されました（円通寺ホームページより転載）

6
June

第7章

慶応4年6月

	1	2	3	4	5	6
7	8	9	10	11	12	13
14	15	16	17	18	19	20
21	22	23	24	25	26	27
28	29					

横浜運上所（イラストレイテッド・ロンドン・ニュース／横浜開港資料館所蔵

3日　前土佐藩主・山内容堂、議定職に再任される。
　「遠近新聞」で、パリで発行された日本語新聞「よのうはさ」が紹介される。
　新政府、各国領事に対し、新しい金札は金・銀と兌換しないこと（不換紙幣）を布告する。
5日　西郷隆盛、京都に到着し、藩主・島津忠義の東下を中止させる。
6日　神奈川裁判所総督、各国公使に対し、一分銀・洋銀交換比率（一分銀293枚対メキシコドル100枚）を規定し、改鋳交換に応ずることを通告する。
7日　西郷、岩倉具視に帰藩を認めさせる。
8日　両国で、川開きの花火が催行される。
　新政府の鎮台府、新聞の無許可発行を禁止する。
9日　西郷、藩主・島津忠義を伴い、京都を出発して国元へ向かう。
10日　木戸孝允、東北に大軍を派遣する必要性を説く。
　松平春嶽、威圧殺伐の風を改め、恩愛和順の民政を要望する。
12日　奥羽越列藩同盟軍、白河城を再び攻撃する。
14日　西郷、国元の鹿児島に到着。体調が思わしくないため、温泉治療を行う。
16日　新政府軍、水戸藩領の平潟に上陸開始。
　輪王寺宮、列藩同盟の盟主に祭り上げられる。
17日　横浜裁判所を神奈川府と改め、東久世通禧、初代知事に命ぜられる。
19日　新政府の中で、江戸の地名改称の議論が起る。
20日　木戸、江戸に向けて京都をたつ。
　新政府、出版書籍の原稿事前検閲制を定める。
　新政府、金札を正金に両替利得することを禁止する（紙幣時価通用の禁止）。
　新政府の箱館府知事・清水谷公考、箱館に着任する。
　横須賀造船所所有の「横須賀丸」、乗客を乗せ横浜との往復開始。
22日　新政府、花火を禁止する。「爆声が平和を乱すとの杞憂より」。
24日　新政府軍、棚倉城を攻略。ついで、泉（28日）・湯長谷（29日）の各藩も攻略される。
25日　木戸、江戸に到着する。
26日　木戸、大木喬任と共に三条実美に会し、天皇東幸ならびに諸要件を議決する。
　新政府、旧幕府の医学所を復興（9月12日に開成所を復興）。
27日　大久保利通、木戸孝允、大村益次郎、江藤新平宅に会し、近く京都より江戸城へ鳳輦を迎え奉ることを喜ぶ。
29日　新政府、昌平黌を復興し、昌平学校を設置。

この月　横浜で薬湯の男女混浴が禁止される。
この月　薩摩藩、江戸の「風月堂」に兵糧パンを発注、5000人分を納入。

戦火の後の花火

『武江年表』の**8日**の項に、

「かゝる中にも、両国川通、花火ありて、艚楼船《そうろうせん》多く連ねて絃歌喧《かまびす》しく、水陸の賑《にぎわ》ひ大方ならず」

とあります。

前の月に上野戦争があり、江戸の庶民は戦火におののいたばかりです。まだ治安は安定せず、先行きの不安も多い中、人々は川に浮かべた舟の中で大いに盛り上がっていたようです。

東京・隅田川の両国川開きは、江戸中期以降、打ち上げ花火の人気でたくさんの人が集まるようになりました。明治以降も東京の夏の風物詩としてにぎわいましたが、川の汚染や交通安全などの見地から、昭和36年（1961）に中止となり、昭和53年（1978）に隅田川花火大会として復活しました。

『幕末明治　女百話』では両国川開きの想い出が語られています。

花火には客花火と、茶屋花火とがあり、お客が揚げさせる花火と、お茶

●イギリス公使のパークスは、上野戦争後の江戸を訪問し、治安がよく保たれているとの感想を残しています。このことは新政府が江戸から敵を完全に排除したことを証明しているとしたうえで、「自由に町を歩き廻ることができた。このような状態がもう一ケ月つづけば、外国人が江戸に出かけても安全であると判断してよいと思う」（『江戸開城　遠い崖7』）と記しています。

両こく大花火（広重、豊国／国立国会図書館）

屋が揚げる花火があったといいます。午後、虎の尾という花火を打ち上げるのが手始めで、「手揚げ」といって、船の上から花火屋が手に持って打ち上げるものもありました。川開きの時は、船が川にギッシリと出て動けないほどです。

「川水が堰《せ》かれて上手《かみて》は水嵩《みずかさ》が二尺通り増したといいますから、怖ろしいものでございます。私の家は浜町河岸でしたから、花火だけは――。一年中でこの夜ばかりは、二階がお客で満員なんです」

「花火の晩は、宅の者は骨灰《こっぱい》なんです。忙しくって、オチ〳〵打ち上げなんか見ていられません。（中略）主人《あるじ》が客好きですから、一年中の御無沙汰を、この日で償《つぐの》ってしまえと、二階の屋根《やね》から庭から塀にかけて、桟敷を架けるんですから、墜落《おっこつ》ちゃァ申訳がないんでしょう、頑丈に設備《こしらえ》させるんです」（いずれも『幕末明治　女百話』）

『武江年表』の慶応3年（1867）6月の項には、「両国橋畔、納涼殊に賑し（花火は当年これなし）」、慶応元年（1865）閏《うるう》5月にも「同二十八日両国橋辺花火等、当年これなし」とあります。幕末の動乱で、文久3年（1863）以降、中断されたようです。江戸の人々にとっては

●『武江年表』「6月11日」の項に、「中橋天王、御旅出あり（今年は京橋向迄《むこうまで》、渡しまゐらす）。今年、祇園牛頭天王《ごずてんのう》をあらためて須賀《すが》神と号せらる（牛頭天王は習合の神なり。神仏混淆《こんこう》を忌給ふ故なるべし）。十八日、還輿あり」との記述があります。祭礼の際も、神仏混淆に配慮していたことが分かります。「大伝馬町天王」も「八雲神」と改められました。「日吉山王《さんのう》権現」は「日枝《ひえ》大神」となり、「当年、祭礼延る」とされています。

●『武江年表』の「6月14日」には、「七時過ぎ、雨、雷鳴あり。所々へ堕る。この頃、大雨屢《しばしば》ありて、快晴の日は稀なり。本所の辺は人家を浸すこと度々なりし。七月・八月も又霖雨つゞき、菜蔬生ずる事稀なり。よつて価登揚せること甚しく、近来かゝる事を知らず」とあります。

久々の花火でした。

この後、『武江年表』に川開きが登場するのは明治3年（1870）。「同二十八日例の通、両国川通、花《ハナ》炮《ビ》揚初《アゲソメ》の夜なり」とあります。

パリで日本語新聞

3日発行の「遠近新聞」の第1ページに「よのうはさ第一番より抄出」という見出しがあり、この「よのうはさ」というのが、この年パリで発刊された日本語新聞であるという注が付いています。

大正14年（1925）、吉野作造が雑誌「新旧時代」に書いた、「明治初年西洋で発行した日本字の新聞に就て」という記事は興味深い内容です。吉野の記事に従って、その内容を紹介しましょう。

「遠近新聞」によると「よのうはさ」の刊行は、「慶応四年三月朔日（1日）」とされていますが、やはり「よのうはさ」を抄出している5日発行の新聞「もしほ草」（P154参照）は、「4月4日」としています。

引用されている「よのうはさ」発行の趣旨は、次の通り——。

●両国の川開きは、川涼みの開始と、水難者の供養や水難事故防止を願った行事でした。江戸中期から花火を打ち上げ、人気を呼びました。昭和53年（1978）からよみがえった隅田川花火大会では、打ち上げ花火の数は約2万発、人出は90万人を超えました。

「今日本に於て欧羅巴《ヨーロッパ》諸国をはじめ五大洲の事共を示し広むるは其国民を開くる基なり。凡欧羅巴の日月はみやびに赴くも皆これ世の噂を多く見知りし故なり若し世の中の事をも知らず此までのすぎわゐに安ずる時はその知恵の増すことなし。今日本の国民は疑いもなく利発にして亜細亜《アジア》洲他の国々の及ぶところにあらず。されども其の知恵をみがかされば下和のあら玉と同じ。是を研きみがくには先づ下の二箇条を心得べし。初めには欧羅巴の月を経年を重ねて見出したる事を学び知り、次に己れ自分工夫をこらし新なるを見出すべし。

今却て他国の発明を頼みにし人のまねのみする国ともは、大手を振りて其前に行くことならず、遂にはくゞまりゆくものなり。今若しそのくゞまり行くことをきらひ、此のうはさをたのしみ、且つ其値を送りて我が心を励まし我が力を助けなば、年々三十度の新しき事並に商の事を書記し、早船のたよりに送り届けへし」

発行頻度や価格については、

「一箇年三十号づゝ刊行。一箇年分二十フランク（日本三両一朱と江戸

吉野作造（1878－1933）宮城県生まれ。大正デモクラシーの理論的指導者。関東大震災で明治期文化財の大量消滅を憂え、「明治文化研究会」を設立しました。例会では、同人や研究者の研究、同時代人の回顧談などが発表されています。大正14年（1925）2月には雑誌「新旧時代」を発刊しました。

吉野作造（近代日本人の肖像／国立国会図書館）

銀二匁二分五厘)。一号分七十五サンチーム(日本一朱と江戸銀三匁三分二厘五毛)。右本国へ注文致し候へば急便にて差送り可申由」

となっています。

吉野は、この記事を読んだ時、

「それが西洋人の手に成ったものとは更に思ひ及ばなかつた。文字ある日本人の作でないことは発行の主意の変妙な文体からも推察出来る。早くから西洋に流れて往った邦人の手すさびではあるまいかと見当をつけて、彼かこれかと想像してみた」

といいます。

吉野は「東京朝日新聞」の「探しもの欄」で、広くこのことを尋ねます。教えてくれる人がいました。

『よのうはさ』(Jono ouvasa) はLeon dè Rosny (魯尼《ロニー》) がこしらえた1ページばかりの小冊子で、一号限りでやめました。欧洲刊行の日本文新聞として極めて珍奇なものです」

「もしほ草」にも、詳細な紹介が出ています。

●海外で明治時代に発刊された日本語新聞には、ほかに明治6年(1873)にロンドンで創刊された「大西《たいせい》新聞」があります。佐麻須《サマーズ》こと、ジェームス・サマーズ(1828－1891)が南貞助と刊行しました。サマーズはロンドンのキングスカレッジで、幕末明治期に日本に滞在した、外交官アーネスト・サトウを教えました。岩倉使節団が英国を訪問した1872年(日本の明治5年)、岩倉具視《ともみ》からの要請を受けて渡日し、英文学を講義。開成学校、新潟英語学校、大阪英語学校、札幌農学校(北海道大学の前身)で教えました。東京築地居留地で、英語塾(欧文正鵠学館)を開いています。サンマースクールと呼ばれ、谷崎潤一郎もここに通いました。南貞助は『明治事物起原』で「西洋婦人を娶《めと》りし始め」として紹介されています。

「フランス国巴黎《パリ》に於《おい》て羅尼といふ人はじめて『よのうはさ』と外題せる新聞紙を刊行せり。みな日本の平仮名もて書き、日本人直によみ得らるべきやうに書きあらはせるものなり。この羅尼といふ人は、支那印度《インド》および東方諸国の言語文字に通じ、ことさら日本語をよくす。且《か》つその人となり西国に生長しながら東方諸国の風俗人情の質撲なることを愛せりと。（中略）この人いまだ一度も日本に渡来せずしてかく日本語に通達せるは実に賞誉に堪えたり」

カラー写真と赤十字

「もしほ草」はこの「よのうはさ」の記事をそのまま転載することについて、剽窃《ひょうせつ》（盗作）ではなくて、「羅尼のよき企《くわだて》をも日本人に知らしめんとす。これわが老婆心なり。見る人この心を了解せば吾《われ》大幸之《これ》に過ぎず」としています。

引用している記事は、「まかけゑのいろどり」という彩色写真についてのものと、「新発明火器の事」という小銃発明の話。「遠近新聞」には「ネ

●福沢諭吉が文久2年（1862）、幕府の遣欧使節に随行してヨーロッパ諸国を訪問した際の『西航記』に、パリで日本語新聞を発行したロニーが出てきます。「仏蘭西《フランス》の人ロニなる者あり。支那語を学び又よく日本語を言ふ。時に旅館に来り談話、時を移す。本日語次《ごじ》、魯西亜《ロシア》のことに及び、ロニ云《いう》、去年魯西亜の軍艦対馬《つしま》に至り、已《すで》に其《その》全島を取れりと聞けり、信なりやと。余、其の浮説《ふせつ》なることを説弁せしに、翌日新聞紙を持来り、昨日の話、魯西亜の対馬を取りたるは全く虚説なることを、此紙に記《しる》して世上に布告したり、と云へり」

●司馬遼太郎の小説『翔ぶが如く』にも、「ロニー」が出てきます。「日本びいきだという。日本語を勉強し、パリで日本語塾をひらいているが、生徒は来ないようであった」

ウトル、ソシイテイの事」という赤十字の紹介が出ています。「まかけゑのいろどり」「ネウトル、ソシイテイの事」の一部は、明治初年の新聞の引用集『明治初年の世相』に載っていますので、以下に紹介します。

「ネウトル、ソシイテイと言ふ言葉は、どちらにも片寄らぬ仲間という意なり。是まで戦争の砌《みぎ》り其場《そのば》にて深手を負ひ打ち倒れ立つ事ならざるものありて、味方それを介抱する中、俄《にわか》に敵に襲はれ其怪我人を救う事ならず、其儘《そのまま》捨てさり後に敵に殺され或はとりことなりし事まゝありとも痛ましき事どもなりとて、瑞士《スイス》国の思ひ付きにてその怪我人を介抱する仲間を立てんと申し出し、欧羅巴の人々夫はよき事なりと互いに誓約す。扨《さて》其の仲間はネウトル、ソシイテイといつて敵にてなく亦《また》味方にてなく兵戦の折柄はその場に出て双方の怪我人を介抱す此人人は白地に赤き十文字の袖印を付く。そのしるしある人は決して手出しする事ならずと定む」

「近頃フランスにてまかげゑ（写真又はホトガラヒ）は種種の色を有りのまゝに写す事を工夫せんとて年久しく骨折りて、要《かな》めなることを考へ出せし。我も其色々の影形を其色のまゝに写し取りたるを見し。去り乍《なが》ら暗き所にこめ置かざれば其色忽ち消えうせて、人に見す能はずされども、一

●赤十字は「Red Cross Society」。「ネウトル、ソシィテイ」は英語なら「neutral society」。

つ二つの色を止むる事を工夫し得たり。其内《そのうち》青色は尤もよく保つに到れり。此は実に学者の骨折りつとむるためしなり」

吉野作造によると、「よのうはさ」を刊行した魯尼ことロニーが、ヨーロッパを訪れた日本人と接触していたことが文献からもうかがえるようです。文久2年（1862）に洋書調所《ようしょしらべしょ》で出した『海外新聞』の別集に『日本使節巡行記事』という一巻があり、その中に次のような記事があります。

「此度日本人と同道せし人にレオン・デ・ロスネといへる勝《すぐ》れたる学士あり。年齢は僅に二十五歳なれど、胸に数多勲爵の表章を懸たる人にて、東洋及び亜墨利加《アメリカ》の事を講究する任を受け、嘗《かつ》て東洋言語を学ぶに善き書籍を著はせり。此人今度仏蘭西《フランス》政府の命を蒙《かが》ふり、日本人に陪従し日本人欧羅巴諸国を周行する間之に同伴する由なり」

吉野は「福沢先生始め福地源一郎、寺島宗則等の洋学の先生とも定めし親しく付き合ったことゝ察せらるゝ」と書いています。「福地源一郎」と吉野が言っているのは、第5章に出てきた福地桜痴のことです。福地は『懐往事談』に、「ロニーと伝《い》へる東洋癖の奇論士を頼みて佛語の稽古に従

●秋山勇造著『明治のジャーナリズム精神』によれば、ロニーには『日本語考』『日本文明論』『太閤記』（翻訳）、日仏辞典などの著書があるようです。母校であるパリの東洋語学校の、日本語教授も務めていました。明治14年（1881）頃、日本語および日本事物の研究に尽くした功績で、明治政府から勲章を贈られたといわれています。1914年頃、77～78歳で没したとみられています。

事したり」と親しみを込めて書いています。

幕府からフランスに派遣された栗本鋤雲《じょうん》によると、ロニーは母親孝行だが議論好きで、「人甚《はなは》だこれを貴ばず」といい、少し敬遠されていたようです。しかし日本の史書を読み、日本についてはやたら詳しい。日本語の助詞が分からないので、話すことのうち3、4割しか聴きとれなかったが、鉛筆で日本の文字を書くと端正で、書く速度もなかなかのものだったようです。

この日本マニアのフランス人、レオン・ド・ロニー。彼は一度も行ったことのない日本に、何を発信したかったのでしょうか。

日本では上野で戦闘があり、P195の脚注で紹介したように、彰義隊の負傷兵を治療した日本の医師が処刑されるという、血で血を洗う光景が繰り広げられていました。東北地方の情勢は、不穏さを増しています。

ロニーの紹介した、敵味方分け隔てなく治療する「赤十字」の精神は、当時の日本人にどのように受け止められたのでしょうか。

●『明治のジャーナリズム精神』で、著者の秋山勇造氏は「若き日にロニーと交わった福沢諭吉、福地源一郎、栗本鋤雲、それに維新後の明治6年に滞仏中、ロニーと親しく交わった成島柳北の4人の幕臣が、のちにそれぞれ『時事新報』『東京日日新聞』『郵便報知新聞』『朝野新聞』を主宰し、日本のジャーナリズムの先導者になったことに、ロニーという一人のフランス人青年を介した因縁とでもいうべきものが感じられるのである」と書いています。

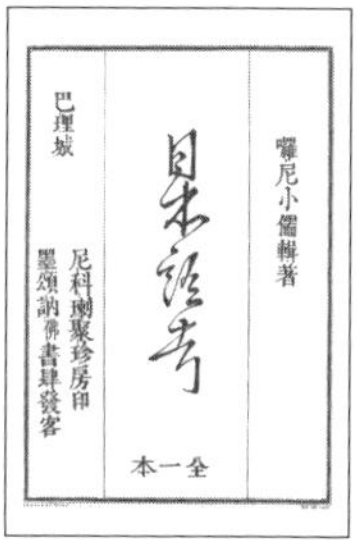

レオン・ド・ロニーの著書。題字はロニー自身が書いたとみられています

人心を狂惑動揺《きょうわくどうよう》せしめ候

5日、江戸の町触れ（町方に対して発せられた法令）として次のような布告がなされました。

「近来、新聞紙類、種々の名目にて陸続《りくぞく》発行致し、頗《すこぶ》る財利を貪《むさぼ》り、大に人心を狂惑動揺《きょうわくどうよう》せしめ候条、不埒《ふらち》の至りに候」

「近頃さまざまな新聞が続々と発行され、人心を惑わして利益を上げているのは実にけしからん」として、以後、官の許可を得ないものは取り締まる旨を告げています。

この町触れに続き、**8日**には同様の太政官布告が出されました。

反政府的な言論がしきりに出回ることに業を煮やした新政府は、新聞の発行を許可制とし、官許を経ていないものは「吟味のうえ版木・製本とも取り上げ、出版元はもちろん発行者や販売した者も必ずその罪を問う」と脅しつけたのです。

この太政官布告によって、最初に規制を受け発行禁止となったのが、福地桜痴が発行していた「江湖新聞」でした（P152参照）。

●この頃さまざまな新聞が発行されていましたが、「内外新報」には「字類《じるい》」という付録が付いていたといいます。「勿論、本紙と同じく小冊子で、これが本紙にある字を拾って解説をつけた。云はゞ一種の字引であった。但し毎号此の付録を添えた訳ではなく、四号ごとに一冊添へたらしく…」（『漫談明治初年』）

●小新聞の代表的なものとして、「平仮名絵入新聞」や「読売新聞」があります。現在も続く読売新聞は、明治7年（1874）創刊の隔日紙（翌年5月1日から日刊化）で、たちまち庶民の人気をさらいました。大新聞もこの動きを無視することができず、次第に社会雑報など庶民向けの記事を充実させるようになります。明治10年代に入ると、自由民権運動が盛んに

結果、活況を呈した各種新聞の創刊ブームは一気に冷めてしまい、官許のもと、本邦初の日刊邦字新聞「横浜毎日新聞」が発刊にこぎ着けたのは、2年後の明治3年（1870）12月8日のことでした。以後、明治5年（1872）2月21日に「東京日日新聞」(毎日新聞の前身)、同年6月10日には「郵便報知新聞」など、近代的な新聞が続々と誕生します。

これらの新聞は、知的な読者を対象として、政論や海外知識を中心に掲載していましたが、次第に娯楽読み物や市井の事件を興味本位に扱った庶民向けの新聞が登場し、人気を博すようになります。その多くは、前者よりも判型が小さかった(約半分)ため「小新聞《こしんぶん》」と呼ばれ、従来の新聞は「大新聞《おおしんぶん》」と呼び慣わされるようになりました。

日本版南北戦争

東北を一つにまとめようとした政治的勢力は、ついに東北・北越31藩加盟による奥羽越列藩同盟となっていました。6月**16日**、上野の輪王寺から逃がれて、仙台にいたった輪王寺宮能久《よしひさ》親王が、列藩同盟の盟主に祭り上

なり、小新聞でも政論を掲載して紙面の多様化を図るようになり、次第に大新聞と小新聞の垣根は取り払われていったようです。

●明治8年（1875）6月28日には、新聞の内容に関して具体的な規制を加えた、太政官布告「新聞紙条例」が出されます。その後、改正も加えられ、国家の安寧を乱すもの、社会風俗に反する内容は禁じられ、発行人には刑事罰が科せられる場合もあると宣言。政府はこの条例を、言論取り締まりのためにフル活用し、後年、自由民権運動への弾圧に利用されることとなります。

げられます。列藩同盟は、輪王寺を「東武皇帝」に擬し、それを掲げたのです。

奥羽越列藩同盟にとって、輪王寺宮は待ち望んだ「御輿《みこし》」でした。薩長両藩を主力とする新政府が担ぎ上げた明治天皇に匹敵する「象徴」を得たことで、同盟に正当性を持たせることができる、と考えたからです。

輪王寺宮は伏見宮邦家《くにいえ》の第9子で、孝明天皇とは義兄弟。列藩同盟では彼を即位させて、奥州に独立国を築く構想があったともいいます。

上野戦争で彰義隊をはじめとする旧幕府軍が敗れた前後、東北各地でも激しい戦闘が繰り広げられていました。このことは、ときに日本史の視野から忘れられてしまいがちになります。

奥羽越列藩同盟ではすでに戊辰戦争後を見据え、「北部連邦政府」という構想ができあがっていたともいい、現に旧文部省資料館が所蔵していた「蜂須賀家文書」の中には北部連邦政府原案がありました。メンバーは次のような構成になっています。

東武皇帝……輪王寺宮公現能久法親王《こうげんよしひさほっしんのう》（東叡山座主・二十二歳）

●5月28日に、幕府軍艦・「長鯨《ちょうげい》丸《まる》」で平潟港に入った輪王寺宮能久親王は、陸路会津へと向かいます。磐城平藩（福島県いわき市）から三春藩（福島県田村郡三春町）経由で中山峠を越え、会津若松に入った輪王寺宮一行は、6月6日に会津若松城へ迎えられ、松平容保の歓迎を受けました。輪王寺宮は18日まで会津若松に滞在し、7月2日仙台城下の仙岳院《せんがくいん》（仙台市青葉区）に移りました。

北白川宮能久親王（輪王寺宮）（『〈実録〉幕末・明治・大正の八十年』東洋文化協会原著、大空社より転載）

関白太政大臣……九条道孝（奥羽鎮撫総督・二十九歳）
執柄職……澤為量《さわためかず》（奥羽鎮撫副総督・五十歳）
執柄職……醍醐忠敬《だいごただゆき》（奥羽鎮撫参謀・十九歳）
権征夷大将軍《ごんのせいいたいしょうぐん》……伊達慶邦《だてよしくに》（仙台藩六十二万五千石藩主・四十四歳）
権征夷大将軍……松平容保《まつだいらかたもり》（会津藩二十三万石藩主・三十四歳）

この記録には、慶応4年6月16日をもって、年号を「慶応」から「大政《たいせい》」に改める、ともありました。

誰が残した記録かは不明ですが、もし列藩同盟が優勢を保っていれば、あるいは「北部連邦政府」は本当に誕生し、日本の近代史は大きく様変わりしたかもしれません。

——この3年前に、アメリカの南北戦争が終結していました。

そのアメリカ合衆国の公使ヴァン・フォルケンバーグに、仙台藩家老・但木土佐《ただきとさ》は奥州での戦いを「日本版南北戦争」と位置づけて説いています。

会津藩最後の首席家老・梶原平馬が、列藩同盟による新政府の打倒を命

●会津藩が輪王寺宮を迎え沸き立っていた頃、北越方面では長岡城を追われた河井継之助《かわいつぎのすけ》が、6月2日には今町（新潟県見附市今町）で新政府軍と交戦。激闘の末、これを制圧しました。黒田清隆、山県有朋の両参謀に率いられた新政府軍は、この大敗を中央に伝え、兵力の増強を求めます。

●奥州列藩同盟の加盟藩は、必ずしも一枚岩ではなく、それぞれに思惑がありました。共通の思いがあったとすれば、「この一大軍事同盟ができたのだから、薩長勢力はともかく、それ以外の新政府の人々は、自分たちの正義に耳を傾け、公明正大な話し合いができるに違いない」ということであったかもしれません。しかし、平和的話し合いによる解決は、幻想でしかありませんでした。新政府は、戦火による勝利を心から欲していたのですから。

じる旨の文書を作成し、輪王寺の令旨として公開した際には、フォルケンバーグは日本における南北朝の存在を認め、この段階では会津有利の判断を下しています。

なるほど、日本60余州の40パーセントにも相当する地域の大名家たちが、一つの政治目的＝新政府を主導する薩摩・長州の2藩を排除しようと立ちあがったのですから、一大勢力と言えるでしょう。

江戸を制圧したとはいえ、新政府側は「不完全燃焼」でした。武力を示して権力を取ったという実感は乏しかったのです。

革命政府たる新政府軍は、振り上げた拳をおろす先、自分たちの優越性をあきらかにする場を求めていました。

そのため新政府は、東北に前将軍慶喜と徳川幕府の代役となることを欲していたのです。

●徳富蘇峰は『近世日本国民史』で、当時の奥羽の状況を、実に的確に評しています。

「奥羽の兵は必ずしも弱兵ではなかった。ただ大局の動きについては、彼らはまったく時勢から取り残された感があった。されば彼らは自ら何事を帰すべきかも知らず、また敵が何者であるかも知らず、ただ敵が来り攻むるに対して、それに抵抗して戦争を試みるに過ぎなかった。彼らは当初より必勝の成算もなければ、またその意気込みもなかった。（中略）もし奥羽に大人物出来り、奥羽各藩を撃って一丸となし、官軍に対抗したらんには、その平定を見ることは、決して容易ではなかったろう。（中略）当時の奥羽に人なく、たとえ人あってもその力を用ゆる余地なかったためといわねばならぬ」

●梶原平馬が作成し、輪王寺宮の令旨として公開した新政府の打

戦争を知らない兵士たち

もともと海軍力がないに等しい東北の列藩同盟は、最初から新政府軍に制海権を奪われていた、といっていいでしょう。

榎本武揚《たけあき》率いる旧幕府海軍が早々に品川沖を出航、北上しなかったことも、制海権を取れなかった原因の一つでした。榎本は徳川家の処分決定を見届けようとしていたのです。

16日から**20日**にかけて、列藩同盟は太平洋側の平潟《ひらかた》（茨城県北茨城市）に、新政府の増援部隊の上陸を許してしまいます。

上陸した新政府軍は、海岸線の浜街道を北上して**24日**に棚倉藩を落とし、**28日**に泉藩（2万石）を陥落。**29日**に湯長谷《ゆながや》藩（1万5000石）を開城させ、福島南部の小藩を次々と降していきました。

列藩同盟は横浜に到着していた「甲鉄艦《こうてつかん》」（「ストーンウォール」、P117参照）を購入しようと画策しましたが、うまくいきませんでした。

薩摩の「乾行丸《かんこう》」、長州の「丁卯丸《ていぼう》」が、寺泊《てらどまり》沖（新潟県長岡市）で会

倒を命じる旨の文書は、次のような内容です。

「薩摩は先帝の遺訓に背《そむ》き、幼帝を欺瞞《ぎまん》（あざむくこと）し、摂関・幕府を廃し、表に王政復古をとなえながら、陰で私欲逆威を逞《たくま》しうしている。しかも百方工作をし、幕府及び忠良十余藩に罪を負わせ、軍を起こした。ために世情騒然、道義は堕ち、大逆無道、千古これに比するものはない。よって匡正《きょうせい》（ただすこと）の任を同盟諸藩に託す。宜しく大義を明らかにし、兇逆の主魁を殄《ほろ》ぼし、幼帝の憂悩《ゆうのう》を解き、下は百姓の塗《と》炭《たん》の苦しみを救うべし」

津藩の「順動丸」（旧幕府より拝借）に襲いかかったときも、助けにくる友艦はなく、順動丸は追いつめられて自沈しています。

前月、5月1日に列藩同盟側は最重要拠点、奥州の関門たるべき白河口の戦いで大敗を喫していました。

「白河の関」は、古代・中世において北から攻めてくる蝦夷《えみし》に対する備えとして築かれた砦《とりで》でした。そこで、南から来る新政府軍を迎え撃つことになったのです。

この時、会津、仙台、棚倉の列藩同盟軍は2600人、砲16門の兵力でした。これに立ち向かった新政府軍は、薩摩、長州、土佐、大垣、忍《おし》、合わせて700人前後、砲は7門にすぎません。

一見、戦力的には東北列藩同盟の圧倒的優位です。兵力は3倍以上ですから。加えて、軍事上の原則として、攻撃側と守備側では、守備側の方が有利です。防御陣形に勝利するためには、一般的に攻撃側は3倍以上の戦力が必要とされています。どうみても、負けるはずのない戦いでした。

どしゃぶりの雨の中の戦い。東北列藩同盟は白河城の前方に7つの堡塁《ほるい》

●戊辰戦争後、輪王寺宮能久親王は謹慎処分を受けます。

「明治二年十月四日、輪王寺宮は謹慎を解かれ、伏見宮の位に復帰した。（この場合に限らず皇族に関わりのある時はいつでもそうであるが）朝廷は、自ら進んでそうしたかどうかはともかく京都朝廷に対する反逆の中心人物となった輪王寺宮に対して寛大な慈悲を賜った。明治三年、宮は横浜を出航し、まずアメリカからイギリス、最後にドイツへ行き、そこで軍事学を学んだ。明治五年、北白河宮家を継ぎ、晩年はこの名で知られた。明治二十八年（一八九五）、輪王寺宮は近衛師団長として台湾出征中に病死した」（ドナルド・キーン『明治天皇』）

を構えますが、あっさりと敗れてしまいます。

白河城の本丸には、高々と錦旗がはためきました。会津側の戦死者は683人です。

なぜ、負けたのでしょうか。

『戊辰白河口戦争記』の「藤田氏記録」に興味深い一文があります。

「新政府軍は、砲声を聞くや否やただちに銃をもって、着のみ着のまま、我先にと出撃したという。飯を食べてからにしてはどうか、と問われれば、『砲弾を食うから腹は減らぬ。飯はあとから握り飯にして持ってきてくれ』と答えた。

それに比べて列藩同盟軍は、各々の身じたくに時間をかけ、飯を炊かせて十分に腹ごなしをしてから、さらに握り飯を用意させたうえで出撃したという」

これを地域、藩士の性格とみるか、兵の訓練度の差と捉えるか、それとも新時代の洋式軍隊と旧時代の武士軍団の違いと比較するべきでしょうか。

さらには、武器の優劣は決定的でした。財政破綻に苦しんでいた会津藩

●白河口総督の西郷頼母《たのも》（会津藩家老）は戦いの最中、敗走する味方を叱咤《しった》激励しましたが、劣勢を挽回するにはいたりませんでした。たまりかねて自ら馬をはせ、敵方へ決死の突撃を敢行しようとしたとき、会津藩朱雀一番士中隊小隊頭の飯沼時衛《ときえ》が、その馬のくつわをとらえました。彼は大音声で、「総督は今、ここで死んではなりませぬ。退いて、後図《こうと》を計るべきです」。なおも突貫しようとする頼母に対して、飯沼は馬首を強引に北に向けさせ、力の限りその尻をむち打ちました。馬は驚き、いなないて、阿武隈川の対岸まで逃げ走ったといいます。この飯沼は、頼母の妻の実兄でした。

のみならず、仙台藩も火縄銃や丸玉のフランス式ヤーゲル銃（火打式猟銃）が主力。旧式のミニエール銃すら、数は圧倒的に少なかったのです。

列藩同盟は、そもそも戦争そのものを理解していなかったように思われてなりません。たとえば、夜間行軍の際に龕灯《がんとう》（江戸時代に発明された携帯用の灯火）をつけて行軍し、そこを狙撃されています。

薩摩藩は薩英戦争を経験し、長州藩は四カ国連合艦隊の砲撃や第二次長州征伐で血を流し、欧米列強の軍事力の巨大さを理解していました。薩長両藩ともに、幕末の荒波の中、近代戦の洗礼を受けていましたが、東北諸藩はほとんど実戦経験がなかったのです。

白河口の戦いで会津の総督を務めた会津藩家老・西郷頼母《たのも》は後年、次のような歌をつくっています。

旅にねしむかしの夢のあととへば
うらみをしるや白河の関

この白河口の敗戦は、奥州戦争のその後の展開に、多大な影響を与える

西郷頼母（歴史感動ミュージアム会津武家屋敷所蔵）

●そもそも総督の西郷頼母には実戦経験がなく、副総督の横山主税もまた、フランス留学帰りのインテリ。両人とも、戦争の素人といってよかった。このような2人を、最重要拠点の、白河に配置した家老の梶原平馬の責任こそが、問われるべきだったかもしれません。

白河城の落ちた5月1日、新政府軍は新潟にも上陸しています。

ことになりました。

「風月堂」の兵糧麺包《パン》５０００人分

いつの時代も、兵站《へいたん》は軍事の基本です。薩摩藩では、奥州での戦争に備えて、新たな携帯食料の採用に踏み切り、6月に江戸の「風月堂」へ「兵糧パン」を発注しています。

後年、日本橋区両国若松町（東京都中央区東日本橋）の風月堂が発行した『乾蒸餅《ビスケット》製造《せいぞう》之《の》要趣《ようしゅ》』によれば、

「明治元年六月、薩藩兵粮《ひょうろう》方より、兵量麺包《パン》の製造を命ぜられし時に、弊堂は黒胡麻入の麺包を、携帯に便なる様製《ようせい》し、五千人分を納めたりき」

とあり、会津若松へと攻め上る際に、この５０００人分の「兵糧麺包」が役だったと記されています。製法などから察するに、このとき納品されたものは、パンやビスケットというよりは、現代でいう「乾パン」に近いものだったように思われます。

●ヤーゲル銃は狙いを定めても、１００メートル先のものを倒すことはできません。しかし、列藩同盟側は銃の性能自体を知らず、遠くからやたらと撃ちまくりました。そのため、新政府軍に自分たちの陣地の場所と距離を教えてしまい、最新の大砲でそこを狙い撃ちされ、壊滅するというパターンが、あまりにも多かったようです。特に仙台藩は、この悪循環で多数の犠牲者を出してしまいました。

●列藩同盟の夜間行軍と同じことは、寛永14年（１６３７）の島原・天草の乱でも起きていました。戦争を知らない世代の、九州各藩の藩士たちが、松明を灯しながら夜間行軍をして、一揆軍の餌食となりました。一揆軍には、関ヶ原、大坂の陣の生き残り世代が多く参加していたのです。

パンを携帯兵糧にするという発想を、日本で最初に試みたのは、伊豆韮山《にらやま》の代官・江川《えがわ》太郎左衛門《たろうざえもん》英龍《ひでたつ》でした。西洋流砲術を高島秋帆《しゅうはん》に学び、大砲鋳造のための反射炉を韮山に築いたことで知られる江川は、国防・軍事全般にわたって研究を重ねた軍学者でもあったのです。

天保13年（1842）、長崎・出島でオランダ屋敷の料理方を経験した「作太郎」なる人物を招いた江川は、自宅にパン焼き用の窯を作り、兵糧パンの試作を開始しました。

記録によるとこの兵糧パンは、うどん粉に酒種を加えて焼き上げたもので、厚さ9ミリ、長さ9センチほどの乾パン。保存期間は約1年と伝えられていますから、軍用の携行食としては申し分ないものだったようです。

兵糧パン試作第一号が焼き上がった同年4月12日は、現在パン食普及協議会によって「パンの日」に制定されています。

安政2年（1855）には、水戸藩の元藩主・徳川斉昭《なりあき》が、当時の長崎で医術を学んでいた水戸藩の柴田方庵《しばたほうあん》に、オランダ人から「パン、およびビスコイト」の製法を学ぶよう命じています。

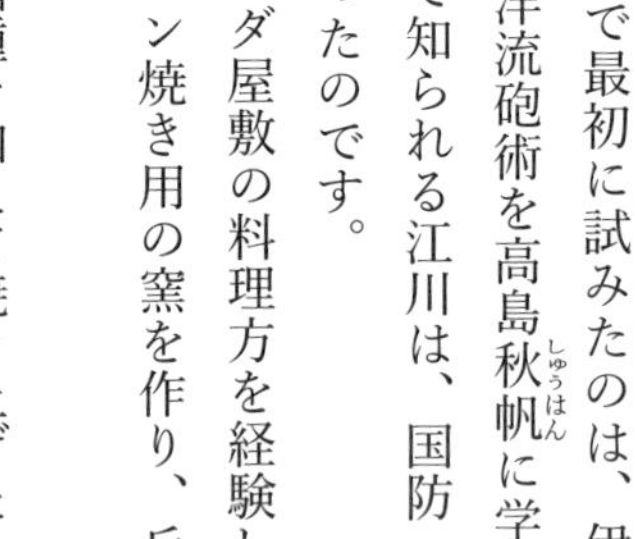

明治中期の風月堂総本店（写真提供／上野風月堂）

●日本のパンの歴史は、明治7年（1874）に「木村屋」の木村安兵衛によって「あんぱん」が開発されたことにより、独自の発展を遂げることになりました。木村屋では、イギリスのサンド・ビスケットにヒントを得て、杏のジャムを包んだ「ジャミパン」（ジャムパン）も明治33年（1900）に発売し

過激な攘夷論者であった斉昭ですが、国防意識にかけては人一倍敏感であったため、こと軍事にかけては優れた西洋から学ぶことも辞さないという合理的精神を備えていました。

水戸藩では方庵が報告したレシピに従い、直径4～5センチの円形で、中心に四角い穴の開いた「兵糧銭《ひょうろうせん》」を開発。これも乾パンの一種で、穴にひもを通して携帯するという工夫が光っています。

このほか、西洋の産業に強い興味を持ち、殖産興業を掲げて藩内に洋式工場「集成館」を設置していた薩摩藩主・島津《しまづ》斉彬《なりあきら》も、同時期に兵糧としてのパンを研究・試作していました。薩摩藩が「兵糧麺包」を風月堂に発注したのも、斉彬の発想が藩内で受け継がれていた結果かもしれません。

ています。ジャムパンに遅れること数年、明治37年（1904）には菓子パンの一方の雄・クリームパンが、東京・本郷（のちに新宿）の「中村屋」から発売されています。

江川太郎左衛門英龍（自画像）（公益財団法人江川文庫所蔵）

●この月、横須賀―横浜間の船便がスタートします。「横賀造船所々有の横須賀丸が乗客を専門として毎週三回横須賀横浜間（横須賀午前七時発、横浜午後四時発）を往復した（賃金一人金一分、携帯品は小包に限る）」（海事新報社編『海運興国史』）

コラム 1868 ❹

綿花と武器

1868年、アメリカは南北戦争が終わって3年が経っていました。大統領は、エイブラハム・リンカーン暗殺により地位に就いた、アンドリュー・ジョンソンです。

この人はこの年、弾劾裁判の裁決で罷免を免れていました。1999年にビル・クリントンが下院での弾劾決議を受けながら、上院の裁決では罷免を免れたのと同様、危機一髪で助かった大統領として知られています。

南北戦争は、農業州で固まる南部と、工業化の著しい北部との対立が、新たに成立したカンザス州、ネブラスカ州などの指導権をめぐって先鋭化したことに端を発していました。

南部は、「奴隷労働力を活かして綿とタバコをつくり、プランテーション経済、自由貿易を展開したい」と考えており、北部は「産業育成のためにも保護貿易をすべし」と主張していたのです。

日本の文久元年にあたる1861年の新暦3月、リンカーンが第16代大統領に就任。薩摩藩主、島津斉彬《なりあきら》と同じ年に生まれたこの大統領は、奴隷制問題、関税問題をめぐって南部の人々に嫌われ、南部11州が「アメリカ南部連合」を結成するに及び、北部を率いての開戦に至りました。

当初、リー将軍率いる南軍が戦局を有利に進めますが、リンカーンの奴隷解放宣言によって戦線は一気に逆転。ゲティスバーグの戦いで勝利した北軍は、南軍の拠点アトランタ（ジョージア州）、南部の首都リッチモンド（バージニア州）を陥落させます。

戦争後、とりわけ、敗れた南部の広大な綿花畑は荒れ果て、飢饉が広がり、一方では世界が綿花不足に陥ってしまいます。「綿花飢饉」（The Cotton Famine）とまでいわれる壊滅的惨状となったのです。

そのため、代用の綿を求めたヨーロッパの紡績産業界へ、中国やインドの綿が大量に輸出されました。それでも足りません。そこで改めて注目を集めたのが、アジアでも有数の綿花栽培を誇っていた日本でした。

終結から150年目の2013年、ペンシルベニア州で再現された最大の激戦、ゲティスバーグの戦い（AFP＝時事）

南北戦争中から、綿花特需に目をつけていた日本人がいます。薩摩藩の石河確太郎《かくたろう》。薩英戦争の起こった文久3年（1863）、藩庁に対して薩摩産品と他国産物との交易を行う商社の設立を建白していました。石河は「凡《およ》そ交易は、畢竟《ひっきょう》異邦《いほう》（外国）取り組みニ《ママ》これなく候ては、十分の御経済に相成り申さず」と主張。「只今《ただいま》、英人切《せつ》に綿を望み候」とも報告しています。

南北戦争は日本に対して、貿易以外の面でも影響を及ぼしました。

戦争中、改良された最新の銃や火薬が、終結後に日本へ流出することにもなったのです。その最大のものは、第4章で紹介した軍艦「ストーンウォール」（のち東艦《あずまかん》）でしょう。南軍がフランスに造らせたこの世界最新鋭艦は、やがて幕府へ、次いで新政府に売られることとなります。

明治維新のけん引役となる薩摩藩をはじめとした国内の諸勢力は、「綿を売って武器を買った」ことになります。アメリカの南北戦争は、日本版南北戦争ともいえる戊辰戦争の戦局にも大きな影響を及ぼしたのでした。

7
July

第8章

慶応4年7月

		1 ☀/☂	2 ☁	3 ☁	4 ☀/☂	5 ☂/☀
6 ☔	7 ☔	8 ☂	9 ☂/☀	10 ☀	11 ☀	12 ☀
13 ☂/⚡	14 ☂/☁	15 ☂	16 ☀/☂	17 ☀	18 ☔	19 ☀
20 ☀	21 ☀	22 ☀	23 ☀	24 ☀	25 ☀	26 ☀
27 ☁	28 ☁	29 ☀				

日本のスケッチ――御老中を馬車に乗せて東海道を進むところ（イラストレイテッド・ロンドン・ニュース／横浜開港資料館所蔵

Diary　7月

1日　新政府、旧幕府・開成所の理化学関連施設を大坂に移し、「舎密局」と改称する。
2日　新政府、対馬藩主・宗義達に、朝鮮との外交（新政府成立の通達）を指示する。
4日　秋田藩の急進派、仙台藩から攻撃を指示する使者を斬首し、奥羽越列藩同盟を脱退する。
6日　秋田藩兵、庄内藩攻撃のため進発する。
8日　北国鎮撫使の西園寺公望、長岡城に入城する。
　　言文一致体の先駆者、小説家・山田美妙生誕（明治43年〈1910〉没）。
10日　大坂開市に先立ち、外国貿易が始まる。
13日　**彰義隊の天野八郎が新政府に捕縛される。**
　　新政府軍、磐城平城を落城させる。
14日　庄内藩兵、出羽新庄城を落城させる。
15日　**新政府、大坂を開市（開港場）とする。**
17日　**天皇、江戸を東京と改称する詔を出し、江戸府を「東京府」と改める。**
　　烏丸光徳を知事とする。
19日　**徳川慶喜、水戸から駿府に移る。**
　　東京府、目安箱を設置する。
23日　慶喜、駿府にて謹慎生活に入る。
　　西郷隆盛、薩摩藩北陸出征軍の総差引（司令官）を命ぜられる。
　　東京府下の武家屋敷の町人貸与、武家屋敷での商売を禁止。
25日　長岡藩兵を率いる河井継之助、新政府に奪われた長岡城を奪還する。
　　河井、新政府軍に銃撃されて重傷を負う。
　　新発田藩、奥羽列藩同盟を破約して、新政府軍を上陸させる。
　　新政府、大坂銅会所を鉱山局と改称し、金銀銅の売買を管理させる。
26日　奥羽越列藩同盟の三春藩、新政府軍に降伏する。
　　新政府、旧幕府がフランス商社から借りた50万ドルを返済するため、横浜港の関税を担保として英国東洋銀行から50万ドルを借り入れる。
28日　「横浜新報・もしほ草」、大坂・神戸間の鉄道建設計画を掲載。
29日　**新政府軍、長岡藩の補給港である新潟港を制圧し、長岡城を再び落城させる。**
　　新政府軍、二本松城を落城させる。

この月　江戸で水害。
この月　欧州の立憲政治を紹介する加藤弘之の『立憲政体略』刊行。
この月　**「築地ホテル館」営業を開始（竣工は8月）。**

獄中の罠《わな》

上野戦争以来、潜伏生活を続けていた彰義隊副頭取の天野八郎（P175参照）が**13日**、ついに捕縛されます。

天野は5月15日に上野から脱出した後、本所（東京都墨田区）多田薬師《ただやくし》隣の炭屋文次郎方で再挙の機会を狙っていました。彼の態度は潜伏中とは思えないほど堂々としたもので、

「常に大刀《だいとう》を帯び白昼でもわずかに深編笠を用いる位のものであった」

という無造作ないでたちで出歩き、同志と再挙の打ち合わせをしていた（『戊辰物語』）

と伝えられます。

13日の朝、天野は彰義隊士の大塚霍之丞《おおつかかくのじょう》と朝食を摂《と》りながら「いつまでも文次郎に迷惑はかけられない」と次の潜伏先の相談をしていました。候補にあがっていたのは四谷鮫河橋《さめがはし》（新宿区若葉・南元町周辺）にある借家で、朝食後には早々に転居しようとしていた矢先、

「どかどかッと武装をして抜き身の武士五、六名。はッと思って八郎は猿《ましら》

●この年には福沢諭吉著『訓蒙窮《きんもうきゅう》理図解《りずかい》』が刊行されました。3巻からなり、空気の事、水の事、風の事など10章にわたり、自然現象などをやさしく解説しています。「窮理」は事物について、その理を窮めるという朱子学などで使われる言葉。江戸時代から明治初期にかけて物理学、哲学の意で用いられました。広く読まれ、明治初年に始まる文明開化、欧化政策に乗って窮理ブームを引き起こしました。

の如く身を躍らせ、二階から屋根へ出て見渡すとびっくりした。稲田藩約七十名、すでにぐるりと炭屋をとりまき、鉄砲を向けている。八郎は屋根から屋根と稲妻のように飛んだが一発額をかすったためにぐらぐらと目まいがして、どっと屋根からころがり落ちた」(『戊辰物語』)

潜伏先を急襲されあえなく捕らえられた天野は、日比谷御門内の本多邸内糾問《きゅうもん》所に設置された牢に入れられました。四畳半に9人が雑居するという劣悪な環境でしたが、牢内からしきりに食べ物の差し入れを依頼する手紙を出しており、すでに覚悟を決めた者の余裕が感じられます。

獄中では『斃休録《へいきゅうろく》』と題した手記をしたためるなど、心静かに過ごしましたが、10月中旬から風邪をひき、そのまま回復することなく11月8日の夜10時頃に息を引き取りました。辞世は、

北にのみ稲妻《いなずま》ありて月暗し

東北地方で戦い続ける奥羽越列藩同盟への、淡い期待が込められているようにも思われます。

ところで、なぜ天野八郎の潜伏先は新政府に知れたのでしょうか？

●『訓蒙窮理図解《きんもうきゅうりずかい》』には、「我享保五年の頃和蘭に於て『ふあれんへいと』といへる人、はじめてよき道具を作りこれを寒暖計《カンダンケイ》と名く」「日輪を中心にして大廻にこれを廻り、三百六十五日と二時半余にて本の処に帰る。これ即ち一年なり。これを地球の公転《コウテン》といふ」などの記述がみられます。戯作者、仮名垣魯文《かながきろぶん》は明治5年、開化期の世相を描く『胡瓜遣《きうりづかひ》』を刊行しました。「此小冊子胡瓜遣と題号《なづく》る故縁は、福沢先生の窮理図解世に高評の音通を仮用し…」と書いていいます。キュウリのダジャレですね。

●7月には、加藤弘之著『立憲政体略』が刊行されました。加藤弘之(1836－1916)は但馬国(兵庫県北部)出石藩士出身。ドイツ語を学び、この本で欧米の立憲政治を紹介しました。のちに、帝国学士院初代院長を務めました。

彰義隊士の石川善一郎という人物が、新政府に捕らえられて牢に入れられた際、同房となった者の中に、芝・増上寺の了寛という僧がいました。

「了寛はなかなか腹黒い奴で、ある時、石川にむかって『自分は近く出獄するが、出たらばすぐに八郎の勢に加わって脱走する考《かんがえ》である。八郎の住所を知らせてくれ』というので、石川は遂《つい》うっかりして文次郎方である旨を紙片に書いて渡した」（『戊辰物語』）

了寛はすぐにこれを新政府側に密告し、自分はその褒美として出獄したといいます。石川の情報によって本所石原町の潜伏先が新政府の知るところとなり、八郎は捕縛されてしまったのです。のちに石川はこの顚末《てんまつ》を知って責任を感じ、出獄後は八郎の家族を保護。八郎の妻つね子と長男の徳太郎、長女すず子を徳川家の新たな領地となった静岡へ送り届け、徳川家から扶助を受けられるよう骨を折ったといいます。

八郎はかつて下谷仲御徒町通三枚橋《さんまいばし》内（台東区上野）に居を構え、馬丁の熊吉、下女のふじという2人の使用人を雇い入れていました。ふじは八郎が捕縛され獄死した後も最後まで家族と離れず奉公を続け、熊吉に至っては八郎の志を果たすため、榎本軍を追って箱館へと走っています。

●この年には神田孝平《たかひら》の『和蘭政典』も刊行されました。オランダ憲法の全訳書。神田孝平（1830－1898）は経済学者。美濃（岐阜県南部）の生まれで、福沢諭吉とともに、イギリスの経済学を紹介したことで知られます。元老院議官、貴族院議員を務めました。

「八郎が捕えられ、その愛馬は官軍の手に渡った。ある日、この馬に官兵が跨《また》がって悠々《ゆうゆう》として通行するのを見た熊吉は、狂気の如くになって家に馳《か》け込んで来て、八郎の夫人つね子の袖《そで》へとりすがって声をあげて泣いている。いろいろ聞いて見ると『旦那様の馬をあんな者にとられて口惜《くや》しい、口惜しい』というのであった」（『戊辰物語』）

熊吉が箱館に着いた時には、すでに五稜郭での戦いが最終局面にあり、榎本軍は降伏を決めていました。これを聞いた熊吉は鉄砲を自分の喉へ撃ち込んで、生命《いのち》を絶ったと伝えられています。

使用人からここまで忠義を尽くされる魅力が、天野八郎という人物には備わっていたのでしょう。

「遷都」ではなく「奠都《てんと》」

5月24日に徳川宗家の駿府移封が決定したことで、新政府内では江戸の扱いについてさまざまな議論が行われました。

佐賀藩出身の江藤新平・大木喬任の両名は閏《うるう》4月、いち早く「奠都《てんと》」を

●「ずっと後に、五代目尾上菊五郎がこれ（天野八郎の潜伏生活）を芝居にし（明治23年、新富座「皐月晴《さつきばれ》上野朝風」）、八郎が金魚屋の手代に化けているところをやって『天野は町人に姿をかえるようなそんなびくびくした人物ではない』と、彰義隊生き残りの人たちにひどく物言いをつけられた」（『戊辰物語』）

●奠都「都をその地に定めること。帝都を建設すること」（日本国語大辞典）。「奠」には「供え物」（香奠《こうでん》）のほか、「位置を定める」の意味があります。

岩倉具視《ともみ》に建議。この中で、
「関東の民心を摑み安定をもたらすためには、時期を逃してはならない。速やかに前将軍・徳川慶喜に公明正大な処分を与えることを布告し、彼を別の地域に移して急ぎ『江戸』を『東京』と定め、これを天皇親政の地とすべきである。そしてゆくゆくは日本の東西に二つの都を立てるべきだ」
と主張しています。

この建議を受けて6月21日に大久保利通が、同25日には木戸孝允《たかよし》と大木喬任が調査のため京都から江戸へ向かい、江戸への奠都が可能であるという調査結果を政府に提出したのです。

「奠都」は「都を定める」という意味で、都を移す「遷都」とは微妙に意味合いが違います。大久保らがことさらに「奠都」という言葉を使ったのは、「京都が都であることに変わりはない」という点を強調し、反対派を抑えるためでした。

17日、「万機ヲ親裁シ億兆ヲ綏撫《すいぶ》ス」と天皇親政を掲げた『江戸ヲ称シテ東京ト為《な》スノ詔書』が出されました。この中で江戸について、
「江戸は東国で第一の都市であり、四方から人や物が集まる地であるか

●『江戸ヲ称シテ東京ト為スノ詔書』の内容は「朕《ちん》今《いま》萬機《ばんき》ヲ親裁シ億兆ヲ綏撫《すいぶ》ス。江戸ハ東國第一ノ大鎮《たいちん》四方輻湊《ふくそう》ノ地。宜《よろ》シク親臨《しんりん》以《もっ》テ其政《そのまつりごと》ヲ視《み》ルベシ。因《より》テ自今《いまより》江戸ヲ稱《しょう》シテ東京トセン。是《これ》朕ノ海内《かいだい》一家東西同視《どうし》スル所以《ゆえん》ナリ。衆庶此意ヲ體《たい》セヨ」

●「首都についての大久保提案は、ミカドとその顧問の賛成をかちえたと思われていたが、間もなく、いろいろの理由で、旧来の統治所在地を保っておく、という希望があることがわかった。第一に、それは民衆の偏見と一致していた。第二には、東京は大坂よりももっと日本の中心を占めていたし、さらに重大な理由は、それが実に幕府の心臓部であった、ということだった。徳川勢の真ん中にミカドがいることは、どんな陰謀をも、くじくだろう」（J・R・ブラック『ヤング・ジャパン』）

ら、(天皇)自らがその政治をみるべきである。以後江戸を『東京』と呼ぶこととする。これは朕が国の東西を同等と見ているためである」と、その重要性を説いており、こののち「東京府」が設置されました。これにより江戸幕府が「江戸府内」と定めていた「朱引内《しゅびきうち》」(千代田区・中央区・港区・文京区と、新宿・台東・墨田・江東各区の一部)が東京府の管轄地域となります。

また併せて、それまで京都を御座所としていた天皇が東京へ行幸することも決定しました。

実はこの年の正月17日に、大久保利通が大坂への遷都を建言したものの、保守的な公卿らの大反対を受けて「大坂行幸」に切り替え、40日ほどで京都へ戻るという出来事がありました。この苦い経験を踏まえ、ここでは「奠都」を明確にせず「東幸」(東京への行幸)という形を取ったのです。

天皇は10月に東京に入り、いったん京都へ戻ったものの、翌明治2年(1869)3月28日、東京再行幸を果たすことによって、東京が実質的に日本の首都と定まったのです。

●「朝廷を東京に移すにいたった動機がもうひとつあった。金が欠乏していたことだ。徳川家の収入を没収しなければならなかった。徳川家の収入の大部分は、関東領(箱根峠から東の八州―武蔵、安房《あわ》、上総《かずさ》、下総《しもうさ》、上野《こうずけ》、下野《しもつけ》、伊豆、相模)からあがっていたが、東京はその中心にあった」(『ヤング・ジャパン』)

「トウケイ」と読む人たち

明治初期、「東京」には2通りの読み方が混在していました。

一つは現在と同様の「トウキョウ」という読み。

そしてもう一つが、「トウケイ」という読み方です。

明治20年（1887）に発表された二葉亭四迷の『浮雲』は、言文一致の文章で記された小説として知られていますが、この作品の中には、

「文三（主人公）だけは東京《とうけい》に居る叔父の許《もと》へ引取られる事になり…」

「産《うまれ》は東京《とうけい》で、水道の水臭い士族の一人《かたわれ》だと履歴書を見た者の噺《はな》し…」

と振り仮名が記されている文章が散見され、明治20年（1887）の時点でも東京を「トウケイ」と呼ぶ人がいたことが分かります。

また明治13年（1881）に、東京大学工学部の前身である「工部大学校」から出された英文の資料「The Calendar of the Imperial College of Engineering, Tokei」には〝Tokei《とうけい》〟と明記されており、この他にも学校や役所などの公共機関で「トウケイ」を使っている例が多数ありました。

しかし同時に「トウキョウ」という振り仮名も、数多く見られることか

●東京に対して、京都を「西京」ということもありました。日本国語大辞典には、明治4年（1871）の「新聞雑誌－六号」から取った用例として、「西京より越前敦賀えの鉄道を、西京にて商人等会社を結び造営せん事を、官に乞ふと云」が出ています。

●饗庭篁村の『当世商人気質』（明治19年〈1886〉）には、東京《とうけい》が頻出します。「イヤモウ、東京《とうけい》の町住ひは火事場か戦場に居ると同じで雑踏《ごたつき》を極めますより…」

ら、必ずしも明治の初期に「トウケイ」が一般的な読み方だったというわけではなかったようです。

明治37年（1904）以降に使用された国定教科書『高等小学読本』には、「東京市」に「トーキョーシ」という振り仮名があることから、この頃には「トウキョウ」という読みが一般化していたのでしょう。

「東京」と書く人たち

新都「東京」については、「東京」という表記もありました。

この「京」は、中国に古くからある異体字の一つで、漢や唐の王朝では「京」よりも「京」が用いられていたようです。

明治時代には公的機関の文書にもこの文字が使われており、政府の布告や通達を東京府がまとめた『宦途必携』（明治4～5年）にも、随所に「東京府」の記載がありました。

また、明治29年（1896）に東京府が発行した地図「東京府郡區全圖」では「京」の字が使われています。

●明治の初期から前期にかけては、「東京《とうきょう》」「東京《とうけい》」「東京《とうきょう》」「東京《とうけい》」の4パターンが混用され、読み方も表記も一定していなかったということになります。

「東京」という地名は、7月17日の詔書によって作り出された造語であるだけに、人々が馴染みを持って受け入れるまでには、時間がかかったのではないでしょうか。

「東京日日新聞」は、「毎日新聞」となる昭和10年代まで題号に「京」が使われていましたし、「東京朝日新聞」も昭和15年（1940）まで「京」のままでした。

表記の混乱がいつ頃まで続いたのか、正確には分かりませんが、「毎日新聞」や「朝日新聞」の例は別として、明治30年代頃には「東京《とうきょう》」に統一されていったようです。

天皇の居所

かつて将軍の居城であった江戸城は、どのように天皇の住まいである「皇居」へと変わっていったのでしょうか。

この年の明治天皇の「東幸」に合わせ、江戸城は「東京城」と改められました。その後、明治2年（1869）3月の再行幸の際に「皇城《こうじょう》」と名を変え、明治21年（1888）10月から「宮城《きゅうじょう》」と呼ばれるようになります。現在の「皇居」という名称が使われるようになったのは、昭和23年（1948）7月に「宮城」と称する告示が廃止されてからでした。

明治21年（1888）の「東京朝日新聞」の題字（写真提供／朝日新聞社）

明治初年の東京城（『遷都五十年史』／国立国会図書館）

明治2年（1869）の再行幸を前に、新政府の最高官庁である太政官が京都・二条城から皇城の西ノ丸「白書院《しろしょいん》」に、宮内省も西ノ丸中奥「御《ご》座之間《ざのま》」へと移され、かつての江戸城西ノ丸の各部屋は新政府の省庁に割り当てられていきました。

また、西ノ丸の一角には、宮中三殿《きゅうちゅうさんでん》（賢所《かしこどころ》、皇霊殿《こうれいでん》、神殿《しんでん》）が増設されています。同年3月に作成された「皇城図」を見ると、西ノ丸奥の「山《やま》里《さと》」と呼ばれる曲輪《くるわ》（区域）に三殿が設けられているのが分かります。そこから長廊下を経て、かつての西ノ丸大奥「御座之間」に帝室が設けられました。こうして江戸城は天皇の居所として、また新政府の政庁として整備されていったのです。

25 少年、最前線の死

東北での戦争は、7月に入り大きく戦況が動いています。

新政府軍は、旧幕府から接収した軍艦や各藩が所有する艦船を使い、6月半ばから7月半ばにかけて平潟《ひらかた》（茨城県北茨城市）へ兵を運び続けまし

●白書院は、「柱は白木《しらき》で、漆などを塗っていない書院。江戸城本丸御殿では一番主要な建物である大広間の次にあり、表向きの部屋として儀式を行なったり、来客と対面したりするのに用いた。対面所ともいう。黒書院はこの奥にある」（日本国語大辞典）。

た。

13日には平城《たいら》を落として、磐城《いわき》平《たいら》藩（福島県いわき市平）を攻略。三春藩（福島県田村郡三春町）が降伏し、勢いづいた新政府軍は北上して**29日**に二本松城下へと攻め入っています。

二本松藩（福島県二本松市）では、精鋭が白河城の攻防戦のため出払っていたため、家老の丹羽《にわ》一学《いちがく》を中心に、老人や農民兵、少年兵をかき集めて、約1000の兵力で新政府軍を迎え撃つこととなりました。

29日正午頃、奮戦の甲斐なく二本松城は敵の手に落ち、一学は城に火を放って自刃します。このとき城外で戦っていた「二本松少年隊」は、戦場に取り残される形となってしまいました。

「二本松少年隊」は、藩の砲術師範である木村《きむら》銃太郎《じゅうたろう》の門下生を中心に組織され、隊長の木村が22歳だったほかは12歳から17歳までの少年ばかり。木村の指導のもと、大砲を駆使して新政府軍の進攻を阻んだものの、木村の戦死によって指揮官を失うと、混乱の中で次々と敵弾に倒れていきました。

17歳の小澤幾彌は腹部を撃たれ、苦しい息の下から通りかかった一人の

二本松少年隊の像と二本松城
（時事通信フォト）

将校に向かい、

「敵か味方か」

と問いかけます。相手が、

「味方だ」

大声で答えると、

「介錯《かいしゃく》」

と、一言叫びました。

この人物は新政府軍の一隊長で、岡山藩出身の人物だったと伝えられています。隊長は〝あっぱれな少年だ〟と胸を打たれ、希望通り一刀のもとに首を落とすと、数日後、小柄に刻まれた家紋から小澤の身元を突き止め、その菩提《ぼだい》を弔いました。

この攻城戦で、二本松藩では218人の戦死者を出しており、うち25人が年端もいかぬ少年兵でした。

●少年、小澤を介錯した人物については、土佐藩、薩摩藩出身の異説もあります。

慶喜、32歳の隠居

徳川慶喜は4月以来、水戸で謹慎生活を続けていましたが、東北での戦争が激しくなるにつれ、自らがその渦中に巻き込まれる可能性を懸念し始めていました。水戸藩からは藩内抗争の末に約500人の藩士が脱走して北越戦争に参加しており、長岡藩降伏後は会津藩領に入って新政府軍との戦闘を続けていました。

「東北の諸藩一旦王師（天皇の軍隊）に抗したれども、心定《こころさだ》まらば順逆の理を覚《さと》りて、ゆく〳〵降伏に至らんは必定《ひつじょう》なり、其時《そのとき》に至ば、会津に加はれる水戸の党人等は其倚《よ》る所を失ひ、必ず水戸に復帰して積怨《せきえん》を霽《は》らさんとすべし」（渋沢栄一『徳川慶喜公伝』）

すなわち慶喜は、「東北の諸藩は官軍に抵抗したが、いずれ道理を悟って必ず降伏する。そのとき会津藩と共に戦っていた水戸藩士は行き場を失い、水戸に帰還して怨みを晴らそうとするだろう」と予想し、彼らの旗頭として担ぎ出されることを心配していたのです。

そこで彼は、勝海舟を通じて新政府に駿府への移住を願い出ました。新

●『武江年表』の7月の記述です。「下谷御徒士町・本所・深川・番町の辺、其外に小身の武士、家禄奉還の儔《ともがら》、又は元御用達《ごようたし》町人等、商売を始む。骨董舗《ドウグヤ》、分て多し。或は貨食屋《リヤウリヤ》・酒肆《さかや》・茶店、汁粉・蕎麦・鮓・漬物・紙類・烟草・蝋燭・乾魚、其余、色々の物を售《あきな》ふ人多し。（中略）しかれども、多くは商賈《あきない》の道に疎き輩なれば、贏余《マウケ》を以、活計《ナリハイ》とするに足らず。間もなく閉店の人、多かりし」。武士や御用達の町人は様々な新ビジネスを始めますが、なかなかうまくいかなかったようです。

政府も慶喜が戦場に近い水戸を離れ、江戸以西に移ることを歓迎し、許可しています。

慶喜は**19日**の夕刻、水戸を出立して舟と陸路で銚子（千葉県銚子市）へ向かい、**21日**に旧幕府の軍艦「蟠龍丸《ばんりゅう》」に乗船して、2日後の**23日**に駿河国清水港に上陸すると、その日のうちに徳川家と縁の深い宝台院（静岡市常磐町）に落ち着きました。このとき、慶喜は32歳。以来、若くして世間との縁を絶ち、長い「隠居生活」に入ります。

写真、油絵、21人の子供

駿府行きには、あの侠客《きょうかく》、新門辰五郎《しんもんたつごろう》（P105参照）も同行していました。

辰五郎の娘「お芳」は慶喜の側室です。慶喜が鳥羽・伏見の戦いの際に大坂城を脱出し、軍艦「開陽丸」で江戸に帰還した時、お芳は荷物の搬入にまぎれて開陽丸に乗り込み、慶喜と行動を共にした、と伝えられています。しかし、今回は同行したかどうか不明です。

●「内戦は事実上、ほとんど終わっていた。将軍は、その地位を退いて、偉大な先祖家康の気に入りだった静岡の城に隠棲し、漢詩を作ることによって勉学心を満足させていた。そして、郷土の紳士としての生活を送りながら、四十年もの間、農業、特に茶の栽培法の改良に専心した。このような方法で、彼は昔のように雇っておく

ともあれ慶喜は、駿河府中（駿府）藩（のち静岡藩→静岡県と改称）に落ち着き、戊辰戦争も終結した翌明治2年（1869）9月28日には謹慎も解かれます。翌月には宝台院を出て紺屋町の元代官屋敷に居を構え、東京から正室の美賀子夫人を呼び寄せました。

慶喜は静岡で明治30年（1897）まで過ごしますが、この間に21人の子供をつくり、さまざまな趣味に没頭する生活を送っています。

狩猟が好きで当初は放鷹を楽しんでいましたが、やがて猟銃に凝るようになり、洋服にライフルを担いで颯爽《さっそう》と立つ肖像写真が残されています。

写真撮影にも並々ならぬ興味を示し、

「写真を研究し給《たま》いては、夜の徹し給うことも屡《しばしば》にて、忽《たちまち》に上達し給い、静岡の風光明媚なる処《ところ》は、概《おおむ》ね公（慶喜）のレンズに斂《おさ》められたり」（渋沢栄一『徳川慶喜公伝』）

というほどの、熱中ぶりでした。

撮影ばかりでなく、現像から焼き付けまで自分で行うという徹底ぶりで、いかに彼が凝り性な性格であったかを示しています。

他にも油絵や釣り、謡や刺しゅう、投網など、あらゆる趣味の分野に手

ことはできないが、お払い箱にすることもできないおおぜいの家来たちのために、よい仕事を見つけてやったのである。彼は親切で、心の広い主人であった」（A・B・ミットフォード『英国外交官の見た幕末維新』）

●徳川慶喜の後継者、徳川家達《いえさと》の駿府藩移封に伴い多くの臣下が静岡にやってきました。他の農作物に比べ、栽培が簡単で、帰農した武士にはうってつけの茶の栽培に従事する人も多かったようです。上総の網元の息子で神奈川奉行所の端役をしていた多田元吉《もときち》は茶栽培で頭角を現し、輸出品の紅茶生産の技術獲得のためインドへ。密林地帯で赤痢にかかりながらも帰国して紅茶の品種改良をしました。昭和30年（1955）、静岡県の奨励品種になった「ただにしき」は、元吉の汗と涙でつくられた紅茶用の茶葉でした。

を出し、いずれも玄人はだしのレベルに達したとか。

中でも刺しゅうには、弟で最後の水戸藩主となった徳川昭武《あきたけ》という同好の士がいたことから、並々ならぬ熱中ぶりを発揮しました。

道楽に明け暮れる生活を約30年も続けた後、慶喜は明治30年（1897）11月に静岡を離れ、東京・巣鴨の徳川家別邸「梅屋敷」（豊島区巣鴨1丁目）に移ります。慶応4年（1868）4月にわずかな供を連れて水戸へ退去して以来の東京住まいでした。

翌31年（1898）3月2日には、かつて将軍の住居であった宮城に参内して明治天皇に拝謁。晩餐では、皇后（のち昭憲《しょうけん》皇太后）自ら慶喜に酌をするという厚遇を受けています。

すでに時代は移り、近代国家としての体制を確立した日本にとって、徳川慶喜という人物は、もはや脅威ではなくなっていました。むしろ明治維新の混乱を最小限に収めた功労者として遇され、明治35年（1902）には公爵に叙せられて華族に列し、同41年（1908）には勲一等旭日大綬章が贈られています。

●騎乗を許されない下級の武士の「御徒《おかち》」（のちに銃隊取締役）だった山本政恒《まさひろ》の記録によると、江戸開城後、山本は「無禄駿府居住」を願い出ました。慶喜を警備して静岡に下ります。この年、天皇の東京行幸時には吉原宿で警衛を務め、さらに、東京に出て天璋院《てんしょういん》の警衛を担当。廃藩後は浜松県、熊谷県・群馬県に奉職し、東京に戻り帝国博物館で謄写の仕事をしました。幕府瓦解後は、苦難の生活だったようです。（『幕末下級武士の記録』）

東京に移り住んでからも、好奇心旺盛な彼の性格は相変わらずでした。明治36年（1903）に大阪で陸軍第四師団の砲兵工廠《こうしょう》を見学した慶喜は、兵士が使う飯盒《はんごう》に強い興味を示します。技官から米を炊く際の水加減などを詳しく聞き出し、後日、銀塊を工廠に送って銀製の飯盒を作らせると、自宅で毎日のように飯盒炊さんを楽しんでいたとか。物事に異様なまでに熱中する癖は、生涯変わらなかったようです。

幻想の「武装中立」

25日、北越戦争が重大な局面を迎えました。越後（新潟県）の長岡藩を率いる軍事総督・河井継之助《かわいつぎのすけ》が、一度は新政府軍に奪われた本拠地・長岡城を取り返すべく、前夜から進軍を開始し、この日の早朝に奇襲攻撃をかけたのです。

河井は江戸や長崎に遊学し、漢学・洋学を修めた秀才で、長岡藩の藩政・軍事改革を行った人物です。戊辰戦争に際しては藩内の恭順派と強硬派双方を説得し、長岡藩の「武装中立」を目指しました。

河井継之助（写真提供／長岡市立図書館）

5月には小千谷（新潟県小千谷市）に迫った新政府軍と交渉し、中立の立場を取る長岡に兵を進めないよう求めますが、そのような言い分が認められるはずもなく、交渉はわずか30分ほどで決裂。長岡藩は奥羽越列藩同盟に参加し、戊辰戦争のただ中へ突き進んでいったのです。

25日の奇襲攻撃で長岡城を奪還したものの、河井はこの戦闘で左膝下に銃弾を受けて戦闘不能の状態となり、長岡藩は指揮官を失います。

同じ25日、新政府軍は艦船を使い兵員約2000を上陸させて、長岡藩の外港・新潟港を占拠したため、同盟軍は武器弾薬の補給拠点を失ってしまいました。このため**29日**には再び新政府軍によって長岡城を奪われ、長岡藩兵は傷ついた河井をかばいながら会津若松を目指して敗走します。

河井は〝会津に行っても良い事はない。俺は置いて行け〟と主張しましたが周囲に諭され、担架に乗せられて越後と南会津を結ぶ峠道「八十里《はちじゅうり》越《ごえ》」（福島県南会津郡只見町境）を越えました。このとき、

八十里こし抜け武士の越す峠

と自らの不甲斐なさを、ののしるような句を残しています。

すでに会津に入っていた長岡藩主・牧野《まきの》忠訓《ただくに》は、幕府の侍医松本良順《りょうじゅん》

越後国信濃川武田上杉大合戦之図（歌川芳盛／個人所蔵）新政府に配慮し、北越戦争を武田・上杉の戦いに仮託しています。

を差し向け、治療に当たらせましたが、その甲斐もなく8月16日に河井は帰らぬ人となりました。享年42。

米百俵の教訓

武装中立を目指しながら、結局は新政府軍に激しく抵抗した長岡藩には、戦後厳しい処分が待っていました。12代藩主の牧野忠訓は城地を没収され、この年12月に11代藩主の子・牧野忠毅《ただかつ》が2万4000石で再興を許されたものの、従来の7万4000石から大幅に削られた石高では、藩を維持することは不可能と思われました。城下は戦火によって消失し、戦死者遺族への手当も藩財政に重くのしかかります。

明治2年（1869）、小林虎三郎が藩の大参事に就任します。小林は戊辰戦争の際に新政府への恭順を主張して河井継之助と対立し、藩政の中枢から外された人物です。

この頃、困窮する長岡藩を見かねた支藩の三根山藩から、百俵の米が贈られました。緊急援助に安堵して米の分配を求める藩士に対し、小林はこ

小林虎三郎（1828－1877）幕末・明治初期の武士、のち教育者。越後長岡藩出身。江戸で西洋流軍学者・佐久間象山の私塾に入塾。ペリー来航を受け、象山とともに横浜開港を唱えてとがめられ、帰藩。維新後、長岡藩大参事。著作に『小学国史』がある。

小林虎三郎（『長岡市史』／国立国会図書館）

の米を元手として教育機関を設立することを宣言します。

反対する藩士を前に、小林は「教育第一主義」を訴え、人材育成こそが長岡の繁栄と復興につながるという信念を貫徹。明治3年（1870）6月15日、「国漢学校」が新しい校舎でスタートしました。

国漢学校では儒学・国学・国史をはじめ、地理学や窮理学（物理学）、博物学などの洋学もカリキュラムに加え、旧藩時代のような藩士だけの教育機関ではなく、広く一般の領民にも門戸を開いて、数多くの人材を育て上げています。

小林の教育政策は、平成13年（2001）、当時の内閣総理大臣小泉純一郎が所信表明演説を、

「改革を進めるためには、今日の痛みに耐えて明日を良くしようという『米百俵の精神』こそ、改革を進めようとする今日のわれわれに必要ではないでしょうか」

と結んだことで、広く知られるようになりました。

築地ホテル館（写真提供／清水建設）

●「外観は全形に洋風の構想なるも、細部に至つては多く日本建築の手法を用ひたり、塔屋に華灯形の窓を用ひ鐘を釣り、塔上の風見竿より四方の軒先きに鎖を張りて之に風鐸を吊せるなど、巧に本邦建築の細部を用ひたり、ホテル

建物があまりにも俗悪

この7月、東京の築地居留地設置に先がけて、外国人のためのホテル「築地ホテル館」が営業を始めました。これは日本人の経営による初の洋式ホテルで、創業時の別称は「エド・ホテル」。いまだ建設中ではありましたが（完成は8月）、すでに宿泊客の受け入れを始めていました。

外観になまこ壁をめぐらした和洋折衷の建築様式で、基本設計をアメリカ人のR・P・ブリジェンスが行いました。

ホテルの規模は、敷地面積が1町四面（約12100平方メートル）、3階建ての本館と平屋の別館からなり、延面積1619・7坪（約5354・4平方メートル）、建坪30間四面（約2970平方メートル）という大規模なものでした。施工は、日本の清水組（のちの清水建設）2代目・清《し》水《みず》喜《き》助《すけ》が請け負っています。

イギリスの外交官アーネスト・サトウは、**2日**に築地ホテルを訪問し、「まだ内部は非常に雑然としていて、未完成の状態にある。しかし、茶屋を配した庭園は美しく仕上がっている。すでに数名の外国人が宿泊して

の寝室として用ひたる室は平屋に廿六室、一階に卅七室、二階に卅九室合計百二室あり、便所及び浴室は各所に集中して設けられ、各寝室に暖炉の設あり、海岸面の室にはヴエランダを附したる等、極めて行届きたる設計なり。構造は木造桟戌瓦葺、外装は瓦張、海鼠壁及び漆喰塗、内部は多く漆喰塗、木部はペンキ塗。築地ホテル館之図の説明によれば、間口四十二間奥行四十間、高さ九丈四尺。本館延建坪千百二坪、平家建百四坪。収容人員百名余、玉突等社交室あり」（日本ホテル略史、「渋沢社史データベース」所収「清水建設兼喜会五十年」より）

客室は102室で、1泊3ドルだったといいます。外国人にはエド・ホテルと呼ばれました。明治4年（1871）に、半官半民の外国人専用旅館から私営旅館となりました。明治5年（1872）に大火に襲われ焼失しました。

いるようである」（『江戸開城　遠い崖7』に引用された日記）

としています。日記にはこのほか、次のような記述もありました。

「ホテル運営のために数名のヨーロッパ人を雇うことを勧告した」

「茶を飲みにホテルへゆき、庭に腰をおろしたが、建物があまりにも俗悪なので憂鬱になった。５杯の茶と一束の葉巻にたいして、支配人が１ドルを請求したので、給仕に出た日本のボーイまで仰天してしまった。この少年にも法外な請求と思われたのである」（いずれも同書）

その頃、「暖炉《ストーブ》を備ふ館に酒くみて足もホテルに眠る外じん」の狂歌がつくられたといいます（『日本ホテル館物語』）。「足も火照る《ホテル》」快適さに、あこがれたのでしょうか。

築地ホテル館は日本人の経営による初のホテルでしたが、本邦初の外国人向けホテルは万延元年（１８６０）に横浜で誕生しています。

――その名も、「横浜ホテル」。

オランダ船の元船長だったフフナーゲルという人物が、横浜の山下居留地70番地（横浜市中区山下町）に開いた、客室わずか８室の質素な建物で

P・R・ブリジェンス（１８１９―１８９１）
横浜居留地の住宅、商館やイギリス仮公使館、明治５年（１８７２）完成の横浜駅、新橋駅を設計しました。妻が米国公使夫人の妹だったことから、英国公使パークスとの関係ができ、英国系の資金や技術で建設された新橋―横浜間の鉄道工事の中で、両駅舎を設計する機会をつかんだともいわれています。（長谷川堯著『日本ホテル館物語』）

した。それでも外国人向けのホテルは他になかったため、イギリス公使のラザフォード・オールコックも利用しています。

「シーボルト事件」で国外追放になったフランツ・シーボルトは後年、再来日した際、長男のアレキサンダーと共にここへ投宿。イギリス人風刺画家で、月刊誌「ジャパン・パンチ」を創刊したチャールズ・ワーグマンも横浜ホテルの客でした。

横浜ホテルの名物は、バーとビリヤード室。バーは「マコーリー男爵」というニックネームを持つ黒人が取り仕切っており、彼は文久2年（1862）に独立して、山下居留地86番地に「ロイヤル・ブリティッシュ・ホテル」を開業しています。翌文久3年（1863）には、横浜ホテルの隣に「アングロサクソン・ホテル」が開業し、次第に横浜のホテル事情も充実していきました。

残念ながら横浜ホテルは、慶応2年（1866）の大火で焼失。開業からわずか6年という、短命に終わってしまいました。

清水喜助（1815－1881）越中井波（富山県南砺市）に生まれ、江戸・神田の大工棟梁初代清水喜助の弟子となり、入婿。横浜に進出し、外国文化に接触して西欧建築の様式を吸収しました。江戸幕府は、外国人用ホテル建設で、地所を無償で貸与し「民間資本」にやらせる方針をとりました。清水は「仲間組合」を、加入金一株百両で募集したといわれます。

2代目・清水喜助（写真提供／清水建設）

8
August

第9章

慶応4年8月

			1 ☂	2 ☂	3 ☂	4 ☁
5 ☁	6 ☀	7 ☀	8 ☀	9 ☀	10 ☀	11 ☁
12 ☔	13 ☀	14 ☀	15 ☂	16 ☂	17 ☂	18 ☂
19 ☀	20 ☂	21 ☀	22 ☔/☀	23 —	24 ☂/☀	25 ☂
26 —	27 ☂	28 ☁	29 ☀	30 ☂/☀		

甲冑をつけた日本の高位の士官と剣持ち（イラストレイテッド・ロンドン・ニュース／横浜開港資料館所蔵

Diary　8月

2日　西郷隆盛の弟・吉二郎、北越戦争で負傷する。
　　新政府、東京に兵学校を開校させる。
3日　会津藩、母成峠に陣を張る。
4日　木戸孝允、明治天皇の東幸の発表を促す。太政官より布告。
5日　会津戦争で白虎隊士から、最初の戦死者を出す。
6日　奥羽越列藩同盟の相馬（中村）藩、新政府に降伏する。
　　西郷、薩摩藩（実質、新政府軍）の北陸出征軍を率い、春日丸で鹿児島出帆。
10日　白虎隊寄合二番隊、佐取・石・船渡などの戦いで戦死者を出す。
11日　西郷率いる薩摩藩北陸出征軍、新潟（松ヶ崎）に到着。
12日　秋田藩兵、出羽村上城を旧幕府派から奪回する(11日とも)。
14日　西郷の弟・吉二郎、戦傷が悪化し死亡。享年、36。
16日　新政府軍参謀・板垣退助らが会津攻めの方針を決定する。
　　賀陽宮朝彦親王、謀反の疑いにより広島藩に幽閉される。
　　河井継之助没。享年、42。
17日　東京府庁開設される。
19日　榎本武揚率いる旧幕府海軍、艦船8隻をもって品川沖から脱走する。
　　板垣と伊地知正治、二本松で会津攻めの作戦を固める。
　　大坂府、春画の売買、男女混浴、卑猥な興業物を禁止。
20日　西郷、越後松ヶ崎に滞陣。
　　各方面の新政府軍、会津へ進撃を開始。
21日　母成峠の戦いで、会津藩兵が新政府軍に敗れる。
　　南部藩兵が出羽方面に進撃、秋田藩兵は大館まで撤退する。
22日　**会津方面で新政府軍が十六橋を突破。松平容保、滝沢本陣に出陣。**
23日　**会津方面、戸ノ口原で会津藩と新政府軍が戦う。白虎隊士、飯盛山で自刃。**
　　新政府軍、会津若松城下に侵攻する。
　　桑名藩主・松平定敬と長岡藩主牧野忠訓、会津から米沢に逃れる。
24日　新政府軍、会津藩の籠城方から抵抗を受け、持久戦に切り替える。
25日　新政府総督府、東京築地の旧幕府海軍所を接収する。
26日　榎本、旧幕府艦隊を率いて仙台へ入る。
　　会津戦争で新政府軍、小田山を占領する。
　　日光口から引き揚げてきた会津藩の山川大蔵隊が会津若松城へ入城。
　　新政府、天皇の誕生日に天長節を執行することを布告。
　　新政府、天皇の東幸費用の一部として、東京の豪商に86万両の調達を命じる。
27日　**明治天皇の即位の大礼が執り行われる。**
29日　会津藩兵、長命寺の戦いで敗退する。
　　大坂造幣局、イギリス製の貨幣鋳造機を設置。
　　神奈川裁判所備付の小蒸気船「稲川丸」、京浜間の往復始める。

この月　「ご一新」の大赦行われる。

「チェスト」で要衝破り

新政府の奥州戦争に対する基本方針は、軍防事務局判事加勢・大村益次郎（長州藩士）が考えた、

「枝葉を刈って根本を枯らす」

というものでした。

上野の彰義隊戦争は、彼が企画・立案・演出して圧勝しました。

その後、日光、今市、宇都宮を制し、白河を攻略した新政府軍は、米沢と仙台へ兵を進めています。海路は、太平洋側では平潟（北茨城市）に兵を送り、磐城平《いわきたいら》、棚倉《たなぐら》、相馬中村、二本松の各藩を攻略。「枝葉刈り」を猛スピードで進め、「根本」の会津へ迫りました。

日本海側では、新潟港に上陸した新政府軍が長岡で列藩同盟軍を破り、一気に会津国境へと迫っています。

会津若松城攻めを目指す新政府軍3000は、奥羽越列藩同盟を順調に調略と武力で切り崩し、寝返り・瓦解を誘いつつ、**20日**、伊地知正治《いじちまさはる》（薩摩藩士）と板垣退助（土佐藩士）の両参謀に率いられ、いよいよ会津攻め

●『武江年表』の8月の項では、江戸の「好調ビジネス」と「衰退ビジネス」を列挙しています。

■此頃世に行るもの
●骨董舗 ●濁醪《ニゴリサケ》 ●外科 ●西洋諸品 ●売卜者《うらないにんそうみ》・相工 ●鳥銃の工人・弾薬 ●両替辻店 ●曳車漢《くるまひき》 ●粉団《ダンゴ》・汁粉餅・蕎麦店 ●行厨舗《ベントウヤ》 ●寄場《よせ》 ●私窠子（土妓）

■少しく衰たるもの
●呉服店 ●花街・雑劇《シバヒ》 ●篦頭舗《カミユヒトコ》 ●轎夫《カゴカキ》 ●鼈甲細工 ●伎踊師《ヲドリシ》・音曲者 ●茶湯者 ●画匠 ●俳諧師 ●文芸の輩 ●市井地主 ●奉公人口入 ●寺院 ●芸花園《ウヘキヤ》 ●武家出入商家 ●武家日雇並口入 ●書画・活花会其余多かるべし。然れども、この頃一旦の衰に及びしなり。又甲冑・弓箭《きゅうせん》 ●大小栫屋・刀剣研師《とぎ》 ●辻番受負等は廃務のごとし。 ●剣付鉄炮ゲペル、やゝ廃れり。

を開始します。

新政府軍の先鋒は、**22日**の午後には、猪苗代湖北岸の戸ノ口原入口、すなわち日橋川《にっぱしがわ》にかかる十六橋《じゅうろっきょう》に到達していました。この橋は、十六の石組でできた橋脚をもっていたことから、そう呼称されていたといいます。

十六橋は会津藩にとって、きわめて重大な戦略拠点でした。

会津藩では、侵攻してくる敵に対していよいよという時に、この橋を壊して敵の侵入を阻止するつもりでいました。ところが、新政府軍の進行速度は会津藩の予想をはるかに上回っていました。

この頃、会津地方は連日の雨。道はぬかるみ、雨は霧を呼んで視界を濃霧が遮っています。こんな悪天候の中を、新政府軍が休む間もなく強行軍で攻め込んでくるとは、さすがの会津藩でも想定外だったようです。

会津藩はこの橋を死守すべく、約120～130人を橋の西側へ、さらにその西方へ白虎隊2中隊、橋の南西にも180人を布陣させ、その北には萱野権兵衛《かやのごんべえ》（会津藩家老）の指揮下にあった桑名藩の兵、約200を配置。それらを統括すべく、十六橋西方約2キロの強清水《こわしみず》に佐川官兵衛が手駒の100人を率いて陣を構えていました。

●7月29日に落城させた二本松から、石筵《いしむろ》—母成《ぼなり》峠を経て猪苗代から入る行程約60キロを、新政府軍の主力軍が進みました。会津の正面・石筵口に立ちはだかったのは、旧幕臣・大島圭介の率いる旧幕府伝習隊約400を主力とした同盟軍約800人。これを優越した火力で難なく突破しました。

十六橋（明治15年〈1882〉）
（写真提供／農林水産省）

会津方の兵士の多くは、黒ラシャ筒袖服にわらじ履き。太刀は背負って小太刀を腰に、弾薬盒《だんやくごう》付きの革帯をしめ、ヤーゲル銃を持っています。

石工が、橋板をはがす作業に取りかかったところへ、薩摩小銃四番隊が到着します。猪苗代から約10キロを4時間で走破した、そのエネルギーはすさまじいものがありました。

隊長は川村与十郎。日本海軍生みの親の一人で、昭和天皇の養育主任にもなる人です。指揮下の薩摩藩兵は、空腹と疲労です。川村は言います。

「見いやい、橋が壊されちょるぞ。早ように奪わにゃ、おはんら、こげな冷《つめ》たか川ば、泳いで渡るこつにないもんど」

薩摩藩兵は、顔を朱に染め、カッと目を見開き、

「うぬ。こん、憎か会津のワロうがァーッ」

「チェストーッ」

殺気立った叫びを上げ、橋に突進していきます。会津方の120人余りは、あわてて約1・6キロ離れた大野ヶ原陣地に退散してしまいました。

薩摩を代表する兵法、示現流宗家によれば、「チェスト」は示現流の剣術で発せられる掛け声です。「チェイ」という掛け声が先にあり、チェス

●ラシャは、毛織物の一種。地が厚く、織目が見えないように毛羽立たせるなどの加工したもの。ポルトガル語のラーシヤに由来します。明治になって燕尾服、軍服、マントなどにも使われましたが、重いので最近はあまり用いられなくなりました。

●ヤーゲル銃は短銃の一種です。

トはそれが変化したもの、といえます。

日本国語大辞典では、「外来語かといわれるが語源未詳」としていますが、たとえば英語で「胸」を意味する「chest」とは関係がなく、方言が変化したもののようです。

会津側は大野ヶ原からしきりと銃を撃ち、防戦に努めましたが、旧式銃の射程はあまりに短かく、300メートルにも届きませんでした。

川村はその飛距離を見切るや、射程1000メートルといわれた最新のスナイドル銃をもつ藩兵のみを集め、一気に会津側を撃沈させました。要衝・十六橋は、あっけなく突破されてしまったのでした。

最強のスポンサー

会津藩や仙台藩など奥羽越列藩同盟の有力諸藩が苦戦を強いられる中、庄内藩だけは新政府軍にまったく引けを取らず快進撃を続けていました。

同盟から新政府に寝返り、庄内征討軍を発した秋田藩に対して、庄内藩

●「チェスト」を辞書で調べてみると、「激励する時、高潮した時などに発するかけ声。江戸末期ごろ、鹿児島地方からはやった」（日本国語大辞典）「詩吟・演説などの高潮した際に、聴衆から発する声援のかけ声。江戸末期ごろ、鹿児島地方からはやった」（デジタル大辞泉）などとあります。

「日本国語大辞典」の「チェスト」の項には、次のような用例が出ています。「破鐘《われがね》声で『チェスト』と叫んだ」（「くれの廿八日」内田魯庵、1898年）、『『ちぇすと！』と悚へかねたやうに、普通席の片隅で舌打をした書生がある」（「恋慕ながし」小栗風葉、1898年）、「『チェッスト！昔の『フリゲート』時代のやうに艦《ふね》と艦《ふね》と衝触《ぶつけ》んかな」（「別天地」国木田独歩、1903年」）「旨い、其処《そこ》が旨い、チェーストなどと、雑《ま》ぜっかへしの冷評が起る」（「閑耳目」渋川玄耳、1908年）

も秋田藩領へ進軍を開始します。**5日**には湯沢を落とし、**11日**に横手城、**15日**には大曲を占拠して、30余日で23戦全勝という強さを発揮。中でも庄内藩二番大隊は、青地に北斗七星を描いた軍旗「破軍星旗」を押し立てて、神出鬼没の活躍を見せています。

庄内兵の強さの理由は、最新の武器・装備にありました。これらを入手するための資金は酒田の豪商・本間家の支援によるところが大きく、その経済力は庄内藩の大きな武器でした。

「本間さまには及びもないが、せめてなりたや殿さまに」

殿様以上とうたわれた日本を代表する大地主の本間家は、庄内藩にも莫《ばく》大《だい》な献金をするスポンサー的な存在でした。

本間家は、元禄2年（1689）に初代・原光《もとみつ》が「新潟屋」の看板を掲げて、米・薬の販売を始めます。

2代目の家業を支えた本間宗久は、「すご腕」の相場師でした。文献によれば、「百戦百勝」と伝えられる米相場からの利ざやによって、江戸時代最大の金持ちにのし上がったと伝えられています。

●秋田藩の尊王派藩士が、仙台藩の使節団を斬殺した事件も起こり、同藩は7月に奥羽越列藩同盟を脱して、新政府軍の一員になっています。

本間家旧本邸（写真提供／本間家旧本邸）

宗久は、享保2年（1717）、本間家初代・原光の5男として生まれました。宗久は晩年、口述による「本間宗久翁秘録」（157カ条）を残しています。

「米の高下は、天然自然の理にて高下する者なれば、極めて上がると下がると、定め難きものなり」

これを、アダム・スミスの説いた「神の見えざる手」に共通する考え方だとする経済学者もいます。

宗久は、本間家の家業を一時期み、投機の才と事業手腕で財を蓄えました。酒田の米相場会所で連戦連勝、「天下の台所」大坂の堂島で「出羽の天狗」と呼ばれました。兄の子・光丘《みつおか》が家督を継ぐと、光丘から義絶を言い渡され、江戸に去りました。

本間家では、初代から続く理念として、「経世済民」を重んじ、「利益の4分の3を社会に還元する」というモットーのもと、日本海からの強風で飛んでくる砂から田を守る防砂林造りにも莫大な私財を投じるなど、社会的な活動にも熱心に取り組みました。

本間宗久（『酒田市史　下』酒田市史編纂委員会編より転載）

●維新期に、本間家は巨額の基金を新政府へ拠出しました。明治以降、本間家は資産運用のための「信成合資会社」を設立、それまでの資産をもとに倉庫業、金融業、地主経営を行います。が、それまでの家法から株式投資を行わず、財閥形成とはなりませんでした（河野敬一「近代期における地方有力者の動向に関する一考察」）。「シカゴ・サン」紙の東京支局長だったマーク・ゲインの『ニッポン日記』によると、昭和20年（1945）12月25日に、酒田の本

また、地区ごとに小作地の管理や小作人を監督するパイプ役を置く「代家・支配人制度」を導入。本間家と小作人との風通しを良くし、大規模な小作争議の発生を抑えるなど、人心掌握にも工夫を凝らしています。

「時世に遅れたのでごわす」

連戦連勝の庄内藩でしたが、9月に入ると新政府に降伏した米沢藩、仙台藩が庄内藩領に攻め入る気配を見せたため、秋田藩領から撤退。会津の降伏を受け降伏嘆願書を提出、新政府軍は9月24日に受領します。彼らは新政府に敗れたわけではなく、列藩同盟が瓦解《がかい》したためやむなく降伏したにすぎません。

庄内藩は鳥羽・伏見の戦いの直前、江戸市中において、薩摩藩の西郷隆盛の指示でテロ活動を続けていた過激浪士を取り締まり、薩摩藩邸を焼き討ちにしています。江戸市中警護に当たっていた庄内藩は、西郷の挑発に乗って薩摩藩と事を構え、この事件をきっかけとして薩長と旧幕府が衝突し、戊辰戦争へとなだれ込みました。つまり庄内藩は、西郷の理不尽さに

間家へ武装した米兵が乗り込みました。「莫大な金塊を隠している」という密告があり、調査が入ったのです。

振り回されたあげく「朝敵」の汚名を着せられたようなものです。

とはいえ、最後まで抵抗を続けた庄内藩には、厳しい処分が予想されていました。ところが、庄内藩の降伏後に藩庁のある鶴岡を訪れた西郷隆盛は、寛大な処置を主張しました。

「庄内藩は幕府の譜代、徳川との義に忠ならんとして、時世に遅れたのでごわす。いま王道の順逆を悟り、武士がいったん降伏を約したじゃごわはんか。武士たる者は約定の誠を信じ、相手が頭を下げたら後ば見ちゃなりもはん。庄内人も同じ皇民。もし、再び背かば、また来て討ち平らげればそれでよか」

西郷の言葉に従い、新政府軍は鶴岡から撤兵。庄内藩への処分は寛大なものとなりました。庄内藩中老・菅実秀《すげさねひで》は「薩摩憎し」の藩論を「西郷礼賛」へと転換。仇敵であった西郷と和解し、西南戦争後には旧庄内藩関係者によって西郷の言葉をまとめた『南洲翁遺訓』が刊行されています。

庄内藩を振り回した西郷と、振り回された庄内藩は、「徳」によって結ばれ、薩摩藩関係者も維新以降、庄内藩を国賊扱いするようなことはあり

●西郷隆盛が城を受け取るため、同藩主・酒井忠篤に対面した時、同行した薩摩藩の高島鞆之助は、のちになって西郷のいんぎんな態度に、「あまりに謙譲すぎてどちらが降伏するのやら分からなかった」と西郷に語りました。西郷は「庄内の武士は戦に負けて降伏したのだ。その降伏した藩主の姿は痛々しくて見ていられない。こちらの態度がもし傲然《ごうぜん》、戦勝者としてのものであれば、相手はいよいよ萎縮し、言うべきことも言えなくなる」と答えたといいます。

ませんでした。

情報不足と希望的観測

22日午後、「敵軍迫る」の報を受けた会津藩前藩主・松平容保《かたもり》は、兵を率いて滝沢村の本陣に着陣します。

この日、十六橋を落とした新政府軍は、翌**23日**には滝沢峠を越え、一気に会津若松の城下へと殺到することになります。

容保は鳥羽・伏見の戦いの後、徳川慶喜とともに大坂城を脱出し、江戸へ逃げ帰りましたが、のちに家臣に対して、「余は大いにこれを慚《は》ず」と詫び、会津戦争を前にして「必ず藩を守る」と宣言。徹底抗戦の覚悟を示していました。

それにも関わらず、容保をはじめとする会津藩首脳陣は、新政府の進攻に対してあまりにも無策で、滝沢峠に地雷を敷設するでもなく、まともな防衛線を構築しようともしませんでした。城下に敵を迎えて戦うにしても、事前に非戦闘員を避難させ、家屋を破壊して塹壕《ざんごう》を掘るなどゲリラ戦の準備が必要ですが、これらの準備をした形跡もありません。

容保に敵の進攻状況が正確に伝わっていなかったことや、新政府軍の動向に対する誤った情報分析・希望的観測が藩上層部にまん延しており、戦争に対する考えの甘さがあったことは否定できません。

その犠牲となったのが、予備兵力として16、17歳の少年で構成された白虎隊でした。

隊長の日向内記《ひなたないき》に率いられた白虎隊の少年たちは、**22日**、戸ノ口原（会津若松市河東町）に着陣します。この日は激しい風雨で隊士たちはずぶ濡れになり、急きょ出陣を命じられたため、食料もありませんでした。寒さと飢えは容赦なく隊士の体力を奪い、やむなく隊長の日向が隊を離れ、食料の調達に向かいましたが（一説に現地指揮官の指示を受けるため隊を離れたとも言われます）、それきり夜明けが来ても戻りませんでした。

23日早朝から、戸ノ口原は新政府軍の激しい攻撃にさらされ、旧式の武器しか持たない白虎隊の少年兵たちは次々と敵弾に倒れます。日向に代わり指揮を執っていた17歳の篠田《しのだ》儀三郎《ぎさぶろう》は、残った隊士20人をまとめて撤退するのが精いっぱいでした。

●会津藩主・松平容保は、鳥羽・伏見の戦い後も維新政府への抗戦を主張し、帰藩して軍事力の強化を図りました。軍制を洋式に改め、年齢別に編成。16～17歳を白虎隊、18～35歳を朱雀《すざく》隊、36～49歳を青龍《せいりゅう》隊、50歳以上を玄武《げんぶ》隊としました。白虎隊は、厳密にいえば身分によって隊名が異なりました。上士は「士中」、中士は「寄合」、下士は「足軽」を白虎隊の前につけていました。「士中」は、身分の高い藩士の子弟でした。白虎、青龍などは中国の古代に発祥する四つの方位を表す象徴的動物。東を青龍、南を朱雀、西を白虎、北を玄武で表しました。

彼らは滝沢峠の戸ノ口堰洞門の間道を抜け、飯盛山に登ります。このときすでに大野ヶ原を越えて新政府軍が城下に殺到しており、町のあちこちから黒煙が上がっていました。

極度の疲労と空腹の中で、この光景を目の当たりにした白虎隊士は、すでに会津が敗北したものと思い込み、会津若松城と運命を共にするべく自決を図ります。切腹して果てる者、互いに刺し違える者など19人がこの地で若い命を散らしました。唯一生き残ったのは、脇差しで喉を刺しながらも奇跡的に蘇生した飯沼貞吉のみ。彼らの悲劇的な死は、飯沼によって後世に伝えられたのです。

会津藩家老・西郷家、21人の自死

主戦論が多数を占めた会津藩の中で、徹底して恭順を説いた人物がいました。白河口の戦いで総督を務めた、国家老の西郷頼母《たのも》です。

そもそも彼は、6年前の文久2年（1862）、藩主の松平容保が京都守護職として上方へ上ることにも反対していました。

白虎隊自刃の図（佐野石峰／白虎隊記念館所蔵）

文久2年（1862）当時、京都で跳梁跋扈《ちょうりょうばっこ》していた不逞《ふてい》浪人の取り締まりは、幕府にとって急務でした。本来ならば、幕府の旗本を京都に派遣して治安回復を図るべきでしたが、250年続いた泰平に多くの旗本は堕落し、無能かつ柔弱な武士になり果てていたのです。

そこで幕府は、忠義にあつく質実剛健な藩風を誇る親藩・会津にこの役を託そうと考えました。

体調を崩していた容保は、「荷が重すぎる」と固辞し、家臣の間からもこの役を受けることに反対意見が続出しましたが、幕府の再三にわたる要請に根負けし、容保は京都守護職を引き受けてしまいます。

驚いた国家老の西郷頼母と田中土佐の2人は、急ぎ会津から江戸へ向かい、強い口調で主君を諫《いさ》めました。とりわけ〝三尺達磨〟と呼ばれた小柄な西郷は、怒りと危機感に体を震わせて辞退を迫ったと伝えられています。

現今の情勢から見て、幕府の形勢は不利であることを述べ、

「いまこの至難の局に当たるのは、まるで薪を負って火を救おうとするようなもので、おそらく労多くしてその功がないだろうと、言辞凱切《げんじがいせつ》（適切なこと）、至誠面《おもて》にあふれて諫めるのであった」（山川浩著・金子光晴訳

西郷頼母（歴史感動ミュージアム会津武家屋敷所蔵）

『京都守護職始末』）

しかし、容保は幕閣との再度の折衝をせず、会津藩は幕末の政争の泥沼に引き込まれてしまいます。

こうした考え方の頼母ですから、当然のことながら新政府との対決にも反対しました。

7月の白河口の敗戦により、閉門処分となっていた頼母ですが、重要な御前評定には他の重臣とともに参加を許されています。8月**22日**、会津若松城の御前評定には梶原平馬、萱野権兵衛らの顔もありました。

「帰順されるべし」

頼母の主張は一貫しています。

しかし、和平を求める彼の言は全く顧みられません。

自ら指揮を執り、新政府軍の進攻を止める覚悟で滝沢本陣に出向いた松平容保でしたが、次々に届く自軍の敗報に接するうちに、時すでに遅しと悟り、**23日**朝、松平定敬《さだあき》と別れて会津若松城へ戻ります。

「我が公（容保のこと）松平定敬朝臣を顧《かえり》みて曰《いわ》く、城陥らば身は社稷《しゃしょく》と共に亡ぶるの決心なり、卿《けい》は此処《ここ》を去りて同盟列藩と今後の謀《はかりごと》を為《な》せと。定敬朝臣請《こ》うて曰く、京都以来阿兄《あに》と死生を共にせんと覚悟せりと、我が公聴かず別れて馬を回して甲賀町口に向ひ、定敬朝臣は将士九十六人と米沢街道に向つて去る」（会津戊辰戦史編纂会編『会津戊辰戦史』）。

容保は城や国（会津）と共に亡ぶ覚悟を決めていましたが、弟の定敬には米沢藩へ落ち延びるよう命じたのです。これに対し定敬は、「容保と共に幕末の京都で幕府の要職を務めた頃から生死を共にする覚悟を決めている」と、あくまで兄と行動を共にする事を望みましたが、容保は強いて定敬を米沢藩へと送り出しました。

23日朝、勢いに乗った新政府軍は、一気に城下へと突入しました。

このとき、ようやく危険を告げる半鐘が城下に響きます。前日の評定で、藩士とその家族は半鐘を合図に城内へ避難することになっていましたが、すでに城下は大混乱をきたしており、多くが城までたどり着くのは不可能と思われました。

頼母が嫡男の吉十郎《きちじゅうろう》とともに急ぎ登城した後、留守宅では妻の千重子をはじめ母や娘、妹など9人の女性が自刃し、一族の男女合わせて21人が壮絶な最期を遂げています。

戦乱の世、非戦闘員の婦女子は籠城の足手まといになることを避けるため、自ら生命《いのち》を絶つことがありました。死ねばその分、籠城方の負担が軽くなるとの配慮からであり、その行為の是非はともかく、彼女たちも夫や兄弟、縁戚に連なる男たちと共に戦っていたのです。

妻千重子らの自死は、あるいは非戦恭順を説く頼母を「臆病者」と非難する世間に対する、無言の抗議だったかもしれません。

頼母の長女細布子《たいこ》は自刃したものの死にきれず、出血多量で意識もうろうとする中、目も見えない程の瀕死《ひんし》の身になって、そこに入って来た人の気配に気づきます。

「敵か味方か」

と問う彼女に、軍装の男は「味方じゃ」と答えました。すると細布子は自分の懐剣を差し出して、死にきれぬわが身の介錯《かいしゃく》を頼みます。男はその願いをかなえたのでした。彼は新政府軍の将校であったとされます（人物

●頼母の妻・千重子は会津女性の鑑として、長く尊慕されつづけてきました。

なよ竹の風にまかする
　身ながらも
たわまぬ節はありとこそきけ

千重子の辞世の歌にちなんで建立された「なよ竹の碑」は、現在も、会津戦争時の婦女子の鎮魂のため、市内の善龍寺にたたずんでいます。この名誉の碑の陰に、頼母の墓が立っています。

については諸説あります）。

頼母の母・律子は58歳、妻の千重子は34歳、頼母の妹の眉寿子《みすこ》は26歳。同じく由布子《ゆふこ》は23歳、長女の細布子は16歳、次女の瀑布子《たきこ》は13歳、三女の田鶴子《たづこ》は9歳、四女の常盤《とわ》は4歳、末子《ばっし》の季子《すえこ》は2歳でした。

多くの武家の家で同じような悲劇が演じられ、この朝、城下で自害した人の数は二百数十人に及んでいます。藩の指導部は再三にわたり、「敵は城下に入れない」と何の根拠もなく豪語しており、この言葉を信じて避難を見送り、逃げ遅れた藩士家族も少なくありませんでした。

胸つぶれむばかりの事

西郷家の悲劇の3日後、城中にあった頼母は、ただ一人だけ連れて入城した嗣子の吉十郎とともに、なぜか会津若松城を出てしまいます。このときは、この行為を頼母の自発的なもの、会津救済の工作を行うべく彼が独断で行ったこと、と見られていましたが、真相は別の所にありました。

以下は、後年、頼母が『栖雲記《せいうんき》』で打ち明けたことです。

●西郷頼母は明治29年（1896）、67歳の時の回想手記に家族らの自死について書いています。「やがて、敵よせ来て、八月二十三日、おのれが出陣中に、母君をは

「さて、おのれは籠城の中より、越後出張の老等《おとな》のもとへ、軽き事の使《つかい》を命ぜられてその事を果し、直様北海へ赴きしに、守《かみ》の殿《との》の面前にて、実に胸つぶれむばかりの事をさへ仰せしとかや、命《めい》を受けたりし人は今もなおありぬべし」

「越後出張の老等」とは、越後で戦っている家老の萱野権兵衛のことかと思われます。そのもとへ、「軽き事を命ぜられて」、つまり頼母が出向く必要のないような使命を受けて城を出たといいます。

ところが城中ではこのとき、「守《かみ》の殿《との》」（松平容保の後継・喜徳《のぶのり》）の面前で、「実に胸つぶれむばかりの事」を「仰せしとかや」（仰せになったと聞いた）、と頼母は述べているのです。

問題は「誰が、何を仰せになった」のか。なぜ「胸つぶれむばかり」となったのか、ということです。

名門の家老である頼母が、あえて敬語を使う人物は一人、主君容保しか考えられません。

じめ、やから空しくなりぬるは、腸もたゆるばかりなり。（中略）後に薩摩の国人中島信行が我旧藩人中林包月にかたりしは、若松城門の前にいと大きやかなる屋敷あり。それに向ひ発砲すれど応ずるものなし。進みて内に入り長廊を過て、奥なる便殿（大切な部屋）に婦人多数並居て自盡せりその内に齢十七、八なる女子の嬋娟《せんけん》たる（容姿が美しいさま）が、いまだ死なずありて起《おき》かへりたれど、その目は見えず有けんかし。声かすかに、味方か敵かと問ふにぞ、わざと味方と答へしかば、身をかい探り懐剣を出せしは、これをもて命をとめてよとの事なるべけれど、見るに忍びねば、そのまま首をはねて出る…」（『栖雲記』）

「中島信行」は土佐藩士で、のちに衆院議長を務めましたが、会津戦争には従軍しておらず、薩摩藩の別の人と間違えた可能性があります。

「翁（頼母）は藩公（容保）から越後より帰国する陣将（菅野）に使者を命ぜられ、余り軽ろ軽ろしい役目につき不平を云った時、梶原平馬は声を張り上げ、『君公の命に背《そむ》かるるか』と云った。翁は之《これ》に対し、『初め拙者の言（京都守護職を受けてはいけない、との意見）に従はるれば斯様な事にならないですんだのであらう』と云ひ高久《たかく》（会津から越後に向かう街道の宿場）を指して赴いた。此時、翁を追跡した二三の人があったが、翁を見失ったといふことである」（昭和3年〈1928〉12月発行『会津会雑誌』33号所収、旧会津藩士・加藤寛六郎の「西郷頼母翁の事」）

頼母は藩主容保の命令で心ならずも城を出たものの、命じた容保は彼に刺客を送って跡を追わせていたというのです。

刺客から何とか逃れた頼母は、殺されそうになってもなお容保の汚名を晴らす機会を求めて、この後やむなく奥州各地を転々とすることになります。ついには箱館（北海道函館市）に渡り、五稜郭の榎本武揚《たけあき》政権に合流したものの、榎本の降伏により捕えられ、彼の戦いは終わりを告げました。

頼母は若松の陋屋《ろうおく》に暮らし、明治36年（1903）4月28日にその生涯

●「後年、私の東京麻布の寓居に翁を始め多数同郷人の集会をした時、翁は暗に大沼親誠、蘆澤直道等を指し、『此の中には当時、命を受けた人々があったであらう』と云はれた」（「西郷頼母翁の事」）。

を閉じます。享年は74。

幕末の激動に翻弄《ほんろう》される会津藩を守るため生命《いのち》懸けで働いたものの、ついにその真意は藩の大勢から理解されることなく、会津若松城の落城をともにしなかったことで、同僚や部下の厳しい批判にさらされ、孤立無援の後半生でした。

明治以降、頼母は、自身も系譜に連なる藩祖・保科正之の保科姓を名乗っています。心の奥底には、会津松平家への拘泥《こうでい》や愛憎が蠢《うごめ》いていたのでしょうか。

怨霊《おんりょう》に勅使

17歳の若き天皇は**27日**、前年（慶応3年〈1867〉）11月に予定されていながら遅れに遅れていた即位の大礼を執り行いました。

元服すらも通例より遅く、この正月15日に、ようやく執り行われており、いかに政情が乱れていたかを示しています。

即位の礼の日取りは陰陽師の勘文によって決められ、**17日**には挙行日が

●保科姓に復姓した頼母は、志田四郎を養子として「西郷」姓を継がせました。この人物が、講道館柔道の四天王の一《いつ》となります。小説『姿三四郎』のモデルともいわれてきました。

即位礼（聖徳記念絵画館所蔵）

発表されており、これに先立ち朝廷では**21日**から関連する諸行事が行われています。

21日には伊勢神宮へ勅使発遣の儀が、**22日**には神武天皇陵・天智天皇陵・前3代天皇陵へ勅使発遣の儀が行われました。いずれも天皇が代替わりしたとき、勅使が特に派遣される恒例の行事です。

さらに、歴代天皇の中で死後、怨霊《おんりょう》として畏れられた崇徳上皇（第75代天皇）の御陵（白峯陵〈香川県〉）に勅使を遣わし、その御霊《みたま》を京都に迎えています。

27日の大礼は朝8時から催され、宣命使冷泉為理《れいぜいためただ》が宣命を読み上げて天皇の皇位継承を宣言しました。続いて天皇の長寿と国家繁栄を願う寿詞が読み上げられ、楽師が古歌を歌います。最後に一党が再拝して、式典は滞りなく終了しました。

ところで、天皇はなぜ即位の大礼を行うにあたって勅使を崇徳上皇の白峯陵に派遣し、上皇の御霊を京都へ迎えたのでしょうか。実はこの動きは2年前の出来事に端を発していました。

慶応2年（1866）、先代の孝明天皇（第121代）は幕末の国難に

●崇徳天皇は鳥羽天皇（第74代）の第1皇子。母は藤原璋子《しょうし》（待賢門院）。実は白河法皇の皇子ともいわれ、5歳で即位。院政を敷く鳥羽法皇の意向で譲位させられ、藤原頼長と保元の乱を起こしました。しかし敗れて讃岐（香川県）に流され、死後は怨霊として畏れられました。墓所は讃岐の白峯陵。上田秋成の『雨月物語』中の短編「白峰」は、崇徳上皇陵に詣でた西行が上皇の怨霊と語り合う話です。上皇は魔王の本姿を現じ、復讐を予告して消え去ります。

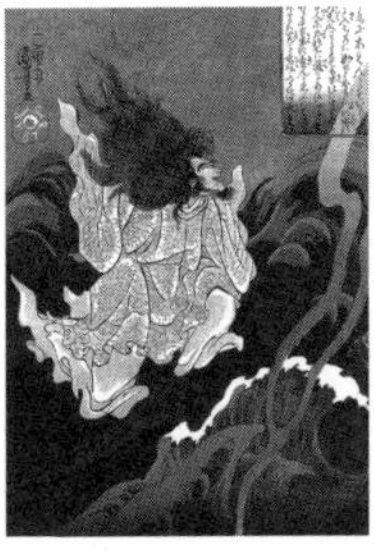

百人一首之内　崇徳院（歌川国芳／神奈川県立歴史博物館所蔵）

あたり、平安末期の保元の乱（保元元年〈1156〉）で讃岐へ配流され、憤死した崇徳上皇の怨霊を鎮めようと考えます。このときも孝明帝は幕府に命じ、讃岐坂出にある崇徳帝の白峯陵からその御霊を京都に迎えようとしたのです。

この計画は実現しないまま、孝明帝は病によって崩御しますが、明治政府はこの前例にならい、新時代の門出に際して崇徳帝の霊を鎮めようと考えたのでしょう。

●科学的知識のない時代の人々にとっては、天災地異を引き起こす怨霊がどうにも怖くて仕方がありませんでした。左遷されて配所で没した藤原道真も、怨霊となってよみがえってきたと信じられました。そのため「これでお許しを」と官位をあげて天神様にしました。平安時代に340年余も死刑が停止されていた理由の一つには、上級貴族間の怨霊忌避思想が指摘されています。

9
September

第10章

明治元年9月

					1 ☀	2 ☀
3 ☀	4 ☀	5 ☀/☂	6 ☀	7 ☀	8 ☂	9 ☀
10 ☀	11 ☁/☀	12 ☂	13 ☀	14 ☀	15 ☀	16 ☀
17 ☀	18 ☀	19 ☀	20 ☀	21 ☀	22 ☀	23 ☁
24 ☁	25 ☁	26 ☀	27 ☁	28 ☂	29 ☀	

訓練中の日本兵（イラストレイテッド・ロンドン・ニュース／横浜開港資料館所蔵

4日　奥羽越列藩同盟の米沢藩、新政府軍に降伏する。
8日　**天皇、明治改元の詔を発し、一世一元の制を定める。**
旧幕府歩兵奉行の大鳥圭介、会津から箱館（函館）へ退去する。
9日　西郷隆盛、越後松ヶ崎を出発する。
10日　天童藩主・織田信敏（18日とも）と二本松藩主・丹羽長国、新政府軍に降伏する。
12日　新政府軍、庄内藩兵を破り水澤（山形県鶴岡市）を攻略する。
新政府の駅逓司、宿駅・助郷を改め駅逓規則（郵便規則）を布告する。
新政府、旧幕府の開成所を復興する。
14日　西郷、米沢に到着する。
新政府軍、会津若松城の総攻撃を開始する。
15日　**奥羽越列藩同盟盟主の仙台藩が降伏し、同盟が瓦解する。**
16日　新政府、京都に国学系の皇学所、漢学系の漢学所（学習院）を官立学校として設立することを決定。
17日　会津若松城、完全に新政府から包囲される。
国内発の洋式灯台として、横須賀の観音崎灯台が着工となる（新暦1868年11月1日、のちの灯台記念日。12月29日竣工、明治2年〈1869〉元旦、点灯）。
18日　奥羽越列藩同盟の棚倉藩、新政府に降伏する。
新政府、京都に漢学所を開校する。
新政府、僧侶の還俗を規制し、廃仏の政策を否定する。
画家・横山大観誕生（昭和33年〈1958〉没、戸籍上の誕生日は8月19日）。
19日　会津藩、先に降伏していた米沢藩を通じ、新政府側に嘆願書を提出する。
20日　**明治天皇、東幸のために京都から出発する。**
22日　**会津藩前藩主・松平容保、会津若松城を開城し、新政府に降伏。容保と現藩主の松平喜徳は、滝沢村の妙国寺に謹慎する。**
23日　会津藩士、猪苗代と塩川で謹慎処分となる。
庄内藩兵、新政府に降伏するため帰藩する。
横浜裁判所、横浜市中で立小便を禁止する。
24日　新政府軍、会津若松城を接収する。
27日　**新政府、スウェーデン＝ノルウェー王国と修好通商・航海条約に調印する（新政府として初）。**
西郷、庄内へ到着。黒田了助（清隆）に、庄内藩の寛大な処分を指示する。庄内藩、新政府に降伏。
28日　新政府、スペインとの修好通商・航海条約に調印する。
29日　西郷、庄内を出発して東京に向かう。
盛岡藩、新政府軍に降伏（奥羽越列藩同盟の全藩が降伏、24日とも）。

くじで決めた「明治」

8日、改元の詔書が出され、元号が新しいものに改められました。

新元号は、「明治」——。

この言葉は中国古典『易経』の、「聖人南面して天下を聴き、明に嚮《むか》って治《おさ》む」という趣旨の言葉から取られており、「聖人が帝位に就き、天下のことを聴けば（政治を行えば）、世の中は明るくよい方向に治まる」という意味を持っています。

改元の詔書には、同時に「一世一元《いっせいいちげん》」を採用する旨も記されており、天皇一代に元号を一つとする制度が定められます。かつては吉凶あるごとに改元されていた旧弊が、これにより改められ、慶応4年については正月1日にさかのぼって「明治」とすることを定めました。

それでは、この「明治」という元号はどのようなプロセスのもとに選定されたのでしょうか。

明治39年（1906）に発行された岩倉具視《ともみ》の伝記『岩倉公実記』（多田好問編）には、元号決定の経緯が次のように記録されています。

●「恐らく当時そのことに気づいてはいなかったろうが、天皇は後世、人々がその呼称によって天皇を知ることになる名前を選んだのだった。これまでの天皇は、住居のあった土地の名前或いは（明治天皇の父と祖父がそうであったように）死後に贈られた諡号《しごう》によって知られるのが普通だった。」（ドナルド・キーン、角北幸男訳『明治天皇』）

●四谷塩町一丁目の書役・町用掛、原徳兵衛の日記には、9月18日の項に「去ル十六日東京府ニおゐて年改　明治元年　右之通り改元被仰出《おおせいだされ》候《そうろう》旨《むね》、御達《おたっし》有之《これあり》候事《そうろうこと》」と記されています。9月8日の詔書が16日の通達になったのは、京都の太政官から東京府への伝達に時間を要したため、との見方があります。江戸を東京と改称する詔も7月17日に出ましたが、徳兵衛が正式に伝達されたのは8月10日でした。

「（前越前福井藩主）松平慶永《まつだいらよしなが》ニ命シ菅原家ノ堂上《どうじょう》カ勘文《かんもん》ニ就キ其語ノ佳《か》ナル者二三ヲ撰進《せんしん》セシメテ以《もっ》テ聖択《せいたく》ヲ奏請《そうせい》ス」（『岩倉公実記』）

岩倉は、越前福井藩の前藩主・松平慶永（春嶽《しゅんがく》）に命じ、学識の家柄である菅原家に勘文（意見書）を提出させ2、3の候補を選んで天皇に奉《たてまつ》り、天皇ご自身に裁可《さいか》していただくよう願い出ます。続いて、

「九月七日夜上賢所《かしこどころ》ニ謁《えっ》シ御神楽ヲ奉仕シ親《したし》ク御籤《みくじ》ヲ抽《ひ》キ明治ノ号ヲ獲《え》給《たま》フ」（同前）

改元前日の**7日**夜、天皇は宮中の賢所《かしこどころ》（神鏡が祀《まつ》られている場所）で神楽を奉納する儀式を執《と》り行った後、自ら籤《くじ》を引いて「明治」の元号を選び出した、とあります。このとき神意が別の所にあったなら、明治ではない別の元号が採用されていたわけです。

「維新」という言葉は、この当時はまだ広く使われていなかったようです。

日本国語大辞典の「明治維新」の用例も、明治16年の徳富蘇峰『官民調和論』の「明治維新創業の政府は正に是《こ》れ天地開闢《かいびゃく》の時に於《お》て森羅万象を

●明治39年（1906）発表の夏目漱石の『坊っちゃん』では、明治維新について「瓦解」という言葉を使っています。「清」の身の上について語る部分です。「この下女はもと由緒《ゆいしょ》のあるものだったそうだが、瓦解《がかい》のときに零落《れいらく》して、つい奉公までするようになったのだと聞いている」。岩波文庫版の注では、「明治維新で幕藩体制が崩壊したとき、由緒ある身分から落ちぶれた。清は旗本クラスの出身か」となっています。

抱容したる星雲の非常なる速力を以《もっ》て宇宙を回転したるが如く」が、最も古いもの。

同辞典は、「幕政から王政への復古革新について勅命に基くものとして『万事御一新』のように『御』をつけて布告に用いられ、それが当時の新しい時代性を示す名となった」「この改新を、別に『詩経・大雅・文王』の『周雖旧邦、其命維新』（周は旧邦といえども、その命 これ新たなり）などの成句をとって『維新』と称したが、それが発音の類似から俗に『御一新』と混用されるようにもなった」としています。

婦女子、老兵で城を守る

9月に入って、会津藩は籠城戦を余儀なくされています。前月23日に新政府軍が城下に乱入した時、会津若松城には老兵と婦女子、急造の農兵しかおらず、守備人数も少ない危険な状態でした。

のちに同志社を設立者する新島襄《じょう》と結婚した山本八重は、この時24歳。籠城した「婦女子」の中に、彼女はおりました。

山本（新島）八重（1845－1932）会津戦争で籠城戦に加わり、新政府軍と戦いました。明治9年（1876）、同志社英学校（同志社大学の前身）の創立者・新島襄と結婚。以後、夫とともにキリスト教の伝道と子女の教育に努め、同志社女子部の基礎をつくりました。兄は京都府会議長を務めた山本覚馬《かくま》です。

新島八重（同志社大学所蔵）

彼女は、「上士黒紐席《くろひもせき》」といわれた藩砲術師範の家に生まれ、籠城当時は、同じ会津藩の洋式砲術師範・川崎尚之助（元但馬出石藩士）と結婚していました。

八重は男勝りで、活発な少女として育っています。

武家の女性は薙刀《なぎなた》をたしなむ場合が多かったのですが、八重は少女時代から薙刀はもちろん銃にも親しみ、歩兵銃を試射して親に叱られたり、隣家の少年にゲベール銃を貸して射撃法を教えたりもしていました。

――会津戦争は、激烈でした。

「八月二十三日の役は奥羽第一の難戦にして、会（津）藩士の戦死せるもの実に四百六十余名、其《その》他市民の死せるもの少なからず。此他藩士の家族難に殉せるもの約二百三十余名の多きに達し、惨憺凄愴《さんたんせいそう》の状、聞くものをして其壮烈に泣かしむるものあり」（平石弁蔵著『会津戊辰戦争』）

新政府軍の来襲を告げる、入城をうながす鐘が城下に鳴り響いたのは、8月23日、現在の午前7時頃のことです。

●会津藩には、優秀な藩校「日新館」がありました。10歳になると、藩士の子弟はここに入学するのですが、それ以前に6歳からは「什《じゅう》」という、子供だけの10人前後の集団をつくって学び合い、10歳からの藩校生活に備えました。「什」のおきては男子を対象とした訓示でした。「日新館」も、入学資格は藩士の子弟の男子にかぎられていたそうです。しかし、尚武の藩である会津では、女子にも同種の精神が、家庭生活の中で教育されていました。「什」のおきては次のようなものでした。

一、年長者《としうえのひと》の言ふことに背いてはなりませぬ

二、年長者にはお辞儀をしなければなりませぬ

三、嘘言《うそ》を言ふことはなりませぬ

四、卑怯な振舞をしてはなりませぬ

五、弱い者をいぢめてはなりま

八重は夫・川崎尚之助、母・佐久、兄嫁のうら、姪のみねらとともに入城すべく会津若松城へ急ぎました。

突然の新政府軍の城下乱入に、籠城軍は激しく応戦しています。双方が至近の距離で、必死の攻防戦を展開。戦いは夜の7、8時まで続き、夜襲を警戒した新政府軍が兵を引いたのは、ようやく夜半になってからのことでした。

この日、藩の正規軍は四方に出払っており、城下に残っていた人々が一丸となって、敵に死傷者180人という被害を与え、城を守ったのは大金星でした。

事前に市街戦を想定し、その準備をしていれば戦局はここで大きく方向を変えた可能性もありますが、残念ながら会津藩には何の展望もありませんでした。

城の正門である大手門（北出丸）へ進出して来た新政府軍の先鋒隊は、土佐藩兵（指揮官・板垣退助）。その目前には堀があります。堀の向うの石垣、その上の白壁塀から狙撃され、彼らは右往左往して城門に近づくこ

六、戸外で物を食べてはなりませぬ
七、戸外で婦人《おんな》と言葉を交へてはなりませぬ
ならぬことはならぬものです

会津若松戦争の図（大蘇芳年／会津新選組記念館所蔵）

とができません。

動きとしては、新政府軍の方が機先を制していたにもかかわらず、会津側の老将兵、農兵の決死の防戦に、大総督府軍監の牧野群馬（前名・小笠原只八）らが狙撃されます。牧野は、上野戦争では大村益次郎を助けて活躍しましたが、あえなく落命。新政府軍は、土佐藩兵を後方へ下げざるを得ませんでした。

土佐兵に代わって前線に出たのは、「ボッケモン」と呼ばれる薩摩藩兵でした。ボッケモンとは「木《ぼっ》（屈）強漢《けもん》」とも書き、「木強《ぼっきょう》」は朴直で一徹なことを指しています。

しかし、さしものボッケモン集団も、城の本丸や二の丸からの集中銃火に悩まされ、なかなか城内に入ることはできませんでした。後年、日露戦争で満州軍総司令官を務めることになる大山弥介（のち巌・西郷隆盛の従《いと》弟《こ》）は、砲車を引き出して、白壁塀に開いている銃眼を至近距離から直接狙おうと考えます。ところが、移動を始めたとたんに、会津方の小銃が火を吹き、大山の右大腿部を貫きました。

新政府軍は作戦を変更。軍議の結果、城内への強襲は見合わせ、城を包

●薩摩の地でよく使われた言葉に、「泣こかい、飛ぼかい、泣こよかひっ飛べ」というのがあります。薩摩人が、江戸時代を通じて理想とした好漢《おとこ》の姿――潔さと勇敢さ、逆にいえば臆病を最も忌み嫌ってきたエッセンスが、実にわかりやすく語られています。「ボッケモン」も薩摩人の理想を端的に表しています。岩重孝が1980年代に連載した漫画「ぼっけもん」は、鹿児島から出てきた青年を主人公にして人気を呼びました。

囲したまま持久戦に持ち込むことになりました。

会津藩の老将兵、婦人・少年、農兵が城を死守し、やがて四方に展開していた会津藩兵が、危急を知り押っ取り刀で帰城して来たのは、それ以降のことでした。

マントに小袴《こばかま》

八重も果敢に戦いました。
「雄々しくも白鉢巻に白襷《たすき》、薙刀《なぎなた》脇に掻い込んで駿馬に鞭打って敵軍に…」（『創設期の同志社』）
「大砲を発する業、誤らず敵中へ破裂す。諸人目を驚かす。身にはマンテル（マント）を纏《まと》ひ、小袴《こばかま》を着け、宛《あたか》も男子の如し」（『明治日誌』）
男装して7連発の元込式スペンサー銃を肩に担ぎ、颯爽《さっそう》と会津若松城へ入城した彼女を「幕末のジャンヌ・ダルク」「会津の巴御前《ともえごぜん》」と評する人もいます。
男ものの服は、鳥羽・伏見の戦いで戦死した彼女の弟・三郎の遺品でし

大山巌（1842－1916）明治維新後、欧州に派遣され砲術を研究。普仏戦争も視察しました。明治7年（1874）急きょ、呼び戻され、征韓論に敗れた西郷隆盛の説得を任されましたが失敗。西南戦争では別働第一旅団司令官として薩摩と戦いました。日清戦争では第二軍司令官、元帥となり日露戦争では満州軍総司令官を務めました。

大山巌（近代日本人の肖像／国立国会図書館）

た。八重は弟の仇討ちも兼ねて、会津若松城に籠城したのです。

八重は籠城戦の際、普通の女性が1箱運ぶのに精いっぱいの弾丸入れの箱《パレット》を、2、3箱まとめて肩に担げたといいますから、力持ちであったのは間違いありません。体つきも童話に出てくる金太郎のように勇ましいものでした。

籠城中の八重が、男子以上に役に立ったことは間違いありません。彼女は薙刀と西洋流砲術、双方に心得がありました。

戦闘開始当初、この戦が婦女子・老人・幼少の者を含む総勢5200人余による約1カ月の長期籠城戦になろうとは、おそらく誰も想像していなかったでしょう。籠城軍の人々は、いずれ奥羽越列藩同盟の同志が救援に駆けつけてくれるものと信じていたはずです。

八重は入城後、髪を切っています。籠城した藩士の妻や娘たちは、どこまでも武家の女性としてのたしなみを大切に考えており、足手まといにならぬよう入城前に髪を切る者が多かったといいます。

●城に入った会津藩家老・山川大蔵の妻とせは、砲弾の破裂で、その破片を受けて亡くなりました。大蔵の妹で、9歳の山川咲子も城内にいました。彼女はのちに「捨松」と名を改め、11年間のアメリカ留学に旅立ち、帰国後、新政府軍の主力として会津を砲撃した薩摩藩出身の大山巌の妻となり、文明開化の鹿鳴館時代、社交界の華となりました。

山川捨松（歴史感動ミュージアム会津武家屋敷所蔵）

彼女たちが手にする武器は薙刀が一般的で、中には太刀や小太刀を腰に差した女性も少なくなかったとか。

八重の活躍はめざましいものがありました。松平容保《かたもり》の前で砲弾を分解しつつその構造を説明したり、襷《たすき》掛けで城内の砲台を巡り、銃の照準装置の調整や火薬のチェックなどを丁寧に世話して回ったと伝えられます。

また、女性の身ながら夜襲にも出撃しています。後年、

「もちろん、夜襲に加わったのは女でも妾《わたし》一人であります」

「命中の程は判《わか》りませんが、余程《よほど》狙撃をしました」

と戦闘の様子を語っています。

しかし容保から、

「女や子供のみを出撃させては、城中兵なき事を示すがごときもので、かえって城中の不覚になるから、差し控えるように――」

と言われ、表向きは出撃を中止したものの、相変わらず夜襲隊に参加し続けていたようです。

七連発の新式銃・スペンサー銃を担いで入城した八重は、「夜襲の際は

会津戦争記聞（中野竹子の姿も描かれている）（安達吟光／福島県立博物館所蔵）

旧式のゲベール銃を携えていた」と、のちに回想しています。

スペンサー銃は米国の南北戦争時に登場し、北軍が使用した新型の銃です。天保2年（1831）に初めて輸入されたゲベール銃は、球形弾丸だったのですが、スペンサー銃の弾丸は弾頭と火薬を詰めた薬莢《やっきょう》が一体となった、弾頭が椎の実形の実包でした。

新政府軍相手に、スペンサーの弾丸を撃ち尽くしたのか、あるいはわずかな弾丸のみ最後のときのために撃たずに手元に置いて、ゲベール銃に代えたのでしょうか。

新式のスペンサー銃の弾丸は、国内では製造できず全て輸入していたため、敵に包囲された会津若松城内では入手が不可能だったはず。これに比べれば、ゲベール銃の球形弾丸は城内でも作れるものでした。

とはいえ、旧式のゲベール銃は雨天の時にはほとんど役に立たず、火縄銃より少しはまし、といった程度の代物。会津藩士の多くは、これらを持たされていたのです。

城内での小銃の弾丸製造は老人の仕事。薬筒《パトロン》（弾丸と火薬を紙の筒に入れたもの）作りは婦人の仕事でした。入城した女性は、弾丸作りに加えて

●「城中飛弾猛烈なりしかば男子は徒《いたずら》に死するを欲せず、弾丸の落下する毎《ごと》に之を避くるを常としたるが、婦人等は固《もと》より死を決し従容《しょうよう》として弾丸を畏《おそ》れず、毎《つね》に男子の弾丸を避くるを見て冷笑して曰《いわ》く、卿等は男子にして尚弾丸を畏《おそ》るゝかと」（会津戊辰戦史編纂会編『会津戊辰戦史』）

●緊迫する城内では、ときに殺気立った藩士同士が、いさかいを起こすこともありました。ある夜、奥女中の中老《ちゅうろう》・瀬山に従って夜回りをしていた八重は、腕を負傷した藩士と出会います。「ただいま酒の上で同僚と争い、負傷いたしました。診てもらうのはどこでしょうか？」

負傷者の看護、炊事洗濯も分担しています。

９月**12日**、月見櫓の上から新政府軍が撃ってきた砲丸の数を数えたところ、１日１２０８発であったといいます。砲音が聞こえるたびに、黒い点を打って数えたとか。

「娘《じょう》子《し》軍《ぐん》」の白兵戦

八重のほかにも、奮戦した女性はいました。中野竹子（23歳）は才色兼備の薙刀の使い手で「娘子《じょうし》軍」という女子軍団のリーダーでした。

8月23日には中野家にいた竹子は、母・妹とともに髪を切り、中間《ちゅうげん》に命じてこれを庭へ埋めさせると、そろって入城すべく家を出ました。

いずれも定紋をつけた袷《あわせ》に大口の袴を着け、柳腰に帯刀をし、白布の鉢巻、同じ布で襷《たすき》を十文字に掛けています。薙刀を小脇に携へて、母を先頭にして屋敷を駆け出しました。

のちに、妹の優子は回想しています。

瀬山は会津の女《ひと》です。

「今日の大変に、殿様に捧げた体を軽々しく酒の上で傷つけるような方に、診てもらうところはありません」

きっぱり、はねつけました。

中野竹子（１８４６－１８６８）

江戸・和田倉の会津藩邸に生まれています。父・中野平内は長く江戸詰でした。父・母・妹の優子（16歳）と会津へ戻り、薙刀の稽古に一段と打ち込みました。

中野竹子（法界寺所蔵）

とどろく砲声、うなる銃弾。城下はすでにすさまじい地獄絵となっていました。どうしたものかと思案に暮れていると、追手門の方から騎馬武者が来て、

「敵は滝沢街道から甲賀町口に押し寄せている。一之丁を西へ逃げよ」

と言います。しかし、竹子たちは坂下へ向かいました。

藩士たちは、娘子軍に困惑します。女まで戦いに駆り出した、と言われたくない。「出るな、出るな」と止めましたが、女性たちは聞きません。

竹子は薙刀で、新政府軍と白兵戦を挑みます。けれども、飛び道具の前には無力。竹子は弾丸を受けて亡くなります。

妹の優子は、藩士に手伝ってもらいつつも姉の竹子を介錯《かいしゃく》し、白羽二重の衣にその首級を包み、のちに坂下の法界寺に葬りました（異説もあります）。

「焼玉」を濡《ぬ》れ筵《むしろ》で消す

14日、新政府軍はついに会津若松城総攻撃を開始しました。

中野姉妹柳橋出陣の図（渡部雅堂／会津新選組記念館所蔵）

7カ所に設置された砲台から、約50門の大砲が天守閣を中心に城内へ集中砲撃です。付近の樹木は折れ、瓦石は飛び、脚下に砂塵が上がり、「百雷絶えず鳴動するごとく」――。

城内ではそこここで、死傷者が刻々増えていきます。

会津藩士たちにとっては、ただただ無念だったでしょう。自らは何もできずに、一方的に殺傷されるだけでした。

山本八重は虎の子の四斤山砲1門をもって、護衛隊と共に豊岡（会津若松市城南町付近）におり、小田山上の敵大砲15門と対峙していました。八重と夫・川崎尚之助は砲撃を指揮します。

薩摩・肥前佐賀・大村・松代の各藩兵からなる敵側には、強力なアームストロング砲がありました。

この砲は、砲身を鋼鉄で作り内部にらせんの溝をつけているので、弾丸は進行方向を軸として回転して進みます。薩英戦争（文久3年〈1863〉）の時、イギリス艦のアームストロング砲は、薩摩藩の旧式砲の4倍の射程距離をもち、薩摩を震撼《しんかん》させました。

新政府軍の総攻撃は14日の早朝6時に始まり、夕刻の6時頃まで続けら

●アームストロング砲は、英国の企業家ウィリアム・アームストロングが1855年に発明した速射砲。米国の南北戦争で使われました。旧日本海軍で多数購入されました。

れました。小銃弾も雨あられのごとく降り注ぎ、城内は硝煙に閉ざされたようにまっ黒となります。

その中を、少年たちが濡《ぬ》れ筵《むしろ》を持って「焼玉《やきだま》」を消して回るのです。焼玉とは、飛んできた熱をもった弾丸のこと。婦人も同様に、砲弾の炸裂する前に、と衣を水に濡らして駆け寄りました。不幸にして婦人や少年の目前で砲弾が炸裂することも少なくありませんでした。

生き地獄のような戦。

けれども、人間はいかに過酷な状況に追い詰められても、どこかにユーモアの心をもっているようです。

八重が有賀千代という知人と、握り飯を盆に盛って大書院、小書院（いずれも病室）へ運搬している途中、轟然《ごうぜん》と一発の砲弾が脚下に破裂しました。砂煙がもうもうと上がり、目も口も開かず、呼吸も出来ません。しばらくして、八重が目を拭って前を見ると、千代子がまるで土人形のばけもののように立っているではありませんか。八重は抱腹絶倒してしまいます。笑われた千代もその八重を見て、指をさし笑い転げてしまいました。

●女性たちを指揮したのは、松平容保の義姉・照姫でした。
「奥女中及び傷病者の家族藩士の婦人等を指揮して看護と炊事とに従わしむ、婦人は皆照姫の誠意を体し門閥の婦人に至るまで黒衣（黒紋附）に白衣（白無垢）を重ね襷《たすき》を掛け裾《すそ》を高く掲げ両刀を佩《お》びて之に従事し、其の動作の勇壮なる男子に恥じざるの状ありき」（会津戊辰戦史編纂会編『会津戊辰戦史』）
照姫は藩士の妻や娘たちを指揮し、女性たちは両刀を腰に差して男性以上の働きをしたと伝えられています。

笑い合った後で、握り飯を探すと塵《ちり》で蟻塚そっくりになっており、がっかりしたと、のちに八重は回想しています。

女性たちは、米が炊けた端から握り飯を握《むす》ぶのですが、炊きたては熱く、手の皮がむけそうになりました。水に落ちたお米もおろそかにはせず、あとでおかゆにして負傷者に食べさせたといいます。黒く焦げたところや土に落ちたところは、もっぱら払って女性たちが食べました。

どの婦人も、爆死を恐れてはいません。その彼女たちが「ここでだけは死にたくない」と言ったのは厠《かわや》（雪隠・便所）でした。

籠城5000人――その1カ月の排泄物となれば、大変な量です。処理に割ける時間はありません。連日の被弾下、穴を掘っては臨時の厠をつくり、暫時増やしていったのでしょうが、実際には間に合いません。会津魂に貫かれた藩士の妻女たちは、「最悪の事態」を恐れました。

小布を集めて縫った白旗

会津若松城の守りは鉄壁でした。しかし、日時の経過と共に食糧・兵器

●城を取り巻く約50門の大砲から、大量の砲弾が雨あられと城内へ降り注ぎ、籠城側はまともな反撃もできない状態に追い込まれます。

「西軍数万孤城を包囲し、一斉に攻撃し連射したる石榴弾《せきりゅうだん》は楼櫓《ろうろ》殿閣《でんかく》に中《あた》つて破裂し、轟然《ごうぜん》天地を震動し殆《ほと》んど人語を弁ぜず」（会津戊辰戦史編纂会編『会津戊辰戦史』）

弾薬が欠乏し、当然ながら死傷者は増え続けました。奥羽越列藩同盟の諸藩は次々に新政府軍に下り、援軍の可能性はほとんどありません。

18日、越後高田城攻撃を敢行した新政府軍は、この時点で会津若松城と外部との連絡を完全に遮断。もはや食糧・弾薬の補給も、不可能となりました。

城内の士気は旺盛でしたが、藩の上層部は降伏し、開城することを考えはじめます。

翌**19日**、会津藩の外交担当が塩川（福島県喜多方市）の米沢藩本陣へ出向き、降伏の斡旋を依頼します。米沢藩の案内により、外交担当は土佐藩の陣営に板垣退助を訪問。降伏の申し入れが行われました。

「2日の猶予をやろう」

と板垣。開城の日は22日と定められます。

20日、城内で評定が行われ、松平容保の裁決によって降伏・開城が決定されました。すぐさま白旗が三つ、小布を集めて女性たちによって縫われ、正門前の石橋の西端《にしばし》、黒鉄《くろがね》御門の藩主のご座所の前などに立てられました。

会津藩降伏之図（会津若松市所蔵）

22日の午後、城の受渡しが行われ、会津藩士とその家族は三の丸へ移されます。松平容保―喜徳《のぶのり》（徳川斉昭の19男＝容保の養嗣子）父子は郊外へ移され、城内にあった5235人は、藩士・傷病者・婦女子と60歳以上、14歳以下の者に分けられ、藩士は猪苗代、傷病者は病院へ、それ以外は勝手に立ち退くようにとの指示が出ました。

その後、城外で戦っていた男子は塩川に謹慎となり、婦女子も喜多方方面に移されました。

降伏開城前夜、八重は城の一の丸にあった倉庫の白壁に、自らの簪《かんざし》を抜いて、

あすの夜はいずくの誰かながむらむ　馴れしみ空に残す月影

の一首をけずり書きして去りました。

会津は白虎隊の少年をはじめ、多くの命を散らせて負けました。なぜこの戦争を買ってしまったのか、という思いは残ります。

鳥羽・伏見の敗戦後、会津は仙台、米沢藩との会合で、「藩主の謹慎に

●山本八重は男装のまま検査をパスして、猪苗代に向かったものの、新政府軍の兵卒に「おい、女郎がいるぜ、女郎が…」とうるさくつきまとわれ、猪苗代に到着後、姿を消しています。

会津の戦いの後、八重は夫の川崎尚之助と事実上の離婚、ないしは別居生活となりました。兄・山本覚馬のいる京都に赴きます。目が不自由な兄の面倒をみながら、八重は英語を学び、髪を洋風に変え、履物を靴に変えました。明治9年（1876）にキリスト教牧師で教育者の新島襄と結婚しました。新郎は34歳、新婦は32歳でした。

は応じるが、首謀者の首級は出しがたい」と主張します。

仙台藩の家老が、

「前将軍徳川慶喜公がすでに罪を一身に負って謝罪嘆願し、朝廷もこれを聞き届けているのに、会津藩が責任を問われる道理はない、というのは理解に苦しむ。鳥羽・伏見の戦いは将軍の罪ではなくて、会津侯の罪だ。藩主ではなくて輔弼《ほひつ》（補佐役）の罪だと考えるべきなのが武士道でないか」

と話したのに対し、会津藩の家老、梶原平馬は、

「仰せの通りだ」

と返答しました。しかし、その後も会津は徹底抵抗、会津戦争に走ります。

会津藩で、輔弼の役割を全うした人がいたでしょうか。

京都守護職の辞任を藩主に説き、鳥羽・伏見後は「帰順以外に藩を救う道はない」と説き続けた西郷頼母だけだったようにも思えます。

戊辰戦争から60年目の昭和3年（1928）に、「戊辰」の年が巡り来ました。

●英公使館の医師ウィリアム・ウィリスは戦争の後、会津に入り、会津侯父子が江戸に向け出発するところを見ています。

「会津侯父子は大きな自分の駕籠の使用を許されているようであったが、家老たちとその他の家来は徒歩であった。かれらは刀を奪われたままで、よごれた衣服を身につけ、まことに悄然たる姿であった。（中略）だれもが冷淡で無関心な態度をよそおい、近くの畠で、はたらいている農民でさえも、かつて名声の高かった会津侯の出発を見ようと仕事の手を休めようとしないのである」（『江戸開城　遠い崖7』）

この年、旧会津藩主、松平容保の孫である勢津子と、昭和天皇の弟・秩父宮雍仁《やすひと》親王とご成婚が実現します。この縁組は60年ぶりの会津藩と朝廷の和解、逆賊の汚名返上を物語るものでした。

84歳になった八重は汽車に乗って、当時住んでいた京都からお祝いを述べるべく上京しています。

天皇に随行3300人

前月27日に即位式を挙げた明治天皇は**20日**、東京行幸（東幸）のため京都を発ちました。東幸の表向きの理由は、「戦争によって難儀した東国の民衆を慰撫《いぶ》するため」というものでしたが、天皇がそのまま東京にとどまり、東京への遷都が行われてしまうのではないかと懸念する声が京都では大きかったようです。

東幸の行列には岩倉具視、中山忠能《ただやす》、伊達宗城《むねなり》（前・伊予宇和島藩主）、池田章政《あきまさ》（備前岡山藩主）、木戸孝允《たかよし》、大木喬任《たかとう》らをはじめ、３３００人が随行。長州・土佐・備前・大洲各藩の兵が警護を担当し、三種の神器の

落城後の会津若松城天守閣。砲弾により破損している（『会津戊辰戦史』／国立国会図書館）

一つ、神鏡の警護には水口藩主の加藤明実《あきざね》が当たっていました。

沿道には見送りの市民があふれ、行列に向かいかしわ手を打って拝む者が絶えなかったと伝えられています。

天皇の「東幸」には京都の宮家、公卿、市民にも反対の声が強かったようです。『漫談明治初年』によると、天皇が出発した日の夕方、伊勢神宮の神官から「今回大廟前《だいべうぜん》の華表《とりゐ》の笠木《かさぎ》が墜落したが、時節柄御東幸の前にこの変事あるは、甚だ考ふべきものと信じ、直ちに上申に及ぶ」という書面が来たのです。

結局、笠木墜落事件については、こんなことで騒いだら、人心を騒がし害がはなはだしい、ということになって無視されたようです。

参勤交代の行列には華やかなイメージがありますが、実際には地味なものでした。江戸時代前期には大大名を中心として競うように行列を飾り立てたものですが、幕末にはいずれの藩も財政難に陥り、そのようなぜいたくが許される状況ではなくなっていたのです。

東京府京橋之図（京橋を渡る東幸の行列）（月岡芳年／早稲田大学図書館所蔵）

地味な行列を見慣れた庶民にとって、盛大な東幸の行列はさぞ華やかに映ったことでしょう。明治帝の東幸は、政権が徳川家から天皇家を頂く新政府に移行したことを、世間に知らしめるための一大演出だったのです。

当時活躍した英国人ジャーナリスト、J・R・ブラックは著書『ヤング・ジャパン』に「ミカドの出発」について書いています。

「出発に先立って、街道筋の全駐留地に布告が出された。それは旧幕時代のように、苦力《クーリー》仕事を強要せず、すべての労務に対しては支払いをする、というものだった。

旧幕臣が途中で、ミカドを奪い去る企てはないか、と心配された。いかなる襲撃に対しても十分に警備されたが、そんなことは起こらなかった」

ブラックが記している「ミカド奪取」のうわさは、広く流布していたようで、10月9日付の新聞「もしほ草」には、

「帝《みかど》は日本の九月廿日御出輦《しゅつれん》（天皇のおでまし）にて、陸路を東京府に親臨《みゆき》あるべしとなり。元来軍艦にていたり給うべかりしを、何者か海上において、帝を擒《とりこ》にせんとくわだつるものありしと聞き、英軍の軍艦かまた

●太政官では古代の例にならい、22日の明治天皇誕生日を「天長節」と定めます（8月26日太政官布告）。天皇が不在となったとはいえ京都では、「九月廿二日天長節を祝し奉り京師一円大いに賑わいたり」（明治5年9月26日付「京都新報」）と祝っています。東京では天長節のなんたるかが、浸透していなかったようです。「中には未だ天長節は何等の賀日なるや弁《わきま》えざる者あり。最もはなはだしきは当日街上にて間々葬送をなせる者を見受けたり」（明治6年11月「新聞雑誌」）。太陽暦が採用されてからは、天長節は11月3日と定められました。

は陸路と議決せざりしが、ついに陸路と定りたり」

とあります。

この記事の伝えるところが正しければ、直前まで海路での東京入りも検討されたものの、一行に対する襲撃情報があったため、陸路（東海道）を選んだということになります。

奥州での戦争が終結しつつあったとはいえ、まだまだ世の中には不穏な空気が漂っていたのです。

コラム 1868 ❺

碧眼の武士「平松武兵衛」

幕末の日本へ、大量の武器を供給した「死の商人」に、プロイセン出身のスネル（シュネル）兄弟がいました。

兄ヘンリーは、慶応3年（1867）にプロイセンの公使館書記官となり、弟エドワルドは開港直後から横浜で商売をしつつ、スイス領事館に勤務していました。

会津藩に深く食い込んだヘンリーは、軍事顧問として招聘《しょうへい》されます。慶応4年（1868）5月、前藩主・松平容保《かたもり》と会い、会津若松城下に屋敷も与えられました。和装帯刀で「平松《ひらまつ》武《ぶ》兵衛《へえ》」の日本名を名乗り、北越戦争では実戦にも参加しています。

縮れた髪を後ろに束ねて月代《さかやき》を剃《そ》り、羽織袴の出立《いでたち》。着物の下には洋風の襟なしのシャツを着込み、腰に大小を手挟《たばさ》んだ上から、さらに革ベルトを巻いてピストルをぶらさげていました。洋式傭兵《ようへい》を雇い入れることを提案し、最後には松平容保のヨーロッパ亡命を献策したともいいます。

弟のエドワルドは、同年の5月に新潟へ入り、勝楽寺（新潟市中央区西堀通）に居を構え、総額14万ドル相当に及ぶ武器を奥羽越列藩同盟軍各藩に売却しています。

この時期、会津藩と庄内藩はプロイセンに対して、戦費調達のため蝦夷地（北海道）に持つ藩領の売却を打診していますが、これを仲介したのもスネル兄弟だったと考えられています。

この申し出は、諸外国が戊辰戦争への局外中立を申し合わせていたことから、宰相ビスマルクによって却下されてしまいました。

戊辰戦争後、弟のエドワルドは新政府に対して、会津などの諸藩に対する負債の損害賠償を要求。これを元手に東京で商売を再開しますが、明治9年（1876）以降、その動向は記録に残されていません。

兄ヘンリーは明治2年（1869）、旧会津藩出身者を中心とした日本人を連れて渡米し、カ

エドワルド・スネル（『河井継之助伝』／国立国会図書館）

リフォルニアに「ワカマツコロニー」を設置。開拓に着手しました。

当時の地元紙の報道によると、コロニーは「アズ（会津）ランチ（農場）」と呼ばれており、600エーカー（約2・4平方キロメートル）もの広さがあり、ブドウの果樹園があって、水はけもよく、小麦も収穫できる、とあります。

しかし、日本から種を持ち込んだ茶や桑はうまく育たず、コロニーは苦境に。ヘンリーは日本へと向かいます。弟エドワードが日本の新政府から巻き上げようとしていた、幕末の武器売買における損害賠償の金を、自らの事業に回すためでした。

しかしヘンリーは、コロニーに戻ってくることはなく、失踪します。かつて松平容保から拝領した葵《あおい》の紋の入った小脇差を家に残したままでした。明治18年（1885）、彼をジュネーブで目撃した日本人がいますが、その後の消息は杳《よう》として知れません。

ヘンリーに同行し、渡米した子守の少女「おけい」は、その後コロニーに隣接したフランシス・ヴィアカンプ家で働きました。美人で明るく、和装の着物に帯締め姿で、始終かいがいしく働いていた彼女は周囲に愛されましたが、19歳で病死しています。

10
October

第11章

明治元年10月

						1 ☀
2 ☀	3 ☀	4 ☁	5 ☀	6 ☁	7 ☁	8 ☁
9 ☁	10 ☁	11 ☁	12 ☀	13 ☀	14 ☀	15 ☀
16 ☀	17 ☁/☀	18 ☀	19 ☁	20 ☁	21 ☁	22 ☁
23 ☀ / 30 ☀	24 —	25 ☀	26 ☀	27 ☀	28 ☁	29 ☀

横浜での競馬会（イラストレイテッド・ロンドン・ニュース／横浜開港資料館所蔵

Diary 10月

初旬　西郷隆盛、京都に到着する。
2日　京都伝馬御用所が設置される。
6日　奥羽追討平潟口総督・四条隆謌、仙台へ入城する。
9日　ドイツの二檣帆船「イリス」ハンブルクから神戸港に初入港。
12日　**榎本武揚率いる旧幕府隊、仙台領の折浜を出航し、蝦夷地へ向かう。**
明治天皇、品川宿に到着し、一泊する。
13日　**天皇、東京に到着し、江戸城を東京城と改称。天皇の行宮（滞在所）とする。**
奥羽を平定した新政府軍が、東京に凱旋する。
15日　**天皇、内外の政治を自らが行う「万機御親裁」の詔を下す。**
イギリス小帆船「ブレーヴ」、製茶を積み神戸港からニューヨークに初出航。
17日　新政府、武蔵大宮（埼玉県さいたま市大宮区）の氷川神社を武蔵国鎮守勅祭社とする。
18日　江藤新平、新政府の会計官出張所判事となる。
19日　会津藩の松平容保・喜徳父子、東京へ向かい、東京で禁錮となる。
旧幕府軍艦「回天」が、蝦夷地の鷲ノ木に到着。
20日　榎本率いる旧幕府艦隊、蝦夷地の鷲ノ木に到着。旧幕臣の遊撃隊・人見勝太郎ら、新政府（箱館府）への嘆願書を携えて五稜郭へ向かう。
21日　旧幕府軍の大鳥圭介、土方歳三が、五稜郭へ進軍する。
22日　人見らが新政府軍と交戦状態となり、箱館戦争が始まる。
23日　西郷、後事を大久保利通・吉井幸輔に託し、京都を出発して国元へ向かう。
24日　西郷、大坂へ到着。25日頃、大坂を出帆。
箱館府知事・清水谷公考、旧幕府軍に敗れて青森へ逃走する。
25日　明治屈指のベストセラー『不如帰』の著者・徳冨蘆花誕生（昭和2年〈1927〉没）。
26日　旧幕府の大鳥・土方などが五稜郭へ入城。併せて箱館・弁天砲台等を占拠する。
箕作麟祥、新政府の、学校取調御用掛（開成所御用掛）を命ぜられる。洋学者の教育制度改革への参画が認められる。
28日　土方率いる諸隊、松前城藩の福山城（松前城）攻撃のため、五稜郭を出発する。
新政府、藩治職制を定め、各藩に執政・参政・公議人・家知事の役職を設置することを決定。
天皇、武蔵国一ノ宮（大宮）の氷川神社に参拝する。
三条実美、岩倉具視への書簡で、天皇の京都還幸（京都へ帰ること）を認める。
29日　加藤弘之、新政府の政体律令取調御用掛に就任する。
長崎でストーブ（「ヘヤヌクメ」）による火事。
30日　新政府、太政官を通じ刑法は、新しい法制ができるまで旧幕府のものを用いることとする。

この月　長州藩士・井上勝、イギリスで鉄道建設の技術を学び帰国。

天皇の旅

9月20日に京都を出た明治天皇の一行は、20日余りを費やして東京に到着しています。

鳳輦《ほうれん》に乗って御所を出た天皇は、青蓮院《しょうれんいん》（京都市東山区）で遠出用の板《いた》輿《ごし》に乗り換え、その日のうちに東海道の宿場町・大津に到着しました。

「陛下は、八角の鳳凰のついた、天王様《てんのうさま》の御輿《おみこし》みた様なものゝ中に、笏《しゃく》を持つてキチンとお座りになつたまゝ、身動き一つなさらないで、京都からかつがれていらつしやつた」（『漫談明治初年』）

天皇の一行は、道中にあるすべての神社に幣帛《へいはく》（献納物）を奉じつつ、進みました。また、沿道の各藩県には、70歳以上の者や特に忠孝な者、洪水などの被災者を届け出るよう命じ、賑給《しんきゅう》（褒賞）や賑恤《しんじゅつ》（貧困者などを援助するために金品を与えること）を行っています。

このため莫大《ばくだい》な費用が必要となりましたが、旅費のほとんども含め、費

●鳳輦《ほうれん》は即位・大嘗会・御禊《ごけい》・朝覲《ちょうきん》・節会などの行事の際、天皇が乗る輿。屋形《やかた》の上に金の鳳凰《ほうおう》を飾ることから名付けられました。

明治2年（1869）にいったん戻った京都から、東京への「御還幸」では、馬も一部使ったという話が『漫談明治初年』にあります。

「陛下は、元来御乗馬を好ませられたから、御道すがらも折々は御《ご》騎馬《きば》でならせられたい御思召があつたけれども、当時は未だ一般人民が龍眼《りゅうがん》を拝する（こ）とを許されぬ制度なので、御騎馬となれば、厳重に御道筋を人払ひをせねばならぬ。『かくては下《しも》に迷惑をかけよう』と仰《おほ》せられて、同じ御道筋でも、民家の多い場所は、鳳輦に召され、人通りのまれな野道では、御乗馬遊ばされました。例へば、海道の金谷《かなや》の手前、西坂《にしさか》から吉川《よしかは》へ越える間《あひだ》の道などは、全く人通の稀《まれ》な所でしたから、御馬に召されて『斯様《かやう》な所ばかりだといゝ』と大変御喜になりました」

用は京阪の富商が負担しました。

天皇は東京への道中で、庶民が農作業をしたり漁をしたりする様子を眺めることもありました。「庶民の生活に関心がある」という姿勢を見せることで、新しい為政者への親近感を醸し出すような演出が、なされていたようです。

「船橋」を渡る

旧幕府の時代は、江戸防衛の観点から、街道筋の大きな川に橋を架けることが禁じられていました。そのため、街道筋の大きな河川には渡し場がつくられ、渡し舟や川越し人足などのビジネスが発達します。

天龍川、富士川などは渡し舟が通せましたが、大井川や安倍川などは人足による渡しが主流でした。これは一面、人や物資の移動に大きな弊害となっていたのです。

そこで東征軍通過時や、今回の明治天皇東幸にあたって、沿道を通行しやすくするため、こうした川には仮の橋が架けられることとなりました。

明治天皇の東京行幸（ルモンド・イリュストレ／横浜開港資料館所蔵）

天皇の東幸に先立って、天龍川の架橋普請を担当したのは、堀江（静岡県浜松市西区）の旧旗本で、9月に藩主になった大沢右京大夫基寿《もととし》でした。大沢は、正月の鳥羽・伏見の戦いで旧幕府軍が敗れると、早々に新政府への恭順を示した人物です。

架橋には、舟を並べて簡易的な橋とする「船橋（舟橋）」の方式が取られました。このままだと川の流れによって舟が安定しないため、舟の両側を柱や補完材で固定します。

この架橋、付近の人々にとっては、東幸の一事にとどまらない、将来にかかわる大問題でした。なにしろ江戸時代の260余年にわたって、幕府の禁制により橋を架けることができなかった場所に、船橋とはいえ公《おおやけ》に認められて架橋することができるのです。船橋は、それまでも一時的に架けられたことがありましたが、天龍川では本来、川渡しの手段は渡船でした。地域の有力者、なかでも江戸時代を通じて天龍川の渡船権を握ってきた船越一色村（浜松市中区船越町）と池田村（磐田市池田）の人々は、船橋の架設権確保に熱心だったようで、架橋を自分たちに任せてくれるよう

●『清水市郷土研究第五輯　明治大帝御聖跡　江尻行在所』によれば、明治天皇が東幸中の東海道で宿泊した宿駅は、次の通りでした。
9月20日・大津、21日・石部、22日・土山、23日・関、24日・四日市、25日・桑名、26日・熱田、27日・鳴海、28日・岡崎、29日・吉田、10月1日・新井、2日・浜松、3日・掛川、4日・藤枝、5日・江尻、6日・吉原、7日・三島、8日・小田原、9日・大磯、10日・藤沢、11日・神奈川、12日・品川

に、と大沢に願い出ています。渡船という既得権益を保持していた彼らは、新時代においても架橋の権益を手に入れ、地域経済の担い手となることを望んだのです。

長さ128間（約230メートル）の船橋が、建設費1万両の大工事で設置されました。

3日、浜松宿を出た明治天皇は、堀江藩が橋番をする船橋の上を無事に通過することができたのです。

男は土間に平伏すること

〽箱根八里は馬でも越すが　越すに越されぬ大井川

とうたわれたように、東海道最大級の渡し場があった大井川は旧幕府の時代、川を挟んで京都側にあった金谷《かなや》宿（静岡県島田市金谷）と、江戸側の島田宿（島田市の中心部）が、交通の要所・宿場町として栄えていました。とりわけ、大井川が大水で川止めとなったときには旅人であふれ、江戸を彷彿《ほうふつ》とさせる賑わいをみせたといいます。

●天龍川の船橋は2日後には解体されましたが、天皇の通行後、1日だけ一般人の通行が許されました。

武州六郷船渡（月岡芳年／大田区立郷土博物館所蔵）

この大井川には板橋が架けられ、行列はここを渡りました。
新政府は庶民が東幸の行列を拝観することに関して寛容で、「沿道の近在・近郷より鹵簿《ろぼ》（行幸のときの行列）を拝せんとするは随意たらしむ。ただし道調員（係の）指揮に従い、宿端または広場に在りて拝礼し、混雑をなさざらしむ。また雨露を凌ぐに足るべき仮建物を構うることは之を許し…」（『愛知県聖蹟誌』）
と、見物の際の注意点を通達しています。

東幸の行列が近づくにつれて、町奉行所からは次々と布達が出されました。当時の静岡における奉迎送の様子を記録した「光栄の島田」（『清水市郷土研究第五輯　明治大帝御聖跡　江尻行在所』より引用）によれば、布達の趣旨は次のようなものでした。
「鳳輦お通りの節は、家の中の戸、障子はすべて取り払い、二階の雨戸は締め切って、草鞋《わらじ》などは取り外し、看板やのれん、社寺門前にかかげた額の類は取り除く。街道沿いの石仏、石塔の類はおおいをかぶせて隠し、溜桶《ためおけ》（肥だめ）など見苦しいものは埋めるなり、片付けるなりする。

●「御駐輦の当夜宿駅に於いては、松明にて街道家々と隈なく照らし出して、御奉迎申し上げた様は、一幅の絵巻物の如く眼前に描き出されていと貴く感ぜられる」（『清水市郷土研究第五輯』）

当日は、湯屋（風呂屋）のほか、大火を焚《た》く家業は休み、鳳輦の通過が済むまでは焚火せず、火元厳重にすること、（中略）当日は（路上に）幅二間、厚さ二寸の砂を敷き、家並みにも盛り砂し、掃除はとくに入念にすること、鳳輦が通過なさる時、家にいる女子供は軒下に、男は土間に平伏すること」

10月に入ると、（行幸の）期日は5日と決定したとして、車馬通行（制限）の件や、街道筋の商家でも特に商売をして差し支えのないこと、などの取り決めが通達されています。

江尻（清水市）の本陣で、行在所となった寺尾與右衛門宅に、明治天皇が宿泊した時の様子を、『清水市郷土研究第五輯』は次のように書いています。

「邸内寂として奉仕の諸員は襟を正して鞠躬如《きっきゅうじょ》（身をかがめて、つつしみかしこまる）として勤しみ奉り、衣擦れの外音なく、寺尾與右衛門氏も

●「寺尾家に於ては、用度司及び其の他の役人の命を受け、御用に充てる部屋の割振を定めて、それぞれに修理を加へ、特に御湯殿と御厠屋とは共に新たに設けられた」（『清水市郷土研究第五輯』）

●「（江尻を出発し）その日は吉原宿に、その翌日は三島に御駐輦あらせられ、その翌々日は箱根の難路を御乗馬にて越えさせられたとの御事である。玉石敷きつめたあの峻坂を、かつ〳〵と馬のあがきも勇ましく、左に白雪を粧うて御送り申す富士の高峰の風光を眺めあせられ…」（『清水市郷土研究第五輯』）

麻上下を着用して室の一隅で御用承はるの外、家族達は邸内の別室に籠《こも》って、只管《ひたすら》一夜の御平安を御祈り申し上げた」

この夜、「恰《あたか》も会津城落城の報が到着したので、（岩倉具視《ともみ》卿が）直ちに奏上申し上げたとの御事である」。宿場町では町家も村々の人々も、家にこもり、火気に注意し、「たゞ〳〵聖慮安かれと、神かけてお祈り申したのである」。

引き網が「御意にかなう」

9日、天皇は小田原宿を出発し、大磯（神奈川県中郡大磯町）に至りました。ここでは、本陣の小島才三郎宅を行在所としています。

予定よりも早く大磯に到着した天皇は、大磯の浜辺に赴き、警衛の兵の射的と地元漁師の引き網を見物しました。このとき漁師たちは、獲物の魚を大きなおけに入れ、天皇に献上しています。

射的や地引網漁の様子に、天皇は大いに関心を示し、天皇の御意にかな

●「なんといっても天皇の記憶に最も鮮明に残った出来事といえば、それは紛れもなく十月七日、富士山を仰ぎ見たことであったに違いない。これは恐らく、日本の天皇が和歌、物語、紀行文で名高いこの山を見た最初の例だった。明治天皇は、随従する者たちの一人一人に、行列の東京到着までに富士を和歌に詠みこむよう命じた。この日の午後、三島に到着後、天皇は行在所に定められた本陣にある不二亭から、富士を心ゆくまで眺めた」（ドナルド・キーン『明治天皇』）

った地元漁師たちには菓子が、射的を行った兵には酒が、おのおの振る舞われました（『明治戊辰　文明協会創立二十周年記念』）。

この時代、一般庶民の天皇に対する理解は、あいまいなものでした。江戸時代を通じて、天皇は、京都にとどまり続けていたため、庶民にとっては「貴人」というイメージ以上のものはありません。

この東幸においても、天皇は御簾《みす》で覆われた輿《こし》に乗り、人々の前に直接、その姿を現すことはありませんでした。菓子を賜った漁師たちは、御簾の向こう側にいる人物について、どこまで理解していたでしょうか。

庶民の歓迎ぶりだけでなく、外国人による歓迎の記録も残されています。

神奈川宿では、横浜に居留する外国人が芝生村で行列を出迎えました。輿が通りかかる際には、沿道にイギリスとアメリカの兵が整列。停泊した軍艦からは祝砲が撃たれ、神奈川砲台が号砲で返礼をしています。

ただ、この行列のあり方に疑問を感じた外国人もいたようで、当時の新

●10月9日、太政官布告で「恵、統、睦の三字」を「闕画《けっかく》いたすべきこと」と定めました。「闕画」は欠筆《けっぴつ》、欠字《かけじ》ともいい、中国唐代で長上の者の諱《いみな》（実名）にある文字と同じ文字を使うことを遠慮し、漢字の一画を省略することをいいます。仁孝天皇の諱は「恵仁」、孝明天皇は「統仁」、明治天皇は「睦仁」。三代天皇に使われた「恵、統、睦」を闕画としました。この結果、「親睦」の「睦」の文字の右下の「土」が「十」となっている文書も出されました（『明治事物起原』による）。

聞「もしほ草」には、とあるアメリカ人が、

「残念ながら鳳輦の四方は御簾で覆われ誰もお姿を拝することができなかった」

「ヨーロッパ諸国の王がその国内を巡るときには庶民でもその姿を拝し奉ることができる」

「それぞれの国の風俗を比較すべきではないが、開化の二字を重んじるならば、『帝は神の子孫である』などと道理に外れたことを言わず、民の父母たることを忘れずに政治を行ってほしい」

と、苦言を呈した記事が載っています。

「品川で一泊」の意味

横浜を出立した東幸の行列は川崎宿で昼食をとり、大森梅屋敷で休息。六郷で舟橋を渡り、**12日**の午後3時頃、品川宿に到着しました。

江戸城は目と鼻の先であるにもかかわらず、天皇は鳥山金右衛門宅を行在所と定めて、品川で一泊しています。

品川という土地は、江戸御府内の端に位置しており、参勤交代の行列もこの宿で一泊し、翌日、偉容を整えて江戸入りするのが常でした。

大名行列といえども常に行列を仕立てて進んでいたわけではなく、主立った宿場や大きな町以外では供回りのみを連れ、急ぎ足で移動するのが普通でした。しかし、江戸入りとなれば話は別。貧相な行列では、口さがない江戸っ子に、どのような悪口を言われるか分かりません。大名の一行は品川宿で一泊し、短期雇いの奉公人を行列に加え、人数をそろえて、盛装してから入府したのです。

天皇一行が品川に到着した10月12日は、新暦でいえば11月25日に当たり、そのまま江戸城に向かったのでは入城が日没後となってしまいます。天皇の東幸が国民に対するデモンストレーションであったことを考えれば、旧幕府時代の例にならって品川で一泊し、翌日、もっとも効果的な時間を選んで行列を進め、東京の人々にアピールしようと考えたのは当然のことでした。

13日、天皇の一行は品川宿を出発しました。イギリス大使館のアーネスト・サトウは、この日の天皇の東京入りを見ています。

「十一月二十六日（陰暦十月十三日）御門は品川で一泊後、今日江戸に入った。ミットフォード、画家（ワーグマン）、リッカビーの三人と、『接遇所』（旧幕府が設けた外国代表の宿泊所）の新しい門の前に最近できた広場にたって、鹵簿《ろぼ》を見物した。外観は壮麗とはいいがたかった。随行する兵士がだらしない髪をしており、西洋を模倣した俗悪な服装をしているために、東洋的な印象がまるでなかった。御門の駕籠《かご》すなわち、『鳳輦《ほうれん》』は物珍しく、それが通過するとき、群衆が自然にしずまりかえったのは感動的であった」（萩原延壽『江戸開城　遠い崖7』）

一行は芝・増上寺で改めて行列を整え、和田倉門（千代田区丸の内）を経て、江戸城に入っています。和田倉といえば、「朝敵」の汚名を着せられた会津藩の上屋敷があった場所。ここから明治天皇が江戸城に入ったという事実には、歴史の皮肉が感じられます。

東京御着輦（聖徳記念絵画館所蔵）

「江戸城は広いなア」

京都の公家衆などから反対意見が出る中で、東幸を強行した岩倉具視には、東幸を利用して関東の世論に訴えるという目的がありました。

関東の人々は長く幕府の風に親しみ、親幕の気風も強く残っています。彼らの反新政府・反天皇意識をやわらげるためには、まずは朝廷の典雅さを見せつけ、新政府に親しみを感じさせるべきだ、と岩倉は考え、その目的は半ば達せられたように思われます。

大久保利通は、自らの日記に、

「鳳輦は二時にお着きになり、輦《てぐるま》（高貴な人が乗り、車輪で動かす乗り物）の行列は壮麗で、天皇のご威光は堂々としたものであった。身分の高きも低きもみな、食物・飲物を用意して歓迎し、実に千載一遇の素晴らしい儀式に、歓喜で言葉にならないほどであった。このとき、奥羽を平定した官軍（新政府軍）が、凱旋《がいせん》の歌を奏で数千、（東京へ）帰府したのは、偶然であったろうか」（『大久保利通日記　上巻』から現代語訳）

と書き残しています。

●『武江年表』も天皇の東京入りを記録しています。「十月十三日、快晴。今日、御鳳輦東京に着賜ふ（九月二十日、西京御発輦）。今朝、品川の駅を発し給ひ、京橋通りより通り町筋、通壱丁目・二丁目の間より西へ、呉服町通、呉服橋を渡らせられ、未刻頃、西城へ着給ふ。貴賤老稚、道路輻輳《ふくそう》して拝し奉る。更に寸地を漏さず、錐を立つべき所もなかりし。（中略）（御道筋左右に埒《らち》を結ひ、小路は板塀を造りて〆切たり）」。「埒」は柵のことです。

むろん、奥州戦争を終えた新政府軍が凱旋したのは偶然などではなく、天皇の東京到着に時期を合わせた、大久保の演出だったのでしょう。

軍の凱旋とは対照的な、典雅きわまる天皇の入府は、関東の人々にとって平和の象徴と感じられたはずです。

東幸には、天皇が武力によって朝敵を征伐する「御親征」ではなく、天皇が自ら国を治め、平和をもたらす「御親政」へと、時代が転換したことを人々に示すという一面があったのです。

また、この東幸は横浜などに駐留する諸外国に対し、幕府から新政府への政権交代を認めさせる契機ともなりました。諸外国は、戊辰戦争が新政府側の勝利のもとに終焉《しゅうえん》を迎えつつあると捉え、局外中立の解除を考慮するようになるのです（第13章参照）。

ようやく江戸城に入った明治天皇は、当時17歳。このとき、若き天皇が思わずもらした一言が、『戊辰物語』に載せられています。

「京都の御所は申すまでもなく御手狭《おてぜま》であらせられたので、江戸城に入御直後に、一室にあった三条公のところへ御心かるやかに、お出ましにな

●明治天皇の大嘗祭（天皇の即位礼後、初めて開催される新嘗祭）は、明治4年（1871）11月になって、東京で実施されることとなりました。当日は、各地の神社でも神事を開催するよう命じられたほか、東京では山車なども出され祝典が催されています。

●『漫談明治初年』には、6歳の旧徳川将軍家当主・徳川亀之助（家《いえ》達《さと》）が皇居に登城を命じられた時のエピソードが出ています。烏帽《えぼ》子《し》を着けることが困難だったので、着用が必要かとその筋へ伺いをたてたところ「幼年ゆえ、事故《ことこれ》に及ばぬ」「頭髪は茶筅《ちゃせん》と云ふに結べ」との指示でした。江戸城内で、3代将軍徳川家光が幼児の時に使った直垂《ひたたれ》が見つかり、これを着用。大手橋にかかると、亀之助《かめのすけ》君《ぎみ》は城を仰ぎ見て「父様《とうさま》これはどなたの家でありますか」と問いました。父親の田安慶頼《よしより》は、無言で涙ぐんだそうです。

って『江戸城は広いなア』と仰せあった」

「蝦夷徳川藩」とハイネケン

旧幕府海軍副総裁、榎本武揚《たけあき》の艦隊は**12日**、仙台領の折浜《おりのはま》を出航し、蝦夷地（北海道）・鷲ノ木《わしのき》（茅部郡森町）へ到着しました。**26日**には、箱館・五稜郭に入城しています。榎本は旧幕陸軍の歩兵や彰義隊、新撰組の生き残り隊士などを加え、旧幕府の軍艦8隻を率いて脱走、蝦夷地に上陸を敢行したのです。

11月5日には松前城（福山城）を攻略すると、瞬く間に蝦夷地に確固たる地位を築いた、事実上の「蝦夷徳川藩」が誕生します。

榎本の描いていた構想は、蝦夷徳川藩を新政府に認めさせ、承認されない場合には攻め来る官軍と戦い、実力で独立を勝ち取る。産業を興して、自給自足しながら内地の動静を見守る、というものでした。

この計画がもし予定通りに進んでいれば、この後、明治6年（1873）

榎本武揚（近代日本人の肖像／国立国会図書館）

●五稜郭は、元治元年（1864）に江戸幕府が箱館奉行所として竣工。フランスの要塞建築にならった、わが国最初の西洋式城郭であり、星のような五稜形をしています。

に政府内で起きる征韓論争、そしてこれを機に続々と起きた、佐賀の乱、神風連《じんぷうれん》の乱、秋月の乱、萩の乱、さらには西南戦争において、蝦夷政権はこれら反政府勢力と連携し、キャスティングボートを握った可能性もあります。

ところが榎本は、11月15日に最強の旗艦「開陽丸」を暴風で破損、座礁のうえ沈没させるという、とり返しのつかない失策を犯してしまいます。

開陽丸は江戸幕府がオランダ貿易会社に発注し、建造した軍船。オランダに留学していた榎本は、109人のオランダ人と共に、新造の軍艦に乗って喜望峰を回り、帰国しました。しかし、日本に着いた時には、幕府は崩壊寸前。開陽丸は慶応4年（1868）の正月、近代海戦の草分けである「阿波沖海戦」で薩摩藩の軍艦を追撃し、その後、鳥羽・伏見の戦いで敗れた前将軍・徳川慶喜を、大坂から江戸に運んでいます（第1章参照）。

その後、開陽丸は大きな活躍の場もなく、蝦夷地まで来て最期を迎えたわけです。

五稜郭内の箱館奉行所庁舎（函館市中央図書館所蔵）

●蝦夷地への脱走計画を、勝海舟は部下の榎本本人から打ち明けられ助力を求められましたが、拒絶。逆に、脱走を思いとどまるようにと説得したものの、ついに2人は決裂してしまいました。

榎本は外交による「蝦夷徳川藩」の、承認実現の戦略を考えていたようです。12月25日には、蝦夷平定の祝賀会を箱館で大々的に開催し、各国の領事や米仏軍艦の艦長らを招いています。

これに先立つ11月18日には、フランス船「ウエニコス」とイギリス船「サテライト」の両艦長が、蝦夷政権を、

「デファクトな政府および行政機関として認めたい」

と申し出ています。

「デファクト」とは、「事実上の、局地的な」といった意味です。

ところが榎本は、慌てて「デファクトな政権」を否定する声明を出しています。

「日本からの独立など慮外《りょがい》のことであり、われわれは、日本を守るために、あえて蝦夷に来たのである」

榎本らが新政府に送った嘆願書などでも、蝦夷地を旧徳川家臣団に与えることを要望しています。目指していたものは「蝦夷共和国」ではなく、あくまで「蝦夷徳川藩」だったといえます。

しかし、新政府はこれを認めず、明治2年（1869）3月、征討軍を派遣。開陽丸なき榎本艦隊が、かの「ストーンウォール」こと「甲鉄艦《こうてつかん》」を政府軍から奪取しようと、宮古湾に停泊中の政府艦隊を奇襲して失敗したことは、第4章で紹介した通りです。5月18日、榎本らは五稜郭を開城し、新政府による国内統一が完成します。

昭和49年（1974）から、座礁し、沈没した「開陽丸」の積み荷や部品の引き揚げが始まりました。3万3000点以上に及ぶ遺留物の中には、割れたビール瓶が見つかっています。また、五稜郭の発掘調査でも、ビール瓶が出てきました。両方とも、当時オランダでつくられていた「ハイネケン」の角瓶とみられ、榎本がオランダから持ち帰ったものの可能性があります。

実際に、榎本はビール好きだったようです。開陽丸でオランダから日本に戻る際にも、ビール750本が積荷の中にありました。オランダに向かう途中には、一行の一人である西周助《しゅうすけ》（啓蒙思想家、のち西周《あまね》）が、バタビア（インドネシアの首都ジャカルタ）で病み上がりにもかかわらず、

西周（近代日本人の肖像／国立国会図書館）

氷を入れたビールを飲んで、医師に止められていました。

榎本は東京に護送されて、2年半、投獄されますが、その間、妻たちへビールを差し入れてもらったことに対する、返書が残っています。

「且《かつ》麦酒沢山《たくさん》に御《お》贈被下《おくりくだされ》、昨日も今日もたっぷり相用《あいもちい》うきうきと春を迎《むかえ》申候《もうし》」

同じ日の姉への手紙では、「少々ドロンケンに付《つき》、乱筆御《ご》海容《かいよう》可被下《くださるべく》候《そうろう》」

「ドロンケン」というのは、オランダ語。へべレケになった、ということのようです。

これらの手紙は、榎本の出獄が特命によって許されたことを受けて書かれました。出獄前の、寛大な処置ゆえのビールだったようです。

黒田清隆、福沢諭吉らの尽力により、明治5年（1872）に出獄した榎本は、開拓使に出仕。事実上の長官である黒田を助けて、北海道開拓の一翼を担いました。また、海軍中将となり、農商務・文部・外務の各大臣

●「此《この》地常《つね》ニ暑炎、而《しか》シテ氷ヲカリホルニアヨリ購入ス。晩餐、之《これ》ヲ麦酒内ニ投ジテ涼飲ヲ取ル。快甚シ。余、素《もと》ヨリ酒ヲ嗜《だしな》ム。麦酒モ亦《また》人ニ勝《まさ》ルコト一層、是《これ》ニ至リ蘭医厳ニ之《これ》ヲ禁ズ」（「西家譜略」・『西周全集』所収）

●ワインは戦国時代に日本に入ってきましたが、ビールは幕末、イギリスやアメリカなどとの接触によって、ようやくその味を知った日本人が多かったようです。幕末の遣米使節の一員として、アメリカに渡った仙台藩士・玉虫左太夫《たまむしさだゆう》は、「苦味ナレドモ口ヲ湿《しめ》スニ足ル」と、ビールの感想を述べています。

を歴任。明治20年（1887）、「子爵」となっています。榎本は幕府へ向けた情熱を、今度は助命してくれた明治政府へ向けたようです。

波乱の人生を送った榎本は、明治41年（1908）、73歳でこの世を去りました。

11
November

第12章

明治元年11月

	1 ☀	2 ☁	3 ☀	4 ☀	5 ☀	6 ⛄
7 ☀	8 ☀	9 ☀	10 ☀	11 ☁	12 ☀	13 ☁/☂
14 ☂/⛄	15 ☀	16 ☂	17 ☀/⛄	18 ☀	19 ☀	20 ☀
21 ☀	22 ☀	23 ☁/☂	24 ☀	25 ☀	26 ☀	27 ☀
28 ☀	29 ☁	30 ☀				

日本の士官たちのモダンな服装（イラストレイテッド・ロンドン・ニュース／横浜開港資料館所蔵）

1日 旧幕府方の軍艦「蟠龍丸」、松前藩の藩庁・福山城（松前城）を砲撃する。
2日 新政府、閏4月21日の軍務官設置に基づいて、築地の元浜御殿に海軍局を設置する（行政官発令。明治2年（1869年）7月8日、軍務官を再編した兵部省の設置に伴い、廃止）。
3日 新政府、興行場への無銭入場や、威圧によって場を乱すことを禁止する（太政官布告　第928号）。
兵庫裁判所、久留米藩士・山田稘養（正之助）に旅券を発行する（海外旅券の初見）。
徳川昭武、パリ留学から帰国。慶喜の弟で前年、渡欧。
4日 **明治天皇、東幸の祝いとして、東京1592町に酒2990樽（一説に2563樽）、併せて瓶子（とっくり）を下賜する（天杯頂戴）。**
5日 旧幕府方の土方歳三隊、福山城（松前城）を占領する。
天皇、勅使を東京・泉岳寺に派遣し、大石内蔵助らを弔う。
6日 山田顕義、蝦夷地を攻略する新政府軍を増援するため、兵を率いて羽州・土佐崎より青森港に到着する。
7日 旧幕府方の「回天」「蟠龍丸」、青森港に入り奥羽越諸藩に応援を要請。
8日 彰義隊の天野八郎、獄中で病死。享年、38。
イギリス公使パークス、木戸孝允らにキリスト教問題で論議ふきかける。
10日 新政府より増援の兵が品川沖を出帆。
12日 榎本武揚はじめ旧幕府の脱走軍幹部、英仏両国公使を通じて朝廷に奉願書を呈上する。
13日 **新政府、刑罰として死・流・徒・笞の四刑を定め、火刑を廃止し、磔刑が「主君・親殺しに限る」と定められる（10月30日行政官公布によるとも）。**
14日 朝廷、榎本らの奉願書を拒否する。
15日 榎本、開陽丸にて江差に到着するも、座礁（のち沈没）。
16日 明治期に浪漫主義文芸運動を展開した北村透谷誕生（明治27年〈1894〉没）。
18日 嘗祭（新嘗祭）と遥拝の儀、東京城（江戸城）で行われる。
19日 **東京が諸外国に向けて開市となり、築地に外人居留地が設けられる。**併せて、外国人向けに新島原の遊郭が作られる。
新潟港が開港となる。
松前藩主・松前徳広、蝦夷地を追われ、海路、津軽（青森県西部）に逃れる。旧幕府方、渡島地方を占拠。
新政府、箱館の旧幕府脱走軍の追討令を出す。
24日 新政府、水戸藩主・徳川昭武に箱館討伐を命じる。
27日 天皇の12月の京都還幸決定。
29日 松前藩主・松前徳広、逃亡先の弘前・薬王院で病没。享年、25。

この月　西郷隆盛、国元の薩摩に戻り、日当山温泉（鹿児島県霧島市）に滞在する。
この月　この月刊行の「築地鉄砲洲居留地絵図」に街灯5基描かれる。

市民に大量の酒

東京城に落ち着いた天皇は**4日**、東京行幸の祝いとして市民に2990樽の酒と、錫《すず》の瓶子《へいし》（とっくり）550本、するめ1700把を下賜しました。

11月13日付の新聞「もしほ草」では、このときの様子を、

「主上（天皇）御東幸に付き、東京市中一同へ酒をたまわり、十一月六日七日の間にこれを頂戴し、市中大いに賑い祭礼の景色なり」

と記録しています。また『武江年表』では、

「一町へ鯣《するめ》一連・土器一片、木台を添られ、名主一人へ瓶子二ツ宛（御酒入）なり」

「（酒を賜った）帰路には車夫を傭ひて酒樽を車に積、太鼓・鉦《かね》にてはやしものして各其町内に曳《ひき》しむ。途中よりは男女打雑《うちまじ》り、大路に陸続して順《したが》ひ行く。又その翌日よりは頂戴の御酒びらきとて家業をば大方休み、車楽《ママ》・伎踊《をどり》等を催し、日夜をいはず戸々に宴飲、舞踏して、東方の白きに驚《おどろけ》るも多かりし」

天酒頂戴（3代目歌川広重／江戸東京博物館所蔵／Image: 東京都歴史文化財団イメージアーカイブ）

まさに飲めや歌えのお祭り騒ぎで、天皇は一気に東京市民の心をつかんだかに見受けられます。

27日、翌12月の京都還幸（天皇が京都へ帰ること）を決めるとき、三条実美《さねとみ》が東京市民の反発を心配して、還幸に反対したほどでした。天皇を中心とする新政府への政権交代が市民にも浸透し始めたことで、東京は落ち着きを取り戻しつつあったからです。

『武江年表』**9日**の項には、

「山下御門の内薩州侯陣営に在る所の稲荷社祭礼あり。相撲興行あり。町人の分、参詣、見物をゆるされ、下賤のものへは酒を給はりたり」

とあります。相撲を見物して、酒を飲む――ようやく市井の人々にも、のんびりと娯楽に興じる、心の余裕が出てきたということでしょう。

4種の刑、三つの死刑

13日、政府は刑罰の改廃についての布達を出しました。

刑罰を「死」（死刑）、「流」（流刑）、「徒」（懲役）、「笞」（むち打ち）の

●四谷塩町一丁目の書役・町用掛、原徳兵衛は4日の日記に、酒の下賜について、「配られた酒では不足するので買い足した」旨を書いています。町には2022軒の家がありますが、配られたのは36樽で、1樽に2斗5升の酒が入っていました。徳兵衛は17両払って4樽と1斗1升を酒屋で購入し、補いました。これで計算すると、一軒当たり0・5升（5合＝0・9リットル）を配ったことが分かります。

●「同十九日より開市相成り、外国人居留・交易御宥免等に付、築地鉄炮洲一円、諸侯の邸跡等取払、外国人居留地と成り、或は町屋と成る。（中略）又此所南飯田町・新栄町・数馬橋より北の方に て、稲荷橋の辺までの間、あらたに娼廓を開しめられ、新島原と号せらる。（中略）翌年にいたり娼家の造営落成し、茶店、拍戸《りょうりや》、檐場《のきば》を排《つら》ねて絃歌、巷に囂《かまびす》しく、繁昌の

4種とし、死刑には「梟首《きょうしゅ》」（さらし首）、「刎首《ふんしゅ》」（首をはねる）、「絞首」（絞首刑）の三つを定めました。そして、「罪と罰」は次のように定めました。

火付、強盗人ヲ殺ス者……梟首
強盗、百両以上窃盗、強姦……刎首
窃盗五十両以上……徒刑
同二十両以上……笞百
同一両以上……笞五十
同一両以下……笞二十

「火刑」（火あぶりの刑）は「永廃止之事」とされます。「殺君父ノ大逆罪ハ臨期　勅裁之上可処磔刑事」と規定し、君父を殺すものについては「磔刑《はりつけ》」にすることができるとしました。「官人并諸藩士等」（官僚と藩士）の刑は「刎首」、「自尽」（自決）などとしています。

江戸時代には「鋸引《のこぎりび》き」などの刑罰もありましたが、近代国家にふさわしい刑法制度を整えたわけです。

廓とはなれり（この閲廓内に入る遊客、帯剣を禁ぜらる。後明治四年、元地吉原町又は根津門前へうつされたり）」（『武江年表』）

鋸引仕置き（『徳川幕府刑事図譜』／明治大学博物館所蔵）

死刑が絞首刑のみとなるのは、明治13年（1880）の旧刑法制定後となります。

「試し斬り」と「首斬り」

少し先の話になりますが、明治2年（1869）8月には、山田浅右衛門《やまだあさえもん》が新政府の首討役を申し付けられることになります。手当金は、1カ月につき金5両。

ここで少し山田浅右衛門について、説明しておきましょう。浅右衛門は江戸時代、代々の幕府の「首斬り役」だったことで知られます。初代貞武から9代吉亮《よしふさ》まで9人（吉亮の叔父・吉豊を除いて、8人とする場合もあります）いました。

最も腕が立ったのが、7代目の吉利《よしとし》といわれています。安政の大獄で吉田松陰、頼三樹三郎《らいみきさぶろう》、橋本左内など、多数の勤王の志士の首を刎《は》ねたのは、この人物でした。

9代目（8代とも）で、首斬り役としては最後の当主となった吉亮は、

●「鋸引き」は竹のこぎりで罪人の首を引き切る刑。主殺しなどの大罪人に科しました。江戸時代には実際は晒《さら》し、引回しのうえ磔などの形で行われました。

●江戸時代、徳川幕府の開闢《かいびゃく》直後、「公儀御様御用」を務め、世襲したのは山野勘十郎でした。3代50年に渡って試し斬りを務めています。ところが、業《ごう》の深さにたまりかね、3代勘十郎はこの稼業を廃業し、自らは仏門に入ってしまいました。その弟子の一人・2代山田浅右衛門吉時が、この役職を手に入れたのです。この役職には、うまみがありました。当初、試し斬りは刀剣一振り金10両が相場でしたが、泰平の世になると名刀の価値を測れる基準が他にないことから、検査料＝裁断料はう

新政府転覆を計画した米沢藩出身の雲井龍雄《くもいたつお》（明治3年12月斬首）や大久保利通を暗殺した犯人・金沢の島田一良《しまだいちろう》（明治11年7月斬首）を扱っています。最後の吉亮は、東京府囚獄掛斬役となりましたが、明治14年（1881）の斬首刑廃止で廃役となっています。

実は本来、幕府正規の首斬り役は、町奉行所配下の牢屋同心《どうしん》が務めていました。

浅右衛門のもともとの仕事は、「試し斬り」です。首を刎ねられた死罪人の死体のうち、武士以外のもの（心中の生き残りを斬ったものなどは除外）を斬って、刀の切れ味を試したのです。

泰平の時代、武士といえども実際の人間を斬ることはまずありません。それでは、刀が使いものになるのかどうか分からない。そこで「公儀御様《おためし》御用」（公儀御刀剣試《ためし》御用とも）という役名（肩書き）を手に入れた浅右衛門が代々、死体で刀の切れ味を試したわけです。

そのうち、本来の死刑執行人である牢同心の中には自分で斬ることが嫌な者も出てきて、浅右衛門の役名にかこつけて、手数料を払い、代わりに

なぎのぼり。相場はついに100両を超えていきます。5代浅右衛門の時代で200両前後、今ならさしずめ1200万円程でしょうか。

頼三樹三郎（1825-1859）幕末の儒学者で、勤王志士。『日本外史』の著者として知られた、儒学者・頼山陽の3男。京都三本木に生まれ、大坂、江戸に遊学し家塾を継ぎます。ペリー来航以来、梁川星巌《やながわせいがん》、梅田雲浜《うんぴん》らと尊王攘夷運動を行い、一橋慶喜《よしのぶ》の将軍擁立を図りましたが、安政の大獄で捕らえられ、処刑されました。享年、35。

首を斬ってもらう者が出、その数が増えることで誤解が生じたようです。

明治を生きた「浅右衛門」

山田浅右衛門家には代々、首斬りとは別の内職がありました。「あさえむ丸」なる薬の製造販売でした。実はこの薬、原材料は人間の肝臓で、浅右衛門は罪人の首を斬った後、死体から肝臓を得ていたともいわれています。この怪しい妙薬は江戸時代、大変高価だったにもかかわらず、万病に効くとのことでよく売れ、山田家には小大名を超える収入があったといいます。もちろん、「あさえむ丸」という名称が浅右衛門から来ていることはいうまでもありません。

そういえば、「泥坊の胆玉《きもったま》で喰《く》ふ浅右衛門」という川柳がありました。

『明治百話』には、生涯300人以上を斬ったという9代目吉亮《よしふさ》の生々しい証言が出ています。

「基より万物の霊長の首を斬るんですから、気合呼吸、こいつに真念覚

●絶体絶命の危機に、よく「土壇場」という言葉が使われます。これは首斬りから生まれました。土を盛り上げ、その上に罪人を腹ばいにさせ、手足を4本の杭にしばりつけて固定する。この場を「土壇場」といいました。

●9代目浅右衛門の吉亮は、明治の初め「希代の毒婦・妖婦」と言われた高橋お伝の処刑もしていますが、お伝が自分の前に処刑される罪人が震えていると、「お前さんも臆病だね、男の癖にサ、妾《わたし》をご覧よ、女じゃアないか」と励ましたことを証言しています。彼女は死ぬ瞬間まで、情夫《いろ》の名を呼び続けていたといいます。

悟ということが何より大事なのです。それゆえ刑場へ参りますと多くは罪人の方を見ません」

処刑の瞬間は、にらみつけ「汝は国賊なるぞッ」と一歩進め、柄に右手をかける。この時、涅槃経《こんにやくきょう》の四句を心の内に誦《よ》む。

「第一柄に手をかけ、右手の人差し指を下《おろ》すとき『諸行無常』中指を下すとき『是生滅法《ぜしょうめっぽう》』無名指《くすりゆび》を下す時『生滅滅已《しょうめつめつい》』小指を下すが早いか『寂滅為楽《じゃくめついらく》』というとたんに首が落ちるんです」

7代目「浅右衛門」の吉利は、明治の世を仏のようになって過ごしたようです。娘の証言が『幕末明治　女百話』に出ています。

「首斬浅右衛門の家庭と申しても、別段の変化《かわり》はありません。世間から種々《いろいろ》お噂さ下さるような筋合もありません」と断ったうえ、娘は父親が維新後、刀剣の鑑定で黒田清隆や勝海舟らに重宝がられ、「斬れる刀剣を拝見いたしておりました」といいます。

父親の鑑定は鬼気迫りました。「蠟燭の灯で仔細《しさい》に、ソレは仔細に厳密に両眼を凝らして、鑑上《みあ》げますので、瞳といい、凝視《みつめ》て参る形相は、凄絶《せいぜつ》

●9代目浅右衛門の吉亮によれば、3代目浅右衛門は処刑の時、辞世などを詠む罪人もあり、文字や意味が分からないと面目が傷つくと思い、俳諧の門に入ったそうです。それから代々、宗匠の資格を求めるようになったといいます。3代目の辞世は、「一ふりの枕刀《まくらがたな》や時鳥《ほととぎす》」。

人を斬って帰ってくると、「どういうものか顔がボーッと逆《のぼ》せて、大変な疲れを覚えます。一ト口《ひとくち》に血に酔う、とでもいうのでしょうか、とにかく妙な気持です」といいながら、9代目は「未《ま》だ一度もその幽霊を見たことがない」と話していました（『明治百話』）。

●第67回直木賞を受賞した綱淵謙錠は、歴史小説『斬《ざん》』で、代々「首切り浅右衛門」と呼ばれた山田浅右衛門の幕末から明治の苦悩を描いて、受賞作に選ばれました。

と申しましょうか、真剣味の籠《こも》ったものでした」

「首斬り」ですから、世間からはとやかく言われたようですが、晩年は仏教信者になって「慈悲心の人」だったといいます。

困っている人を家に連れてきてご飯を与えたり、古着をやったり。寺には「大慈悲」の額を寄付しています。小言が出るのは、年に一度ぐらい。

粉米（くだけた米）を毎朝、縁の下のネズミと軒下のスズメに与える。ネズミもスズメもなじんでいて、浅右衛門が手を叩くと、出てくる。

粉米を切らした時には、取り寄せを命じます。その間、ご飯を出しても食べないので、母親が「どうなさいました」と聞くと、「スズメの御飯の来るまで、私《わし》も待ちましょう」と答えたとのこと。

娘をかわいがり、母親よりも髪のことや衣類のことに、よく気が付いたといいます。ですが、髪の毛一筋の乱れも許されませんでした。

「自分の代で斬首刑が廃《すた》って、こうして刀剣の鑑定《めきき》をしているのは快心のことであるから、仏性を起し、慈悲善根によって、ご先祖の冥福を祈るのだ」と言っていた浅右衛門は、72歳で亡くなったと書かれています。

●絞首刑が規定されてから、絞首台を造った「野村」という棟梁の証言が、『漫談明治初年』に載っています。内務省から大工が呼び出されて入札になりましたが、二の足を踏みます。原価は25円ぐらいでしたが、この人が120－130円の札を入れると、皆同じ思いで高い値段を入れたらしく、落札してしまいました。「首に跡が付いては不可《いけ》ないといふので、首に当たるところに髪の毛を巻いて、その上に鹿の皮をに縫付けてある」。縄の先に分銅が付いていて、首が絞まる仕組みです。「天心真揚流」の柔術の達人を絞首台にかけて、何貫の分銅があったら完全に死ねるかを実験しました。「ジワ〳〵やつて居《お》つたが、直ぐ萎頓《ぐつたり》となってしまつた」。弟子が湯だか水を飲ませて、背中を二、三度叩いて「エイ」と活を入れると、「すぐ再生《いきかへ》つて、直つてしまふ」という次第だったようです。

西郷どんの帰郷

この月の初旬、東北が平定されたのを受けて、西郷隆盛は故郷に帰っています。鹿児島での人気は大変なものでした。

「然《しか》るに隆盛は間もなく、閑地に就いて心身を保養せんことを願ひ出、その許可を得て大隅日当山の温泉に赴き、朝には山野に兎《うさぎ》を追ひ、夕には子弟と古今を談じ、霊泉に浴びては心身をくつろげ、折々詩を作り毫《ごう》を揮《ふる》つて鬱を散じ、傍目《はため》には朝廷の事も、藩政の事も忘れて、少しも関知せざるものゝやうであった」(『大西郷全集』)

西郷は、頭を剃《そ》って丸坊主となり、犬をつれて湯治と狩りに日を送るようになります。彼は自らの役割は終わった、と考えていたのかもしれません。

クリクリ坊主にして、自分をもんでくれた按摩《あんま》が剃髪《ていはつ》していたので、その名「一梅」を自称。茶目っ気を発揮していました。その理由について、『大西郷全集』は書いています。

「当時、維新の変革と共に巻き起こった廃仏毀釈《はいぶつきしゃく》の火焔《かえん》は、この鹿児島にまでも燃え広がり、手当たり次第に仏像を焼いたり、壊したりしたのみならず、温泉に程近き国分八幡（官幣大社鹿児島神宮）の鳥居前に『坊主と不浄の徒入るべからず。』といふ制札を立てた。その遣《や》り方が余りに乱暴なのを快しとしなかつた隆盛は、先《ま》づ自ら坊主になつて、ひそかに狼藉《ろうぜき》の徒をたしなめたのであつた」

　西郷は、衣食住ことごとくに関心のない人でした。この後、明治6年（1873）の「征韓論争」をはさんで野に下る決意をした頃、西郷は賞《しょう》典禄《てんろく》2000石、月給500円（現在の貨幣価値で、最低でも500万円）の収入がありましたが、太った身体に合う着物すらもつくらず、「よく不恰好《ぶかっこう》な奴（急所）を出すので、大笑いだった」と政府高官・高島鞆之助《とものすけ》は証言しています。

　昼の弁当は握り飯の上にみそを塗り、竹の皮で包んだものを持って政庁へ出かけたといいます。

　征韓論に敗れ、鹿児島に帰ってからも、昼食の多くは「サツマイモ1銭平均」だったとか。自ら吉野の開墾や私学校の建設にも携わり、ときには農耕馬に肥料おけを負わせて手綱をとり、

●『戊辰物語』には、次のような西郷の目撃談が載っています。「私の知っている時は西郷隆盛は神田橋にいた。西郷の内に書生をしている友達を尋ねて行くと『君は西郷を見た事があるか』というので『ない』と答えると友達は『あれから来るのが西郷さんじゃ』と指さしたのを窓からのぞくと一人の男が若党を連れて門からブラブラやって来た。木綿の黒い羽織を着て刀を差し小倉のような木綿袴をはいて、しかも冷《ひや》めし草《ぞう》履《り》を引ッかけておる。顔かたちは上野の銅像そっくりの印象が残っておる。（金子堅太郎子談）。「冷飯草履」は「藁緒《わらお》のままの、粗末な藁草履」（日本国語大辞典）

●江戸時代に鰻が売りに出された当初は、辻売りが主流。1串が18文見当でした。次いで、江戸のへき地にぽつぽつと鰻屋ができ、

「武村の吉ヂごわすが、肥料《こえ》があれば汲ませち下っさい」

と人糞《じんぷん》をもらい歩き、手作りの大根を肥料代に渡していました。

こうした西郷の数少ない娯楽といえば、多忙な中、時間を捻出し、下僕を伴って狩猟と温泉に出かけることでした。

庭いじりにも関心がなく、軸物や刀剣類のコレクションとも無縁であったことを思うと、西郷はさしずめアウトドア派であったのでしょう。

狩りの獲物は、ウサギであれイノシシ、山鳥であっても、好んで食べました。西郷は若い頃から酒はほとんどたしなみませんでした。ただ、食にこだわらないとはいっても、鰻《うなぎ》の蒲焼《かばや》きは大好物だったようです。

犬を偏愛したのも、西郷らしさの特徴と言えます。いい犬がいると聞くと、いかに高価であろうとも値切ることもなく、幾匹でも求めました。

幕末の動乱期には、用心のために飼っていた蘭犬《らんけん》（ここでは洋犬のこと）の「寅《とら》」を、京都・祇園の茶屋にあげて、自分と同じ鰻飯を食わせたという、名妓・君龍の回想譚《たん》も残されています。

普段は丼飯に鶏卵を割って混ぜ、愛犬に食べさせていたようで、ときに

肝吸物も登場するようになります。江戸後期、大久保今助という芝居の金主《きんしゅ》が、温かい鰻を食べる工夫として、大きな丼に熱い飯を入れ、その上に串ごと蒲焼きを載せてもらうことを考えました。現在の鰻丼のはじまりです。

●新政府としての、旅券第一号はこの月に出されたようです。「明治新政府になって最初に発給された旅券は、明治元年（1868）11月3日付で兵庫裁判所（司法機関ではなく、廃藩置県以前に開港場に設置された神戸地方の行政機関）から久留米藩士山田稲養《いねやす》（別名正之助）という人に下付された兵庫の第1号であるという」（『パスポートとビザの知識　新版』春田哲吉著）。山田は筑後久留米藩の出身。ハーバード大に学び、横浜税関吏となりました。日本貿易協会会長を務めました。

はブリなどを半搗《はんつ》き米に炊き込んで与えたこともあったようです。

西郷が大食漢であったのは確かで、鰻のほか、カステラ、ぼんたん飴――なんであっても、3人前はペロリと食べました。

「じゃどん、自分はヤシゴロではごわはん」

西郷はよく弁解していました。

「ヤシゴロ」とは、「意地汚い」という意味の薩摩言葉です。

邪宗とはなんだ！

8日、イギリス公使パークスを木戸孝允《たかよし》、小松帯刀《たてわき》らが訪問し、会談を行いました。席上、キリスト教の問題でパークスが激怒します。
欧米の先進国に恥じない近代国家を目指す新政府ではありますが、この年の3月、「五榜《ごぼう》の掲示」においてキリスト教の禁制を打ち出していました。

第三札

五榜の掲示、第三札（福井県文書館所蔵）

一、切支丹邪宗門ノ儀ハ堅ク御制禁タリ若《もし》不審ナル者有之ハ其筋之役所へ可申出御褒美可被下事

これには、大きく二つの理由があったと考えられます。一つは江戸時代以来、キリスト教徒が集まると、徒党を組んで一揆を起こす可能性がある、と考えられていたこと。

もう一つは、新政府が王政復古によって天皇親政を行う形を取ったため、神道偏重の性格を帯び始めていたことです。

禁制はともかく、「邪宗門」という言葉にパークスは我慢できなかったようです。

アーネスト・サトウの『一外交官の見た明治維新』によれば、

「これ（キリスト教）に関する日本側の言い分はきわめてもっともであり、またハリー卿（パークス）の言うところにも一応の理屈はあった。しかし、まずい事には長官（パークス）が木戸の議論に癇癪《かんしゃく》をおこし、ここで繰り返すに忍びぬようなひどい暴言を吐いた」

●『明治百話』には幕末、明治を日本で過ごした外国人の、次のような証言が出ています。

「明治元年ごろ、私は度々切支丹邪宗門の高札を日本橋で見たものです。（中略）当時私のところへは、佐賀熊本鹿児島の人が一番沢山参りましたが、出羽《でわ》の本間軍兵衛《ほんまぐんべえ》さんが最もよく来られ私は本間さんを先生として日本の言葉を研究しました。（中略）私が宗教の話をするとすぐ手を首へ当てて、これだから御免、ということが何度もありました。本間さんばかりではなく誰でも宗教の話をすると色を易《か》えて首をまげたです。実に日本の切支丹の禁止は恐ろしいものでした」

暴言とは、何だったのでしょうか。『江戸開城　遠い崖7』に引用されているサトウの日記には、

「日本側を馬鹿者とののしり、自分の奉じているキリスト教を『邪宗』と呼ぶような御門は尊敬できないと放言した」とあります。

パークスの剣幕に閉口した日本側は、「キリスト教徒を寛大に処置する御門の意向を覚書にして、外国代表におくることを約束」しています。

パークスの怒りは相当激しかったようで、部下のサトウは翌日「あなたは木戸の感情を害したと思う。木戸はすぐに口をつぐみ、頑として沈黙を続けたではないか」と諫言《かんげん》したそうです（『江戸開城　遠い崖7』）。

この激論が起こったのは、新暦で言えば12月21日。クリスマスを4日後に控えた時節でした。パークスの怒りも、もしかしたら無理からぬものだったのかもしれません。

当時の日本で、キリスト教に対する偏見は根強く、サトウは興味深いエピソードを紹介しています。

●日本におけるクリスマスのミサ（降誕祭）の初めは、戦国時代。宣教師ルイス・フロイスが残した『日本史』には、次のようなところがあります。

「降誕祭になった時、折から堺の市《まち》には互いに敵対する二つの軍勢がおり、その中には大勢のキリシタンの武士が見受けられた。（中略）彼らは告白し、ミサに与かり、説教を聞き、（中略）そのなかには七十名の武士がおり、互いに敵対する軍勢から来ていたにもかかわらず、あたかも同一の国主の家臣であるかのように互いに大いなる愛情と礼節をもって応接した」（『完訳フロイス日本史2』松田毅一・川崎桃太郎訳）

三好三人衆の兵と、久秀と対立する松永久秀の兵が休戦して、クリスマスを祝ったのだともいわれています。

「キリスト教に対する敵意が今なお激しく、一般にこれを魔法か妖術の類と思っているという理由で、日本側は禁制を擁護した。これが事実であることは、私も知っていた。かつて私は、ある日本人から『切支丹《キリシタン》』の教義を聞かせてくれと頼まれたが、この男は、切支丹に帰依すれば自分の留守中に女房が何をしているかわかるようになるものと信じていたのだ」
（アーネスト・サトウ『一外交官の見た明治維新』）

公にキリスト教の禁制が解かれたのは、明治6年（1873）でした。その後、日本において、クリスマスが日本人によって祝われたのは、もう少し後の明治8年（1875）のことといわれています。原胤昭《たねあき》によって、銀座に設立された原《はら》女学校で行われたものが嚆矢《こうし》だといわれています。

原胤昭（1853－1942）
家職を継ぎ14歳で、江戸南町奉行所の与力になりましたが、維新後に受洗しました。東京銀座に十字屋書店を開き、キリスト教書籍の出版に努めるかたわら、原女学校で女子教育に尽力。新聞紙条例違反で入獄し、その体験から教誨《きょうかい》師を務めました。

コラム
1868
❻

ローマ字の父、女形の足手術

歌舞伎俳優・三世沢村田之助は女形の名人といわれ、当時人気を誇りました。「すぐれた容姿と美声で立役もかね、河竹黙阿彌《かわたけもくあみ》の毒婦役を得意とした」（日本国語大辞典）、「田之助髷《まげ》、田之助襟《えり》、田之助下駄《げた》が流行するほどの人気を博した」（日本人名大辞典）といいます。

この女形が義足をつけたことが、『武江年表』の明治元年（１８６８）閏《うるう》4月のところに出てきます。『幕末百話』にも田之助のエピソードがあり、この年刊行された新聞や錦絵でセンセーショナルに扱われていたことが分かります。

『幕末百話』などによると――。

田之助はある時、舞台で右足の先を打ち、それから痛みが止まらない。御殿医（幕府や大名お抱えの医者。御典医とも）に相談すると「これは越後、奥州地方にあるが珍しい病気だ。ダッソ（脱疽）だから放置してはいけない」。別の医師からは「これは脚を切断しなければならない。縁者一同で連判状をつくり横浜のヘボン氏に切ってもらいなさい」と言われます。

ヘボン先生は、「造作もない」と治療を引き受けます。「ドウです、田之さん痛いかネ」と言って、ポケットから小さな瓶を出して鼻のところにやる。麻酔薬ですね。田之助が眠ると、右の足を切り取る手術をしました。

ヘボン先生はアメリカからあつらえの義足を取り寄せ、これを着けると田之助は再び歩けるようになりました。ヘボン先生への礼興業として横浜・下田座で「奥州白石噺」を演じました。

先生は「ことごとく女はつつしめ」と諭しましたが、元来が、飲む、打つ、買うの三拍子そろった歌舞伎役者。少しもつつしまなかったそうですね。お祭りで舞うなどして評判になりました。芸者が両花道に並んで「田之助さんをほめやんしょ」と調子をつけて持ち上げ、これがまた評判を呼んだといいます。大坂でも舞台を踏み、これが彼の一世一代の晴れ舞台となりました。

しかし残念ながら、右足のけがから始まった脱《だっ》疽《そ》は完治していなかったようです。明治11年（1878）7月7日、34歳の若さで亡くなりまし

歌舞伎俳優・三世沢村田之助の手術をするヘボン（右端）（揚洲周延／武田科学振興財団杏雨書屋所蔵）

た。

手術をしたヘボン（P１５５参照）はといえば——彼はアメリカ出身の宣教師兼医師でした。和英辞典『和英語林集成』を編集し、明治19年（１８８６）に刊行されたこの辞書の第3版で、今でも使われているヘボン式ローマ字を使っています。

出身校のペンシルベニア大学医学部はとりわけ眼科医療に優れていたので、彼も眼科医として能力を発揮したそうです。文久3年（１８６３）、江戸で放浪の生活を送っていた岸田吟香《ぎんこう》（のちジャーナリスト・薬種商）が眼の病でヘボンを訪問し、これがきっかけとなって『和英語林集成』の編集を手伝ったこと、ヘボンに伝授された目薬「精錡水《せいき》」で財を成したことは第5章で紹介しました。

ヘボンは、生麦事件の際には負傷者の手当てで急行したり、田之助を手術したり、外科医としても活躍したようです。

12
December

第13章

明治元年12月

			1 ☀	2 ☂	3 ☀	4 ☀
5 ☀	6 ☁	7 ☁	8 ☀	9 ☀	10 ☀	11 ☀
12 ☀	13 ☁	14 ☂	15 ☀	16 ☀	17 ☁	18 ☁
19 ☀	20 ☁	21 ☁	22 ☀	23 ☁	24 ☁/☂	25 ☂
26 ☂	27 ☀	28 ☁	29 ☀			

食事中の日本人の一団（イラストレイテッド・ロンドン・ニュース／横浜開港資料館所蔵）

3日　岩倉具視、横浜で欧米6カ国の公使に局外中立の廃止を要請する。

4日　大木喬任、東京府知事となる。

5日　**新政府、議会（国会）にあたる公議所の設置案を布達**（『太政官日誌』12月14日によれば、旧姫路藩邸に設置するとのこと）。各藩主から1人ずつ指名された公議人（公議員＝議員）により、立法を目的として活動することを定める（12月6日、10日、14日、20日に順次詳細を布達）。

7日　新政府、旧令制国の陸奥国を分割して陸奥（青森県）、陸中（岩手県）、陸前（宮城県）、磐城・岩代（福島県）の5カ国とし、出羽国を分割して羽後（秋田県）、羽前（山形県）の2カ国とする。
新政府、医師免許制度を作ることを布達する。

8日　**明治天皇、東京城を出発。京都還幸の途に就く。**
静岡藩、元幕府開成所教授の西周を頭取として、沼津城内に徳川家の兵学校創立の学則を定める（明治2年〈1869〉正月に開校、明治3年〈1870〉に「沼津兵学校」と命名）。

13日　土佐藩前藩主・山内容堂、新政府の議定に加え学校知事を兼任する。

14日　木戸孝允、岩倉具視に諸侯の版籍奉還を急ぎ実現すべきだと進言する（明治2年〈1869〉正月の、薩長土肥4藩主による版籍奉還の建白につながる）。
新政府、京都に国学系の教育機関・皇学所（京都府立洛北高校の前身の一《いつ》）を開講する。
榎本武揚率いる旧幕府軍、蝦夷地（北海道）の平定と新政権の樹立を、諸外国の領事に宣言。

15日　旧幕府軍士官以上の選挙によって、総裁（榎本が就任）以下の役職を置き、五稜郭を本営とする（明治2年〈1869〉5月18日開城）。

16日　奥羽鎮撫総督参謀・大山綱良、東京への凱旋により薩摩藩主から酒肴を授かる。

18日　**新政府、土地の私有を認めることを布達**（太政官布告　第1096号）。

19日　**新政府、朝鮮国（李氏朝鮮）に新政府樹立を通告するため、対馬藩に藩家老・樋口鉄四郎らを派遣させる。樋口らの使節、釜山において通告書を提出するも、朝鮮国側は受理せず。**

22日　天皇の一行、京都に到着し、三等官以上の新政府役人を謁見する。
新政府、明治元年から2年にかけての、歳末年始の官庁休暇を定める。

23日　**前月、パリから帰国した渋沢栄一、静岡に徳川慶喜を訪問。**

24日　新政府、府藩県に国図調製方を指令し、地方地図の作成を命じる（12月22日とも。明治2年〈1869〉、民部官に庶務司戸籍地図掛が設置される）。

28日　**立后の礼。従一位左大臣・一条忠香の3女美子（のち昭憲皇太后）、皇后となる。**
欧米6カ国の公使、局外中立の解除を布告する。

「西洋医学」対「漢方医」

江戸時代の医師には、現代のような免許制度がありませんでした。

幕府の奥医師（御殿医とも）や諸藩が抱える藩医は、公に認められた存在で扶持《ふち》（給与）も得ていましたから、彼らを「認可された医師」と考えることもできますが、多くは世襲でした。一般の町医者には免許など必要なく、医師になるための試験もなかったのです。

7日、新政府はこの状況を変えるため、医学研究を奨励し、将来、医師免許制度を確立する方針を定めた太政官布告を出しました。

西洋医学は江戸時代から、長崎出島のオランダ商館の医師によってある程度は伝えられていましたが、明治に入ってもその数は少なく、漢方医の方が圧倒的に多数派で、西洋医学への偏見、抵抗感も根強く残っていました。

この年の3月には、朝廷の医師・高階経由《たかしなつねよし》らの建白により、朝廷でもそれまで禁じられていた西洋医学の導入が許可されていましたが、一方で王政復古の流れの中から、西洋医学を排斥する「皇漢医道復興運動」が巻き

●『明治初年の世相』は、「横浜に病院が立ったのは慶応四年四月と見ゆ」とした上、左記の「内外新報」の記事を引用しています。
「横浜諸病々院疱瘡病院共此程出来、病者に一人付一日の入費左の如し
第一等　四ドルラル
第二等　三ドルラル
第三等　一ドルラル
日本人支那人マレース人　一ドルラル」
日本国語大辞典によると、ドルは「江戸末期から『ドルラル』とともに用いられ、『員』『元』『洋銀』などの漢字を当てたが、明治にはいってからは『弗』の字が多く用いられた。なお、『弗』はドルの記号『$』に似ているところから当てたもの」です。

起こり、漢方医の逆襲も始まっていました。この運動の中心となったのは、皇漢医の権田直助や幕府の奥医師を務めた浅田宗伯（P101参照）といった有力な漢方医たちです。

新政府は漢方医の反発に配慮しつつも、明治2年（1869）2月に軍事病院（東京府大病院）と旧幕時代の医学所を併合して、東京に医学校兼病院を開設。これがのちに「大学東校」と改称され、東京大学医学部の前身となります。同年8月には、大坂にも官立医学校（大阪大学医学部の前身）が設立されました。

政府の医療近代化は、急ピッチで進められましたが、西洋医学と漢方医学の対立には根深いものがあり、医学の近代化にも少なからず影響を与える結果となりました。

文久元年（1861）、イギリス公使館付の医師として来日したウィリアム・ウィリスは、戊辰戦争の際には薩摩藩と行動を共にし、維新後は医学校で教鞭《きょうべん》をとった人物です。

彼は病院に、近代的な麻酔術や手術法を導入。女性看護人を採用するなど、イギリス式の医療技術移転に尽くしましたが、皇漢医道復興運動のあ

横浜の外国人居留地に建てられたフランス海軍病院（「日本の美術」No.466、至文堂より転載）

ウィリアム・ウイリス（アーネスト・サトウ旧蔵写真アルバム／横浜開港資料館所蔵）

おりを受けました。明治2年（1869）の12月に東京から鹿児島医学校へと移っています。

ウィリスはその後、明治10年（1877）の西南戦争終了まで鹿児島にとどまり、西洋医学の普及に尽力しています。

東京、京都のバランス

8日、明治天皇は東京城を出発。京都への還幸の途につきます。10月に東京に入ったばかりの天皇が、2カ月余りで京都へ戻ることになったのは、東京側・京都側それぞれの事情によるものでした。

新政府としては、東日本の政情安定が急務でしたが、東京の人々には上野戦争や奥州戦争の記憶がいまだ生々しく残っており、首都に穏やかさを取り戻すためには、統治の象徴である天皇の存在が不可欠でした。

一方で、急ぎ京都へ戻らなければならない理由もありました。先帝・孝明天皇の三年祭が迫っており、立后の礼、すなわち天皇が正式に皇后を迎える儀式も控えていたのです。

●ウィリスは、明治14年（1881）、帰国。戊辰戦争で負傷した多くの日本人を助けた医師は、明治18年（1885）にはバンコクのイギリス公使館付医員となり、明治25年（1892）まで勤めました。

皇后冊立（聖徳記念絵画館所蔵）

三条実美《さとみね》やその下で働く江藤新平らは、関東の情勢に強い不安を表明しましたが、岩倉具視《ともみ》らの意見が通り、早期の還幸が決定されました。ただし翌年春の東京再幸も既に決められており、天皇の東京在住は既定路線として進められていたのです。

22日、京都へ到着した天皇は、日を置かずして**28日**に立后の礼を執り行いました。お相手は、従一位《じゅいちい》左大臣・一条忠香《ただか》の3女美子《はるこ》。のちの昭憲《しょうけん》皇太后です。

そのまま京都で年を越した天皇は、翌明治2年（1869）2月18日になって、2度目の東幸を3月7日に行うよう決定し、さらには24日に天皇の東京滞在中、太政官を東京に移すことを定めています。

太政官は新政府の中枢、天皇親政の象徴のため、この組織が東京に置かれるということは、その間、東京が政治機能としても首都になるということを意味していました。

明治2年（1869）3月7日、天皇の鳳輦《ほうれん》は再び京都を出立しました。

昭憲皇太后（1849–1914）
左大臣・一条忠香の3女。一条家は五摂家《ごせっけ》の一つで、代々が摂政、関白に任ぜられました。慶応3年（1867）、女御に内定。翌年、皇后に冊立《さくりつ》。博愛社（のち日本赤十字社）の社会事業や女子教育の発展に努めました。和歌や古典文学に造詣が深く、3万6000首にも上る歌を残しました。東京女子師範学校（お茶の水女子大学の前進）では、明治8年（1875）12月に昭憲皇太后（当時皇后）の下賜した和歌「みがかずば　玉もかがみもなにかせん　学びの道も　かくこそ　ありけれ」に曲を付け、校歌としました。

昭憲皇太后（『東京風景』／国立国会図書館）

京都では公家はもとより庶民までが、「今度こそ天皇は帰らないのではないか」と危惧し、東京再幸に対する反対論が巻き起こっていました。京都の人々の動揺を防ぐため、新政府は天皇が不在となる京都に留守官を置き、「秋には京都に還幸する」という体を装って東幸を強行していきます。

2度目の東幸では、東海道の道筋で諸藩の藩主が天皇を出迎えるという光景が展開されました。「殿様」が「天皇」に頭を垂れる姿を見て、人々は新たな統治者が誰であるのかを、実感することになりました。

広報媒体としての錦絵

前回同様、新政府は天皇の東京再幸を、政権交代の象徴として政治利用することを考えます。そのためのプロパガンダの材料として使われたのが、数多く描かれた「錦絵」でした。

新政府は東幸の様子を東京の浮世絵師に描かせ、錦絵という娯楽作品を通じて庶民に天皇の存在、新政府の治世をアピールしたのです。この手法

●「明治天皇の美子皇后（後に昭憲皇太后の名で知られるようになる）は子宝に恵まれることはなかったが、生涯を通じて互いにすべてを捧げ尽くした。美子は、それ以前のいかなる皇后より遙かに傑出した皇后として広く国民に慕われる存在となる」（ドナルド・キーン『明治天皇』）

は何も新政府の独創ではなく、幕府もその効果を熟知していました。錦絵は、単に歌舞伎役者やお店《たな》の看板娘を描くプロマイド的なツールではなく、ときには庶民の不満のガス抜きにも効果を発揮し、情報交換のための媒体としても有効でした。新政府は錦絵の、広報媒体としての力に着目したのです。

浮世絵師たちは東幸の風雅な行列を、得意の誇張した技法を駆使して、実際以上に華やかに描きました。

たとえば月岡芳年の「武州六郷船渡」では、船橋を渡る天皇の行列を美しい鱗《うろこ》をまとった龍のような姿に描いています。このような誇張された錦絵を、庶民は物珍しさから競って求め、娯楽の中から新時代の到来を感じ取ったのです。

明治2年（1869）3月28日、天皇は東京城に到着します。このとき東京城は、「皇城」と改められました（第8章参照）。

以後、新政府は、翌明治3年に天皇が京都を訪れた際も、「帰る」という意味を持つ「還幸」ではなく「行幸」という表現を使っています。

武州六郷船渡（月岡芳年／大田区立郷土博物館所蔵）

また、新たに造営された宮殿を「宮城」と称し、奠都《てんと》を既成事実化していきました。明治4年（1871）8月には京都留守官も廃止され、京都は平安遷都以来1000年以上続いた「都」としての役割を終えたのです。

これ以降、京都は一時的に寂れてしまうのですが、それは東京も同様でした。幕藩体制の崩壊により、江戸の経済を支え続け、100万都市繁栄の源泉となってきた大名や武士たちが去り、新都・東京は荒涼とした姿をさらしていました。丸の内の武家屋敷跡は、ほどなく練兵場になりました。三菱の創業者・岩崎弥太郎の実弟で、のちに三菱の2代目を継ぐ弥之助が、練兵場の移転した跡地を買い取ります。彼は人から、

「こんな広い場所を買って、いったいどうなさるのか?」

と尋ねられ、

「ナニ、竹を植えて、虎でも飼うさ」

と笑って答えたと伝えられています。

それほどまでに、武士がいなくなった東京は寂れていたのです。

「三菱が原」と呼ばれていた頃の丸の内（写真提供／三菱地所）

『漫談明治初年』には、維新後に東京府知事となった大木喬任《たかとう》（佐賀藩出身）の回想が掲載されています。

「自分が参与から東京府知事の兼任を命ぜられた当時、第一にその処置に困つたのは、旧大名及幕府旗下の士の邸宅である。塀は頽《くずお》れ、家は壊れて、寂莫《せきばく》たる有様。（中略）自分はこの荒屋敷へ桑茶を植付けて、殖産興業の道を開かうと思つた」

さすがに桑畑計画は断念され、京都にいた官吏の東京移住を促すために大名や旗本の屋敷を無料で貸し出すことなどで、空き家問題の解決を図っています。

隣国との交渉失敗

誕生したばかりの新政府は、早急に諸外国と国交を結ぶ必要性に迫られていました。

旧幕府の時代には、出島を窓口としての交易がありましたし、李氏朝鮮からは将軍の代替わりごとに通信使が江戸を訪れていました。

●『明治事物起原』によると、大木喬任は、出願者には入札で土地を払い下げ、桑茶の植付けを求めました。桑茶園以外の利用を禁止し、43カ月後から地所相当の税金を徴収して、教育書の費用に充てるという計画でした。しかし、蚕を手配しなかったため桑は茂り放題になり、失敗に終わったといいます。

しかし、それらはすべて幕府が健在だった頃の話で、新政府は現状、東アジア諸国とまったく外交関係を結べていません。一方で朝鮮は、清国と朝貢関係にあるのみで、過去の日本と同様に鎖国体制を取っています。

19日、新政府はその朝鮮に接触を図りました。対馬藩家老・樋口鉄四郎らを朝鮮に派遣し、釜山で新政府成立の通告書を提出したのです。

宗氏を藩主とする対馬藩は代々、日本と朝鮮とをつなぐ窓口としての役割を担い、朝鮮とも深いつながりを持っていました。ところが、その対馬藩が持参した文書を朝鮮側は受理しなかったのです。

その後も新政府は、対馬藩を通じて使節と文書を送り続けますが、事態はまったく改善・進展しませんでした。しびれを切らした新政府は、外務省を通じて直接朝鮮との交渉を試みますが、朝鮮側は日本からのアプローチに対して、侮蔑的な言葉や待遇で応じるようになります。

これがのちに、明治政府の内部から「征韓論」が噴出するきっかけとなりました。

もともと旧幕府時代には、日本側に「朝鮮を征する」などという発想はありませんでした。

勝海舟が残した『海舟日記』文久3年（1863）4月27日の記述に、その発端となったと思われる興味深いエピソードが記されています。

「今朝、桂小五郎、対馬藩大島友之允《とものじょう》同道にて来る。朝鮮の議を論ず。我が策は、当今亜細亜《アジア》洲中欧羅巴《ヨーロッパ》人に抵抗する者なし。これ皆規模狭小、彼が遠大の策に及ばざるが故なり。今、我が邦より船艦を出《い》だし、弘《ひろ》く亜細亜各国の主に説き、横縦連合、共に海軍を盛大し、有無を通じ、学術を研究せずんば、彼が蹂躙《じゅうりん》を遁《の》がるべからず。先《ま》ず最初、隣国朝鮮よりこれを説き、後、支那に及ばんとすと。同人、悉《ことごと》く同意」

勝は長州藩の桂小五郎（木戸孝允《たかよし》）の訪問を受け、「アジアの国々はいずれも小さく、このままではヨーロッパのなすがままである。日本は広くアジア各国に連合を説き、共に海軍を盛大にして西欧の蹂躙を防がなければならない。まずは隣国朝鮮にこの策を説き、いずれ清（中国）とも共闘すべきだ」と説いているのです。

生涯にわたり、アジア中心主義者であった勝が考えていたのは、日本・朝鮮・清による三国連合構想でした。しかしこの構想を当時、外国人排斥

江華島事件（『明治太平記』／国立国会図書館）

に躍起となっていた攘夷派の志士に説く際、彼らが受け入れやすいよう意識的に「征韓」という言葉を使うことがありました。

これがのちに、明治政府の政策を誤らせる遠因となったのです。勝の遠大なアジア中心主義外交は、木戸によって新政府に不平不満を持つ士族の説得に利用され、「明治6年の政変」の原因となった西郷隆盛の征韓論争へと堕していったのです。

「明治6年の政変」は、征韓派の西郷が下野することで決着しますが、新政府は明治8年（1875）の江華島事件をきっかけに、朝鮮への圧迫を強めます。翌年には「日朝修好条規」を締結して朝鮮を独立国と位置付け、清国との宗属関係を否定。朝鮮の帰属をめぐって争われた日清戦争（明治27〜28年〈1894〜95〉）の火種は、明治政府の誕生と同時に実は生まれていたのです。

大実業家と元将軍

23日、隠退して駿府の宝台院《ほうだいいん》（静岡市葵区常磐町）に逼塞《ひっそく》していた元将

●「江華島事件」は明治8年（1875）、日本の軍艦「雲揚《うんよう》」が朝鮮の開国を要求して朝鮮沖を示威中、ソウル近くの江華島砲台と交戦した事件です。日本側は江華島砲台を破壊。さらに南の永宗島に上陸し、民家を焼き35人を殺害。「雲揚」艦長の井上良馨《よしか》は、元薩摩藩士。これを機に、日本は朝鮮に開国を強要し、翌年、日朝修好条規（江華島条約）を結びました。江華島条約では、韓国の鎖国政策を破り、釜山の他2港の開港、日本の在外公館の設置、領事裁判権を認めさせました。その後の往復文書でも、朝鮮の関税自主権を認めないなど、不平等な取り決めがなされました。

軍・徳川慶喜のもとを、のちに明治・大正期の大実業家として名をなす渋沢栄一が訪れました。

渋沢は、維新前に慶喜の名代としてパリ万博に派遣された徳川昭武《あきたけ》（慶喜の実弟）に随行してフランスへ渡り、欧州各国で近代産業や経済制度を吸収して11月3日に帰国したばかりでした。彼は旅の報告と、昭武からの親書を慶喜に手渡すため駿府を訪れたのです。

慶応3年（1867）に渡欧した昭武は、欧州各国を親善訪問した後、パリで留学生活を送っていました。しかし慶応4年の初め、一行は現地の新聞で幕府の崩壊を知ることになります。滞在費も底をつき、新政府からの帰国命令が届いたため、昭武は留学を切り上げて帰国の途に着いたのでした。

渋沢はもともと、一橋家の家臣として慶喜に仕え、頭角を現した人物であり、昭武への随行も慶喜の命によるものでした。現地では不足がちな旅費を何とか工面し、本国からの送金が途絶えた幕府留学生の面倒まで見ています。

そんな苦労の末に帰国してみれば、すでに幕府は消滅し、わずかにその

徳川昭武（近代日本人の肖像／国立国会図書館）

渋沢栄一（近代日本人の肖像／国立国会図書館）

残党が箱館・五稜郭にこもるのみ。渋沢の心中は、さぞ複雑であったことでしょう。

慶喜との会見で渋沢は、開口一番、「幕府の崩壊を防ぐ手はなかったのですか?」と食ってかかった、と伝えられています。

彼の4男、渋沢秀雄の『渋沢栄一』によると、慶喜は、「いまさら過ぎ去ったことをとやかく申しても詮方《せんかた》ない。それより昭武のフランス滞在中の様子を聞こうではないか」と言ったそうです。「国家の大所高所から徳川一門や我身を捨てた人の心が月光のように冴えていた。栄一はハッとわれにかえって、くわしくフランスの土産話を語った」(同書)

この会見後も慶喜は、渋沢を手元に置き、駿府藩の勘定組頭に就けますが、渋沢はこの職を辞退して明治2年(1869)1月に、「商法会所」を設立しました。

この組織は担保貸付や預金の取り扱い、各種産業への融資を主な業務とする金融商社で、民間からの資本も集めた「合本組織」でした。欧米諸国

●渋沢栄一がパリから日本に戻る際に書いた日記の最後に、パリで徳川昭武の家庭教師だったヴィレットに宛てた、フランス語の書簡の草稿があります。
「ようやく横浜に到着しました。下船後はたくさんの友人に再会し、昨年より起きている国内の形勢を聞きました。何分事態は容易でなく、理解することが難しく、また私もこの先どうなるか分かりません。目下、御門(明治天皇)は江戸に在し、前大君(前将軍・徳川慶喜)ならびに亀之助と申します徳川家の新たな当主は、御門より拝領した駿河におります」(『渋沢栄一、パリ万国博覧会へ行く』渋沢記念財団渋沢史料館発行から)

の、株式会社の制度を採用したわけです。渋沢がヨーロッパで得た「合本」を実験する場となり、短期間で多くの利益を上げることに成功しました。

その後、渋沢は彼の才覚を見込んだ大隈重信によって、民部省《みんぶしょう》（のちの大蔵省）に招聘《しょうへい》され、数年間の官吏生活を経て独立。第一国立銀行、王子製紙、日本鉄道などの創設に関わります。

消滅した幕府への複雑な思いを抱えながらも、見事に新時代に適応し、実業界を背負って立った渋沢は、近代日本の大立者として、大いにわが国に貢献したのでした。

ところで、慶喜が死去したのは大正2年（1913）11月22日のことでした。葬儀は同月30日に、上野・寛永寺の斎場で、天皇の勅使も参列するなか、神式で行われました。

参列者は6000〜70000人に達し、葬列を送る人々は沿道にあふれ、明治天皇の大喪に次ぐ人出であったと伝えられています。

時代はすでに大正に入っていましたが、江戸っ子にとって「最後の将

大隈重信（近代日本人の肖像／国立国会図書館）

徳川慶喜の葬列を送る人々（『徳川慶喜葬儀写真アルバム』／茨城県立歴史館所蔵）

軍」に対する思い入れや懐かしさは並々ならぬものがあったのでしょう。

渋沢が私費を投じて編纂《へんさん》した『徳川慶喜公伝』が刊行されたのは、慶喜の死から5年後の大正7年（1918）のことでした。

北風の大晦日《みそか》

時代の大きな転換点となった慶応4年＝明治元年の暮れも押し詰まった**28日**、英・米・仏・蘭・独・伊6カ国の公使は戊辰戦争に対する「局外中立」の解除を宣言しました。

戦争開始後間もない1月25日、各国は旧幕府軍と新政府軍を交戦団体とみなし、戦争の終結までは双方に積極的に関与しないことを取り決めていたのですが、新政府の強い要望もあってこれを解除したのです。

榎本武揚《たけあき》は旧幕府勢力を糾合して、箱館の五稜郭にこもり、反抗を続けていましたが、もはや誰の目にも勝敗の帰趨《きすう》は明らかでした。

この年の12月は小の月であったため、大晦日《みそか》は**29日**でした。

●幕末から明治にかけて、徳川家の存続と新国家建設に尽力した勝海舟は、慶喜よりも14年早く明治32年（1899）にこの世を去っていますが、死の直前に慶喜の10男・精《くわし》を養子に迎えています。勝家の養子となった精は大学卒業後、オリエンタル写真工業（サイバーグラフィックスの前身）や石川島飛行機製作所といった企業の重役を歴任し、実業界で活躍しました。一方で自動ドアを独自に開発するなど、発明家としても名を残しており、写真や刺しゅうに凝った慶喜の性格を存分に受け継いだ人物だったようです。

●この年の6月18日付で、プロイセン代理公使だったマックス・フォン・ブラントは、ドイツ北部連邦の代理公使として活動を始めました。ドイツ北部連邦の代表として局外中立解除を宣言しています。

この日、大坂にいた長州出身の広沢真臣《ひろさわさねおみ》（海陸軍務掛、内国事務掛などを歴任）はその日記に、

「十二月廿《にじゅう》九《く》日　晴夕雨」

と記しています。大坂は日中晴れていたものの、夕刻からは冷たい雨が降ったようです。

また、東京に在った公卿・正親町三条《おおぎまちさんじょう》（嵯峨《さが》）実愛《さねなる》の日記には、

「晴北風頗寒雲南歩」

とありました。こちらも晴れ模様ですが、公卿は東京の北風を「頗《すこぶ》る寒」く感じていました。

幕府の崩壊や内乱という社会不安を経験し、同時に新時代の到来に明るい希望が垣間見られた明治元年——。

激動の年の最後の一日は、こうして暮れていきました。

●『武江年表』の、この年最後の話題は写真です。「写真鏡（写真機）の技は次第に弘《ひろ》まり、所々に場を構へ、客を招ぎ、其像をうつし、好みによりて紙に写し、玻璃《ガラス》に写せり」町には、文明開化が芽生えていました。

●本書の各章扉の「天気表」の基になった「武蔵国多摩郡連光寺村富澤家文書」の日記には、12月29日の項に「日和、暖気」と書かれています。

引用文献、参考文献

『定本　武江年表　下』斎藤月岑著、今井金吾校訂／ちくま学芸文庫　2004
『戊辰物語』東京日日新聞社会部編／岩波文庫　1983
『幕末維新　女百話　上、下』篠田鉱造／岩波文庫　1997
『明治百話』篠田鉱造／岩波文庫　1996
『増補　幕末百話』篠田鉱造／岩波文庫　1996
『漫談　明治初年』同好史談会編纂／春陽堂（批評社復刻）2001
『明治事物起原　1〜8』石井研堂／ちくま学芸文庫　1997
『図説　明治事物起源事典』湯本豪一／柏書房　1996
『明治ニュース事典1　慶応4年／明治10年』明治ニュース事典編纂委員会／毎日コミュニケーションズ　1983
『史料　維新の逸話』横瀬夜雨／人物往来社　1968
『明治十二傑』岸上操編／博文館　1899
『明治の話題』柴田宵曲／ちくま学芸文庫　2006
『明治初年の世相』横瀬夜雨編／新潮社　1927

『明治天皇紀』宮内庁編／吉川弘文館　１９６８
『明治天皇　上巻』ドナルド・キーン著、角地幸男訳／新潮社　２００１
『大政奉還　遠い崖6　アーネスト・サトウ日記抄』萩原延壽／朝日文庫　２００７
『江戸開城　遠い崖7　アーネスト・サトウ日記抄』萩原延壽／朝日文庫　２００８
『一外交官の見た明治維新　上、下』アーネスト・サトウ著、坂田精一訳／岩波文庫　１９６０
『英国外交官の見た幕末維新　リーズデイル卿回想録』A・B・ミットフォード著、長岡祥三訳／講談社学術文庫　１９９８
『ヤング・ジャパン3　横浜と江戸』J・R・ブラック著、ねず・まさし他訳／東洋文庫　１９７０
『パークス伝　日本駐在の日々』F・V・ディキンズ著、高梨健吉訳／東洋文庫　１９８４
『大西郷全集』（全3巻）大西郷全集刊行会編／大西郷全集刊行会　１９２７
『徳川慶喜公伝』渋沢栄一／東洋文庫　１９６７
『女聞き書き　徳川慶喜残照』遠藤幸威／朝日文庫　１９８５
『氷川清話』勝海舟著、勝部眞長編／角川文庫　１９７２
『氷川清話』勝海舟著、江藤淳・松浦玲編／講談社学術文庫　２０００

『幕末三舟伝』頭山満／国書刊行会　2007
『新訂　海舟座談』巌本善治編、勝部眞長校注／岩波文庫　1983
『勝海舟全集』（全21巻）勝部眞長ほか編／勁草書房　1971
『新訂　福翁自伝』福沢諭吉著、富田正文校訂／岩波文庫　2009
『福沢諭吉選集』福沢諭吉選集編纂会編／岩波書店　1980
『幕末維新懐古談』高村光雲／岩波文庫　1995
『岩倉公実記』（下巻1）多田好問編／皇后宮職　1906
『伊藤博文公年譜』春畝公追頌会編／春畝公追頌会　1942
『父　岸田劉生』岸田麗子／中公文庫　1987
『岸田劉生随筆集』酒井忠康編／岩波文庫　1996
『ハワイ・さまよえる楽園　民族と国家の衝突』中嶋弓子／東京書籍　1993
『ハワイ日本人移民史』ハワイ日本人移民史刊行委員会編／布哇日系人連合協会　1964
『新装版相馬愛蔵・黒光著作集2』郷土出版社　1996
『新選組日誌（下）』菊池明・伊東成郎・山村竜也編／新人物往来社　1994
『犢を逐いて青山に入る　会津藩士・広沢安任』松本健一／ベネッセコーポレーション　1997

『会津戊辰戦史』会津戊辰戦史編纂会編／会津戊辰史編纂会　1933
『会津戊辰戦争』平石弁蔵／兵林館　1917
『幕末実戦史』大鳥圭介ほか著／宝文館　1911
『戊辰戦争　敗者の明治維新』佐々木克／中公新書　1977
『ある明治人の記録　会津人柴五郎の遺書』石光真人編著／中公新書　1971
『昔夢会筆記』渋沢栄一編／平凡社・東洋文庫　1967
『渋沢家三代』佐野眞一／文春新書　1998
『渋沢栄一』渋沢秀雄／公益財団法人渋沢栄一記念財団　1956
『渋沢栄一、パリ万国博覧会へ行く』／公益財団法人渋沢栄一記念財団渋沢史料館　2017
『雨夜譚　渋沢栄一自伝』長幸男校注／岩波文庫　1984
『明治東京逸聞史1』森銑三／東洋文庫　1982
『江戸町奉行事績問答』佐久間長敬著、南和男校注／東洋書院　2000
『東京時代　江戸と東京の間で』小木新造／講談社学術文庫　2006
『京都守護職始末』山川浩／郷土研究社　1930
『とんかつの誕生 明治洋食事始め』岡田哲／講談社選書メチエ　2000
『日本ホテル館物語』長谷川堯／プレジデント社　1994
『パスポートとビザの知識［新版］』春田哲吉／有斐閣　1987

『明治ジャーリズム精神』秋山勇造／五月書房　2001
『新旧時代』第1年（2月）（吉野作造「明治初年西洋で発行した日本字の新聞に就て」）1926
『ミルクと日本人』武田尚子／中公新書　2017
『浜松市史（3）』浜松市編／浜松市　1980
『清水市郷土研究第五輯　明治大帝御聖蹟　江尻行在所』清水市教育會編／清水市教育會　1940
『四谷塩町一丁目書役徳兵衛日録』東京都江戸東京博物館都市歴史研究室編／東京都歴史文化財団、東京都江戸東京博物館　2003
『幕末下級武士の記録』山本政恒著、吉田常吉校訂／時事通信社　1985
『東京文壇事始』巖谷大四／講談社学術文庫　2004
『近代日本奇想小説史』横田順彌／PILAR PRESS　2011
『完訳フロイス日本史2』松田毅一・川崎桃太郎訳／中公文庫　2000
『浮雲』二葉亭四迷／新潮文庫　1951
『ヰタ・セクスアリス』森鷗外／新潮文庫　1993
『硝子戸の中』夏目漱石／岩波文庫　1990

『新未来記』ジヲスコルデス著、近藤真琴訳／近藤輔宗　１９１７
『新・國史大年表　第6巻』日置英剛編／国書刊行会　２００６
『誰でも読める日本近代史年表』吉川弘文館編集部編／吉川弘文館　２００８
『新版日本史年表』歴史学研究会編／岩波書店　１９９０
『日本国有鉄道百年史年表』日本国有鉄道編　１９７２
『横浜歴史年表』横浜歴史年表編纂委員会編　１９５１
『国史大辞典』国史大辞典編集委員会編／吉川弘文館　１９７９-１９９７
『朝日日本歴史人物事典』朝日新聞社編／朝日新聞社　１９９４
『江戸編年事典』稲垣史生編／青蛙房　１９８６
『日本国語大辞典　第二版』小学館　２０００-２００２
『日本大百科全書』小学館　１９９４
『改訂新版　世界大百科事典』平凡社　２０１４
『日本人名大辞典』講談社　２００１
『八重の虹』加来耕三／育鵬社　２０１３
『幕末維新　まさかの深層』加来耕三／さくら舎　２０１７

『西郷隆盛100の言葉』加来耕三／潮新書　2017
『勝海舟『氷川清話』の知恵』加来耕三／PHP研究所　2012
『幕末・明治の英傑たち』加来耕三／滋慶出版　つちや書店　2011
『海援隊異聞』加来耕三／時事通信社　2010
『評伝　江川太郎左衛門』加来耕三／時事通信社　2009
『天璋院篤姫と大奥の女たちの謎〈徹底検証〉』加来耕三／講談社文庫　2007
『真説　日露戦争』加来耕三／出版芸術社　2005
『郵政の父　前島密と坂本龍馬』加来耕三／二見書房　2004
『日本警察の父　川路大警視』加来耕三／講談社＋α文庫　2004
『英雄、食と健康のすすめ』加来耕三／育鵬社　2001
『真説　上野彰義隊』加来耕三／中公文庫　1998
『最後の大君　徳川慶喜とその時代』加来耕三／立風書房　1997
『不敗の宰相　大久保利通』加来耕三／講談社＋α文庫　1993

編集協力／岸　裕二
校　閲／福田智弘

【著者紹介】

加来耕三（かく・こうぞう）

1958年、大阪市生まれ。歴史家・作家。奈良大学文学部史学科卒業。著作活動のほかに、テレビ・ラジオ番組の時代考証や監修を担当。人気テレビ番組「ザ・今夜はヒストリー」（TBS系）、「BS歴史館」「英雄たちの選択」（以上、NHK BSプレミアム）などに出演。さらに全国各地での講演活動も精力的に行っている。
著書には『幕末維新まさかの深層』（さくら舎）、『坂本龍馬の正体』（講談社＋α文庫）、『刀の日本史』（講談社現代新書）、『西郷隆盛100の言葉』（潮新書）などがあるほか、監修者として『日本武術・武道事典』（勉誠出版）、『コミック版日本の歴史シリーズ』（ポプラ社）などを手掛けている。

1868—明治《めいじ》が始《はじ》まった年《とし》への旅《たび》

2018年2月25日　初版発行

著　者：加来耕三
発行者：松永　努
発行所：株式会社時事通信出版局
発　売：株式会社時事通信社
〒104-8178　東京都中央区銀座5-15-8
電話03（5565）2155　http://book.jiji.com

印刷／製本　株式会社太平印刷社

ISBN978-4-7887-1546-2 C0021 Printed in Japan